JN411159

웃음희망 행복나눔

오혜열 지음

멘토

웃음희망 행복나눔

펴낸날 | 2011년 12월 15일 초판 1쇄 발행
지은이 | 오혜열
펴낸이 | 박동주
펴낸곳 | 도서출판 멘토
등 록 | 1997년 11월 25일 제12-219호
주 소 | 서울시 양천구 신월동 48-9호 종경 B/D 201호
전화 2608-0797 팩스 2608-0798
e-mail : mentorpub@paran.com

ISBN 978-89-88152-50-8 (03810) printed in Korea

* 책값은 뒤표지에 있습니다.

하하웃음행복센터의 급훈은 인생은 해석,
행복은 선택이고 실천사항은 일단 웃자이다.
많은 이들이 웃음치유의 경험을 하고
짧은 소감문을 써냈는데 그중 일부를 요약한 것이다.
웃음은 한 개인을 살리고 한 가정을 살리고 나아가
이 사회를 살리는 강력한 힘이 있음을 다시 한 번 느낀다.

하하웃음행복센터에 다니고 나서

유방암 진단을 받고 나의 인생이 60초반에 이렇게 무너지는구나 하는 참담함을 느끼며, 고통과 힘든 투병의 나날을 보내기 시작했다. 치료 중 병원침대에서 떨어져 허리가 골절되었고 암 치료 후유증으로 위 출혈, 대상포진, 탈모, 변비, 림프부종 등으로 완전히 무기력한 내가 되어가고 있었다. 아픔과 고통을 감당하기 어려웠고, 책장을 넘길 수 없을 정도로 손은 쇠약해졌다. 매일 한 웅큼씩 되는 약을 먹는 일도 보통 고통이 아니었다.

2009년 5월 하하웃음행복센터를 찾게 되었다. 희망이 솟아나기 시작했다. 원장님 강의를 듣고 머릿속으로 새기고 열심히 웃음을 실천하기 시작했다. 점점 몸의 상태가 나아지는 것을 느끼며 먹고 있던 약의 수를 줄였다. 하하센터에 다닌 지 3개월 만에 모든 약을 다 끊게 되었으며, 그 어느 때보다 몸의 평안을 느꼈다. 기적 같은 일이 일어난 것이다. 원장님 말씀대로 웃음은 신비의 명약이란 것을 확실하게 경험했다. 이제 더 이상 환자가 아니다. 웃으면서 18번의 고통스럽던 유전자 추적 치료과정을 거뜬히 이겨냈다. 의사 선생님도 암은 이제 걱정 안 해도 된다고 한다.

꺼져가는 촛불처럼 내 인생이 사라진다는 두려움 속에서 웃음을 만나니 이젠 제2의 인생문이 활짝 열렸다. 내가 배운 건강웃음으로 힘들고 고통 받는 어려운 사람들에게 건강과 행복을 전파하는 사람이 된 것이다. 오늘도 나는 건강과 행복을 전하기 위해 또 나선다. 하하센터의 구호 '일단 웃자!' 를 외치고 승리를 자축하는 장군웃음을 웃으며… 하하센터의 급훈처럼 역시 인생은 해석이요, 행복은 선택임을 실감하며 즐겁고 의미 있는 날들을 펼쳐나가고 있다. 진심으로 고맙습니다.

– 조 O 정(여, 63세) –

나에게 갑상선 암이 찾아온 것이 벌써 14년 되었다. 3년 전에 큰 수술을 하여 성대 신경을 잘라내 말을 할 수 없게 되었다. 메모지에 써서 필담을 나누었으며 그 후 목에 구멍을 내어 기계음으로 의사소통을 했다. 어떻게 죽을까 참 많이 생각했다.

그러나 하하웃음행복센터를 알게 되고 용기 내어 찾아간 후 내 인생이 달라졌다. 나의 삶, 나의 운명을 받아들이게 되었고 현재의 삶을 감사하게 되었다.

그 동안 울었던 눈물을 모았다면 작은 연못이 되었을 것이다. 지금 만나는 모든 사람들을 보며 말보다는 다정한 웃음을 먼저 건넨다. 진흙 속의 보석인 웃음을 만난 것은 나에게 큰 행운이었다. 매일매일 눈뜨면서 잠자리에 들 때까지 참으로 감사, 감사 또 감사의 하루를 보내고 있다. 하하웃음행복센터 파이팅!

– 오 O 이(여, 68세) –

심한 우울증으로 집안에서 나가지도 않던 내가 하하웃음행복센터를 찾아 웃음을 배우면서 자신감과 용기와 여유를 찾게 되었다. 2년 전 하하센터에 처음 왔을 때 심한 관절염으로 지팡이에 의지해 찾았으나 웃으면서 건강이 회복되어 곧 지팡이를 의지하지 않고도 이곳저곳을 날아다닐 정도로 왕성한 건강을 회복했다.

하하센터 원장님 말씀대로 웃음을 습관화해서 건강과 행복을 누리게 되었다. 이제는 노인대학이나 경로당, 요양병원에 웃음으로 봉사를 다니며 새로운 인생을 살고 있다. 원장님께 감사드린다.

– 김 O 자(여, 71세) –

세상을 살아가면서 나 혼자 뿐이라는 걸 많이 느끼면서 외롭고 고달픈 삶을 살았기에 언제나 마음의 문을 닫고 사람 대하는 일이 너무 싫었다. 사람들은 내 얼굴에서 찬바람이 분다고 이야기하곤 했다. 그래서 늘 병에 시달리고 살았다. 다섯 번의 수술을 받아야 했고 당뇨는 25년이나 나를 괴롭혔다. 한때 혈당수치가 500이 넘고 인슐린 주사를 맞아도 300정도였다. 그러다가 하하웃음행복센터를 알게 되어 다니게 되었다. 우연한 계기였지만 내 인생이 이렇게 달라지고, 마음이 편해지고, 새로운 희망 속에 살게 될 줄은 몰랐다. NK세포(면역세포 중 한 종류)가 웃을수록 숫자도 많아지고, 활동성도 증가한다는 것을 알고 열심히 가슴을 두드리며 웃었다. 웃으면 혈당 상승률을 40%나 감소시킨다는 말씀에 정말 열심히 웃었고, "나는 할 수 있다, 나는 모든 것을 이길 수 있다"고 늘 나 자신에게 말하며 희망을 키워나갔다.

기적이 일어났다. 혈당이 공복에 95 식후에는 135로 낮아지면서 인슐린도 끊게 되었다. 얼굴에는 늘 웃음꽃이 피었고 주위 사람들도 달라진 내 모습을 보며 많은 덕담들을 한다. 내 나이는 67세이지만 새로운 삶을 살려고 한다. 남은 인생길 봉사하면서 웃음전도사로 살고 싶다. 어렵고 힘들고 지친 사람들을 위로하면서 "나도 지친 삶을 웃음으로 이겨냈노라"고 희망을 전하고 싶다. 이제 10대 소녀의 마음으로 되돌아간 것 같이 모든 것을 보고 감사하며, 가슴 설레는 삶을 살고 있다. 나의 온 가족들이 엄마의 놀라운 변화에 진심으로 감사하며 기뻐한다. 원장님께 감사드린다.

– 신 O 자(여, 67세) –

2005년부터 암 투병하며 웃음이 암을 치유한다는 것을 알게 되었지만 배울 곳을 찾지 못하던 중 하하웃음행복센터를 알게 되었다. 내가 사는 하남에서 하하센터가 있는 의정부까지는 먼 거리였지만 용기를 내어 가게 되었고, 첫 만남부터 정말 신선한 충격으로 다가왔다. 원장님과 모인 모든 분들이 너무 열정적이었고, 이 많은 분들이 무슨 사연으로 여기 와서 이리도 웃는 걸까 하는 생각이 가시질 않았다. 처음에는 어색했고 숨이 차서 길게 웃을 수도 없었지만 서로 얼굴을 보며 따라 웃다보니 이젠 제법 그럴 듯하게 웃는 웃음체질로 바뀌었다.

월요일마다 하남에서 센터가 있는 의정부까지 가서 2시간 동안 실컷 웃고 원장님의 건강과 행복에 대한 유익한 강의도 듣고 총무님의 마술과 율동도 함께하고 모두들 열심히 봉사하는 모습을 보며 희망의 하하센터에 박수를 보낸다. "거친 파도는 훌륭한 뱃사공을 만든다"는 말처럼 자신의 고통을 웃음으로 승화시켜 많은 이들에게 희망을 주시는 원장님의 열정에 감사드린다. 나도 열심히 배워 이곳 하남에서 고통 받고 있는 이들을 위해 봉사를 하며 나의 작은 힘이 보탬이 될 수 있기를 기원한다. – 장 O 남(여, 55세) –

나는 50대 중반을 지나고 있는 여성이다. 집안에서 열심히 살림 잘하고 아이 공부 잘 시키고 평범한 삶이 최고의 행복이라고 여기며 착하게 열심히 살아왔다. 그러나 남편의 사업실패로 가지고 있던 땅과 아파트 모두 날리고 수억의 빚을 떠안게 되었다. 집에서 있을 수 없을 정도로 숨이 막히고 마음속 상처는 커져만 갔다. 무조건 일을 해야겠다는 생각에 요양보호사 자격증을 취득하고 요양시설에 취업을 했다. 한 번 눈물이 나오면 멈출 수 없었고 마음의 병은 깊어만 갔다. 지금 생각해보면 심한 우울증이 찾아왔던 것 같다. 나 자신의 치유를 위해서 또 요양시설의 어르신들에게 도움이 되는 프로그램을 배우기 위해 하하웃음행복센터의 문을 두드리게 되었다. 그 후로 정말 생각지도 못했던 변화가 찾아왔다. 먼저 나부터 많은 변화가 소리 없이 찾아왔다. 그렇게도 하염없이 흐르던 눈물이 이젠 모두 사라지고 밝고 환한 모습으로 변화되었다. 행복해서 웃는 것이 아니라 웃다보면 행복이 찾아온다고 한 말이 바로 나를 두고 한 말이라는 것을 깨닫게 되었다.

원장님의 책 『웃음에 희망을 걸다』를 열심히 읽으며 한 가지씩 정리해서 요양원 어르신들께 이야기를 해드리면 감동도 받고 너무너무 좋아하신다. 어르신들께 좋은 구절 하나라도 더 들려드리기 위해 매일 열심히 공부한다. 웃음행복교실에서 배운 것들을 함께 나누다 보면 어느새 어르신들은 하하 호호 마음의 문을 열고 열심히 참여하신다. 효과 100%! 인생은 이래서 살만 한가 봅니다.

아직도 은행 부채가 많이 남아 있지만 "모든 것은 다 지나가리라"는 원장님 강의를 들으며 마음으로 웃으면 가슴속에 새로운 힘이 생긴다. 오늘도 30분 전에 출근해서 어르신들 방을 빼놓지 않고 찾아뵈며 손을 일일이 잡아드리고 큰 소리로 웃으며 인사한다. 97세 어르신 한 분은 매일 나에게 10억 원 어치 복을 줄 테니 이 복받고 잘살어 하신다. 내 삶에 진정한 행복과 축복이 굴러왔다. 하하웃음행복센터, 감사합니다. 하하하 호호호…….

– 손 O 채(여, 54세) –

출간을 축하하며

자연계의 동물 중 인간만이 자신의 뜻을 자유롭게 전달할 수 있는 언어구사 능력을 지니고 있다. 그것은 하나님이 주신 최고의 선물이다.

그럼에도 불구하고 같은 시대에 살면서도 종족 간에, 지역 간에 이 소중한 의사전달 기구를 잘 활용하지 못하도록, 사용되는 언어는 너무나 다양하게 분화되어 서로의 마음과 생각을 자유롭게 소통할 수 없게 하고 있다. 더욱 슬프게 하는 것은 비록 같은 언어를 사용하는 동족이라도 마음을 열고 내밀한 대화를 나눌 수 있는 상대가 극소수밖에 안 되는 삭막한 시대에 살고 있다는 것이다. 그러한 의사소통의 단절은 피를 나눈 가족들 간에도 흔히 볼 수 있으리만큼 이 시대는 각박하고 메마르다.

저자는 『웃음에 희망을 걸다』라는 제1권의 저술에 이어 『웃음희망 행복나눔』이라는 이 책을 출간하면서 이처럼 삭막한 사회에 따스한 온기를 전하려는 웃음의 전도자가 되었다.

첫 권의 책을 읽은 많은 사람들이, 그리고 그가 운영하는 '하하웃음행복센터' 를 다닌 사람들은 갖가지 사연으로 마음을 닫고 절망하던 병든 삶에서 벗어나 행복한 삶을 되찾은 감격을 기쁜 마음으로 고백하고 있다. 웃음이 가장 확실한 치료약이었음을 알리는 것이다. 웃음이야 말로 언어가 단절된 인간관계를 회복시킬 수 있는 가장 확실하고 유일한 수단이 될 수 있음을 증언한다.

그렇다. 웃음은 단순히 마음의 카타르시스를 해소하기 위한 일회용 캠플 주사가 아닌, 하나님이 창조하신 때묻지 않은 인간 본성을 회복하는 수단이고 희망을 찾는 지름길이다.

나는 두 번이나 크게 암 수술을 받았다. 그럼에도 그 병이 나를 절망케 하거나 삶을 좌절시키지 못한 것은 전적으로 신의 은총이었다. 나에게 삶의 희망과 그 희망을 찾기 위한 웃음을 남겨주셨기 때문이다.

웃음이 얼마나 우리의 몸을 긍정적으로 변화시키는지 학술적으로 풀어 설명하는 일은 생물학자인 나에게도 그리 중요하지 않다. 그것은 다만 체험을 통한 직관이고 마음이 전달되는 사랑의 언어이기 때문이다.

저자는 이 책에서 웃음, 행복, 긍정, 치유로 나누어 구체적인 예화를 들어 웃음이 우리 삶을 어떻게 행복하고 긍정적으로 바꾸며, 마음의 병을 치유하는지를 보여주고 있다. 그것은 저자 자신이 체험한 삶의 고백에서 우러나는 진솔한 이야기이기 때문에 더욱 우리를 감동케 한다.

이 한 권의 책을 통하여 우리 사회가 더 밝아지고 웃음이 넘쳐서 희망이 가득 찬 긍정적인 삶이 넘치는 곳, 행복이 맑은 샘처럼 솟아 나 온누리에 퍼져나가기를 간절히 기원한다.

2011년 10월 24일

이인규(서울대학교 명예교수, 문화재 위원회 위원장)

『웃음희망 행복나눔』을 발간하며…

미국의 시인 마크 반 도렌Mark Van Doren이 대학에서 강의할 때 한 학생이 질문을 하였다.

"어떻게 사는 것이 성공한 인생입니까?"

"한 가지만 놓치지 않으면 성공한 인생이지."

"그 한 가지가 무엇인가요?"

"자기 자신이다."

IT의 전설 스티브 잡스도 지구별을 떠나기 전 자기 자신의 삶을 살 것을 당부했다. 필자는 너무 많은 시간을 자신으로 살지 못한 것을 깨닫게 되었다. 모범적인 나, 착한 나, 인정받는 나, 인기 있는 나, 존경받는 나, 친절한 나, 열심히 일하는 나, 유능하고 능력 있는 나, 다방면으로 뭐든지 잘하는 나, 등등… 세상이 원하는 나로 살다보니 어느 것 하나 제대로 하지도 못하면서 그것이 옳은 길인 줄 착각하고 살아왔던 것 같다. 그러나 웃음을 찾고 적극적으로 웃음생활을 실천하면서 숨겨졌던 자신을 발견하고 자신의 삶을 살기 시작했다. 내면에서 가장 강렬하게 일어나는 열정과 삶의 의미를 되찾기 시작한 것이다. 웃다보니 스트레스로 오랫동안 나를 괴롭혀온 백 페인Back pain에서도 해방되었다. 예민하고 신경질적인 성격도 매우 둥굴어지고 매사에 여유 있는 삶으로 변하였다.

6년 동안(2011년 10월 말 현재) 약 900여 회의 웃음행복 강의 일정도 신나고 기쁘게 소화하게 되었다. 그러나 강의를 하면 할수록 마음속에 아쉬움을 더 많이 느끼게 되었다. 강의를 들을 때는 많은 분들이 웃어야겠다는 마음을 갖게 되지만 강의를 듣고 난 후 실생활에서 실천으로 연결되는 일이 많지 않다는 것과 또 실천하고 있는 사람들의 변화된 삶에 대한 피드백feedback이 없어 그 효과를 정확히 파악할 수 없다는 점이었다.

그래서 2009년 4월부터 매주 월요일 3시에서 5시까지 필자가 운영하는 제일간호학원 교실에서 웃음행복교실을 열게 되었다. 이름은 하하웃음행복센터로 정하고 현재까지 130여 회 모임을 가지게 되었으며 이곳을 통해 웃음 교육을 받은 이는 약 1,000여 명에 이른다. 매주 60~80명 정도 모여 실컷 웃고 마음의 상처를 치유하고 육체의 건강을 회복하고 있다. 그리고 이곳에서 열심히 훈련받은 이들이 다른 이들에게 봉사하며 웃음행복을 전하고 있고 많은 이들이 삶에 대한 새로운 변화를 일으키고 있다.

하하웃음행복센터의 급훈은 "인생은 해석, 행복은 선택"이다. 끊임없이 닥쳐오는 삶의 변화 속에 항상 긍정적이고 희망적인 해석을 하도록 훈련하고 있으며 지금 이 순간 웃음으로 행복을 선택할 수 있게 훈련하고 있다. 그래서 자아 가치감을 향상시키고 자아 능력감을 일깨워 준다. 그래서 진정한 자기 자신으로 살아갈 수 있도록 도와준다.

그리고 하하웃음행복센터의 실천사항은 "일단 웃자!"이다. 아무리 어렵고 힘들고 고통스러운 일을 당해도 일단 웃고 보자는 것이다. 일단 웃으면 희망과 긍정이 들어갈 여유가 한층 더 넓어지게 된다. 훈련이 잘되어 있어서 모두들 웃음엔 도사들이 다 되어간다. 그들의 열정과 긍정과 희망과 행복으로 센터의 분위기는 금세 파워 에너지Power energy가 충만해지고 이 강한 파동의 에너지로 많은 이들의 상처가 치유되고 건강이 회복된다.

그리고 이 파워 에너지는 잊고 살았던 자기 자신을 발견하게 하고 진정 자기 자신의 삶을 살아가도록 변화시켜준다. 그래서 칭찬과 감사와 사랑과 축복이 넘치는 공동체가 되고 있다. 하나님께서는 이 웃음사역을 통해 참으로 많은 기적들을 나타나게 하셨다. 현대인들에게 가장 문제가 되는 암, 뇌혈관 질환, 심근경색, 당뇨합병증, 우울증, 갑상샘 질환 등에서 웃음은 탁월한 보완의학이 됨을 확인하게 하셨고, 각종 심리적 질환 등을 치유하고, 마음의 상처를 입어 고통 가운데 있는 이들을 회복시키며, 자신으로 살지 못하는 이들에게 자신을 발견하고 진정한 자신의 모습으로 살아갈 수 있도록 멋진 웃음의 삶을 다른 이들과 함께 나누며 살게 하신 것이다.

사람들이 사는 동안에 기뻐하며 선을 행하는 것보다 더 나은 것이 없는 줄을 내가 알았고(전도서 3장 12절), 마음의 즐거움은 양약이라도 심령의 근심은 뼈를 마르게 하느니라(잠언 17장 22절) 라는 성경 말씀이 삶에서 살아 움직임을 느끼며 살게 하신 것이다.

그동안 지역 신문에 연재했던 웃음 행복 칼럼을 모아 다시 한권의 책으로 엮었다. 먼저 나온 『웃음에 희망을 걸다』에 이어 이 책 『웃음희망 행복나눔』이 많은 이들의 상처와 건강 회복에 좋은 도움이 되었으면 좋겠다. 이 책이 나올 수 있도록 도와주신 모든 분들께 감사드립니다.

2011년 10월의 어느 멋진 날에

하하 오혜열

차례

Part 3 긍정

Part 4 치유

Part 1 희망

| 체험담 |

마음속이 새까맣게 썩어가고 순간순간 부정적인 생각들이 나를 지배하는 순간부터 나의 몸에 이상이 생기는 것을 알게 되었다. 1년 전 대장암 진단을 받고 병원에서 수술을 받았다. 그때 몸은 너무너무 아팠지만 "이 질병을 이겨내자. 나는 나을 수 있다"라고 강한 마음을 가졌다. 그래서 늘 웃음을 잃지 않고 희망을 가졌다. 덕분에 수술도 잘 마치고 빠른 회복을 보여 예전의 건강을 되찾았다.

웃음이 치유의 기적을 일으킨다는 것은 정말 놀랍고 신기한 일이다. 단순히 웃는 것이 몸과 마음을 치유하는 파워 에너지가 되는 것이다. 지금은 신앙의 힘과 웃음의 실천으로 모든 것을 이겨낼 수 있는 강력한 치료제를 매일매일 섭취하고 있다.

나는 웃음 치유사가 되어 질병과 마음의 상처로 고통 받고 삭막한 현실을 살아가는 현대인들에게 큰 도움을 주어야 한다는 새로운 사명감이 생겼다. - 하 O 신(여, 56세) -

내가 처해 있던 현실은 캄캄하였는데 원장님 덕분에 감사하며 긍정적으로 바뀌고 있다. 웃음을 만나지 않았다면 계속 내 인생은 우울하고 비천함에 머물러 있었을 것이다.

지금 나는 내 몸을 끌어안고 어루만지며 사랑한다. 내가 나를 존귀하다고, 예쁘다고, 고맙다고, 나로 살 수 있어서 행복하다고… 내 몸이 되어 주어서 고맙다고 정말 정말 사랑한다고 쓰다듬고 안아준다. 웃음을 만나고 내 인생은 감사로 바뀌었다.

- 김 O 자(여, 53세) -

항상 우울한 마음과 불안감을 해소할 수 있는 무언가를 찾고 싶었는데 웃음치유를 통해 삶을 지혜롭게 사는 방법과 자기 반성, 긍정적 사고의 사람으로 나를 변화시켜 주었다. 자기 자신을 사랑하여야 한다는 원장님 말씀에 그 동안의 서러움과 부끄러움이 복받쳐 울었다. 웃음치유를 통해 평소의 나 자신을 다시 돌아보게 되었고 많은 태도의 변화가 일어났다. 전에는 그냥 무심코 웃지 않던 엄마였다면 지금은 방긋방긋 웃고 즐거운 엄마로서의 삶을 보여주려고 노력한다.

웃음을 통해 나의 삶이 즐거움과 행복한 삶으로 바뀌는 것을 보며 웃음치유를 참 잘 배웠다는 생각이 든다. 남들에게도 행복한 웃음을 주는 행복웃음 전도사의 삶을 살고 싶다. 아자! 아자! 파이팅!

- 최 O 선(여, 35세) -

희망과 감동의 웃음

2009년 4월 영국 ITV의 인기 오디션 프로 '브리튼스 갓 탤런트' 무대에 뚱뚱하고 촌티가 나는 중년 여인이 올라왔다. 덤벙대는 말씨로 자신은 마흔여덟 살이고 결혼은 커녕 키스 한 번 못해 봤다고 했다. 그리고 자기가 사는 농촌 밖을 별로 나가본 적도 없다고 했다. 심사위원들도 방청객들도 별로 기대하지 않는 반응을 보였다.

반주가 시작되고 노래를 시작하자 모두들 깜짝 놀랐다. 그리고 노래가 진행될수록 경탄과 환호가 이어졌다. 후반부 긴 호흡으로 높은 음을 완벽히 소화해냈을 때는 모두 일어서 기립박수를 보냈다.

볼품없는 외모 뒤에 숨겨졌던 그 청아한 목소리는 많은 시청자들을 울렸다. 그녀가 부른 노래는 뮤지컬 '레 미제라블'의 '아이 드림 어 드림I dreamed a dream'이었다.

그녀의 꿈이 하늘로 비상하는 순간이었다. 이 노래로 50년 가까이 가난과 외로움에 시달리던 그녀의 인생은 완벽한 역전의 드라마를 이루어냈다. 그 동영상은 유튜브를 통해 7,000만 건이 넘는 조회 수를 기록하며 인기를 끌었다. 전 세계 방송국 기자들이 그녀의 시골집으로 몰려들어서 일주일간 잠을 못 잤다고 한다. 종래에는 카메라를 피해 수도원에 들어가 쉬기도 했다. 그녀의 이름은 수잔 보일Susan M. Boyle이다.

그녀는 같은 무대를 통해 세계적 스타가 된 핸드폰 외판원 출신 '폴 포츠'와 비교되며 '여자 폴 포츠'란 별명도 얻었다. 실제로 그녀는 폴 포츠의 데뷔 무대를 보며 나도 할 수 있다는 꿈을 가지고 도전하게 되었다고 하였다.

"폴 포츠는 내가 좋아하는 가수 중 하나예요. 그가 있었고 그가 좋은 예를 보여주었기 때문에 나도 할 수 있었습니다. 그가 휴대폰 판매를 하면서 해낼 수 있다면 나도 어디서든 해낼 수 있다고 생각했습니다. 나도 그처럼 평범한 사람들에게 영감을 주는 노래를 부르고 싶습니다."

그녀의 데뷔 앨범은 팝음악계 역사를 새로 쓰고 있다. 발매 1주일 만에 전 세계에서 200만 장이 팔려 나갔고, 영국에서만 첫주에 41만 장이 나갔다. 이것은 영국 음악사를 통틀어 가장 빨리 많이 팔린 데뷔 앨범으로 기록을 세웠다. 앨범을 한 장 내는 게 평생의 꿈이었던 그녀는 지금은 꿈속에서 자신을 흔들어 깨울까봐 걱정이라고 한다. 그녀는 자신의 음악을 사랑하는 사람들에게 둘러싸여 매일 꿈같이 지내며 또한 매일 감사한 마음으로 살아간다.

그녀의 과거는 불행했다. 어릴 때부터 학창시절을 통해 늘 놀림을 당하면서 자존감에 상처를 입고 자랐다. 그래서 자신은 진짜 쓸모없고 능력도 없는 사람으로 스스로도 생각했다. 그렇지만 늘 곁에서 용기를 주고 위로해 주는 사람은 어머니였다.

“나를 계속 노래하도록 만든 건 어머니였어요. 성당 합창단에 들어가고 소규모 모임에서 노래를 부르도록 용기를 가질 수 있었던 것은 어머니의 격려 덕분이었습니다. 2007년 어머니가 돌아가시기 전 저는 어머니와 굳은 약속을 했어요. 내 노래 실력으로 뭐든 해보겠다고요. TV에서 가수가 노래 부를 때 ‘엄마 제가 저런 걸 하길 바래요?’ 하고 물었더니 어머니는 단호하게 ‘그래’ 라고 하셨죠. 그래서 뭔가 해야겠다고 결심했습니다.”

수잔 보일은 음악이라는 놀라운 여행을 통해 자신의 정체성을 깨달았다. “나처럼 꿈을 이루고자 하는 모든 사람에게는 행복이 기다리고 있다”고 말했다.

데뷔 당시에 비해 몰라보게 변화된 그녀의 모습을 보게 된다. 새하얀 피부, 가늘어진 눈썹, 세련된 헤어스타일, 멋진 의상 등등, 그녀는 예전의 그녀가 아니다.

어떤 이들은 너무나 꾸며진 그녀를 보며 순수성을 잃어가는 것이 아닌가 하는 걱정과 염려를 하기도 하고, 몰라보게 변한 외모와 화려한 의상 때문에 구설수에 오르기도 한다.

그러나 그녀의 활달한 웃음과 미소는 변하지 않았다. 그녀의 웃음은 꿈을 향해 가는 평범한 사람들에게 희망을 주는 웃음이다. 꿈을 이루기 전이나 꿈을 이룬 뒤에도 한결같은 그녀의 웃음은 우리에게 진한 감동을 주는 웃음이다. 그녀는 웃음을 잃지 않았기 때문에 새로운 역사를 이루어냈다.

2

흑진주 미소

한 소녀가 미국 테네시 주 클라크스빌이라는 삼림지대에 있는 작은 오두막에서 태어났다. 그 소녀는 22형제 중 20번째로 태어났으며 체중이 2kg이 안 되는 조산아였다.

그 소녀는 4세 때 폐렴과 성홍열에 걸려 양다리가 마비가 되어 걸을 수가 없었다. 그래서 쇠로 만든 교정기를 부착하고 다녔고 의사는 다시 걸을 수 없을 것이라는 진단을 내렸다. 그러나 그 소녀의 어머니는 달랐다. 딸에게 할 수 있다는 믿음만 가지면 무엇이든 할 수 있다고 격려하며 다시 걸을 수 있는 희망을 언제나 심어주었다.

그 소녀의 꿈은 그래서 이 세상에서 가장 빨리 달리는 여자가 되는 것이었다. 9세가 되자 의사의 만류에도 불구하고 교정기를 떼고 피눈물 나는 걷기 연습을 시작한 결과 결국에는 걸을 수 있게 되었다. 13세가 되었을 때 처음으로 육상경기에 참가할 수 있었다.

계속해서 꼴찌를 못 면했으나 세계에서 최고로 빠른 여자를 꿈꾸며 부단한 노력을 하였다. 드디어 지역 육상대회에서 우승할 수 있었다. 의학적으로는 도저히 설명할 수 없는 결과가 나타났다.

15세 때 그녀는 에드 템플이라는 코치의 눈에 띄어 테네시 주립대학에 입학할 수 있었다. 코치는 그 소녀의 꿈과 재능 그리고 노력을 높이 평가하였고 부단한 훈련 결과 기록은 눈부시게 향상되어 갔다.

그 소녀는 늘 입버릇처럼 이야기했다.

"저는 세계에서 가장 빠른 육상 선수가 되고 싶어요."

코치는 언제나 강한 용기를 불어넣어 주었다.

"정신적으로 이겨내면 반드시 해낼 수 있을 거야. 그래서 내가 도와주고 있잖니."

그녀는 드디어 1956년 멜버른올림픽에 미국 대표로 출전하여 400m 계주에서 동메달을 따게 되었다. 그리고 더욱 부단히 노력해서 1960년 로마올림픽에 참가하였다.

그 당시까지 세계 여자 단거리는 주타 헤인이라는 스타의 독무대였다. 그녀는 한 번도 패배한 경험이 없었고 그 누구도 상대가 될 수 없다고 자타가 공인하였던 강력한 선수였다. 하지만 경기가 시작되자 주타 헤인도 그 소녀의 적수가 되지 못했다.

100m에서 11초 0이라는 올림픽 신기록을 세우며 금메달을 딴 데 이어 200m에서도 금메달을 목에 걸었다. 마지막으로 400m계주 경기에 출전했다. 여기서도 주타와 다시 맞붙게 되었다. 둘 다 자신의 소속팀 마지막 주자였다.

그런데 그 소녀의 팀 세 번째 주자가 배턴을 떨어뜨리는 바람에 다시 줍느라 세 번째로 뒤진 채 출발했다. 관중들은 도저히 따라 잡을 수 없을 거라고 생각했다.

그러나 그 소녀는 바람같이 달려 결승점을 눈앞에 두고 역전을 했다. 400m계주에서도 금메달을 목에 걸며 올림픽 3관왕이 되었다.

미국 언론은 그녀를 '테네시 토네이도' 라는 별명을 붙여주었다. 그녀의 승리는 숱한 고난과 역경을 이기고 성공한 위대한 인간 승리였다. 선수은퇴 후에도 그녀는 교사로서, 육상코치로서, 스포츠 해설자로서 활동하였지만 암을 비롯하여 수많은 병마와 계속 싸웠으며 불굴의 의지로 극복하였다.

그녀는 가난한 어린이를 돕는 기금을 마련하는 선행을 계속하다 1994년 11월 12일 54세의 나이에 뇌종양으로 지구별을 떠났다. 이 소녀의 이름은 미국 여자 육상 영웅 '윌마 루돌프' 이다.

국가는 그녀의 고향마을 국도 79호선을 '윌마 루돌프 가로수길' 로 정해 그녀를 기념하였고 백악관 홈페이지에는 어린이의 꿈을 이루어 주기 위해 윌마 이야기를 소개하고 있다.

금메달 3개를 목에 걸고 웃는 윌마의 미소는 인간 승리의 미소이다. 그녀의 미소는 '흑진주의 미소' 라는 별명이 붙여졌다. 고난과 역경을 이겨낸 사람의 미소는 아주 아름답다.

닉 부이치치의 웃음

닉 부이치치는 1982년 호주의 브리스번에서 목회자의 아들로 태어났다. 갓 태어난 신생아의 모습을 보자 그의 부모는 마음이 아팠다. 양팔과 양다리가 없고 왼쪽 엉덩이에 발가락 두 개 붙어 있는 조그만 발만 있는 장애아였다.

이 장애는 테트라 어멜리아 신드롬Tatra amelia syndrom이라는 선천적인 것이었다. 자라면서 그는 심한 좌절과 고통을 맛보아야 했다. 친구들로부터 학대와 따돌림은 팔다리가 없는 것보다 훨씬 더 심한 고통으로 다가왔다. 한창 응석을 부리고 부모의 사랑을 받아야 할 여덟 살 나이에 닉은 죽음을 생각했고 실제로 열 살이 되었을 때 세 번이나 자살을 시도하였다. 욕조에 물을 가득 받아놓고 물속에서 다시 나오지 않기를 바라면서 뛰어들었지만 주위 사람들에게 발견되어 목숨을 건질 수 있었다. 정체성의 혼란을 겪으며 삶을 포기 하려던 닉은 13세 때부터 서서히 마음의 문을 열고 자신의 장애를 인정하며 받아들이기 시작했다.

15세까지 신문이나 잡지에 난 장애인들에 대한 기사를 부지런히 찾아 읽으며 장애인도 당당한 사회의 일원임을 자각하게 되고 차츰 정체성이 확립되기 시작했다.

15세 때 어느 날, "왜 나에게는 팔다리가 없을까?"라는 물음에 답을 얻게 되었다. 그것은 닉의 부모로부터 들은 성경 요한복음 9장에 나와 있는 시각장애인의 예화에서 그가 시작장애인으로 태어난 이유가 하나님의 영광을 위해서라는 예수님의 말씀에서 였다.

여기서 깨달음을 얻은 닉은 자신도 누구에겐가 꼭 필요한 삶이 되어 하나님의 영광을 나타낼 수 있다는 확신을 갖게 되었다.

그는 어린 시절부터 자신을 짓눌러온 우울depressed, 두려움scared, 나약함weak, 희망이 없음hopeless, 혼자alone, 무의미pointless로 점철된 삶을 떨쳐버리고 새로운 사람으로 변해갔다.

19세 때 300명 정도가 모인 청소년 집회에서 처음으로 자신의 삶과 인생관에 대해 이야기할 수 있는 기회를 가졌고, 이 기회는 그의 인생을 완전히 뒤바꾸어 놓았다.

강의를 시작한 지 3분 만에 여학생들 절반 이상이 울기 시작하였다. 강의가 끝난 후 닉에게 한 여학생이 다가와서 흐느껴 울며 이렇게 이야기했다.

"나는 단 한 번도 사랑받을 자격이 없고, 그럴 가치가 없는 인생이라고 여겨왔는데 오늘 나의 생각을 완전히 바꾸어 놓았네요. 이런 이야기를 해주셔서 너무 고맙습니다." 그리고 닉을 꼭 껴안았다.

닉은 자신의 경험과 삶에 대한 진솔한 이야기가 한 사람 한 사람 인생에 영향을 미치는 소중한 일임을 피부로 느끼게 되었다. 이 날의 사건은 닉의 삶에 대한 이유와 목적을 더욱 선명하게 이끌어주었다.

그 후로부터 닉은 더욱 밝고 활기차고 열정적으로 살아가게 되었고, 자신이 사는 그 모습을 숨김없이 진솔하게 알리는 것만으로도 많은 이들에게 큰 감동을 불러일으켰다.

"나를 통해 누군가 사랑을 발견하고 희망을 가질 수 있다면, 내 몸이 이런 것도 특권이라고 생각해요. 나는 내 삶을 즐기고 있습니다. 나는 정말 행복합니다."

그는 팔로 악수를 할 수 없기 때문에 온몸을 기대며 사람들에게 인사를 하고 살과 살을 맞대는 포옹으로 자신의 마음을 표현한다. 그는 대학에서 회계학과 재무학을 전공했고, 취미는 수영, 골프, 서핑, 낚시 등등 계속해서 한계에 도전하고 있다.

미국 로스앤젤레스에서 사회복지단체 사지 없는 인생Life Without Limbs을 설립하고 강연의 수익금을 모두 오지의 불쌍한 아이들을 돕고 있어 큰 감동을 전하고 있다.

그가 자신과 똑같은 장애를 가진 19개월 된 아이를 만난 적이 있었다. 그 아이의 이름은 다니엘이고 남자아이였다. 닉은 자신의 모습을 보는 듯했다. 어려서 힘들었던 자신의 과거가 떠올랐다. 자신이 지나온 과거를 이야기해주고 이렇게 의미 있고 행복하게 살 수 있었던 상황들을 자세히 설명해주었다.

"나도 똑같은 경험을 먼저 했기 때문에 다니엘에게 감동을 주고 마음의 문을 열 수 있었어요. 다니엘은 나처럼 절망의 시간을 가지지 않아도 되겠죠"라고 말하며 기뻐서 환하게 웃었다.

그는 세계적으로 유명한 희망의 전도자가 되었다.

"자신의 삶을 사랑할 수 없을 때도 있습니다. 내 삶에 아무런 기적이 일어나지 않을 때도 있습니다. 아무런 기적이 일어나지 않을 때 당신 자신이 바로 기적이라는 것을 믿으시기 바랍니다. 기적은 깨어진 마음이 회복되는 겁니다. 당신의 고난을 남들과 비교도 하지 마십시오."

닉은 언제 팔다리가 솟아날지 몰라 옷장에 구두를 준비해 두었다고 한다. 그러나 그런 기적이 일어나지 않더라도 결코 절망하거나 소망을 잃지 않고 살 것이라고 한다.

그가 한국에 와서 행복한 웃음으로 많은 이들의 마음을 변화시켰다. 29번째 방문국이며 그동안 1,500여 회 강연으로 모두 사랑과 희망과 감동을 선사했다. 그의 행복한 웃음에 모든 이들은 눈물로 반응했다.

고난은 위장된 축복이라고 한다.

닉이 어릴 때 겪었던 고난은 자신에게 큰 행복으로 다가왔으며, 이것을 세상의 많은 사람들과 나누고 있는 것이다. 고난 가운데도 숨겨진 축복을 바라보며 웃을 수 있기를…….

4

미식축구 영웅의 웃음

2006년도 미식축구 슈퍼볼에서 MVP를 차지한 선수는 하인스 워드 Hines Ward이다. 그는 한국계 혼혈아로서 미식축구리그에서 처음으로 MVP를 차지해 영웅이 되는 영광을 누렸다. 그리고 어머니와 함께 한국을 방문했다. 자신의 출생병원인 이대 동대문병원 산부인과도 들러 자신을 받아준 의사와 기념촬영도 했다. 서울시에서는 그를 위해 환영행사도 마련해 주었다. 방문 마지막 날엔 자기와 같은 혼혈아들을 위해 100만 달러를 기부하기도 하였다. 그는 미국에서 뿐만 아니라 한국에서도 영웅 대접을 받았다.

그의 성공은 어떻게 이루어질 수 있었을까?

그와 어머니는 아버지에게 버림받고 아무도 모르는 미국이라는 낯선 곳에 버려졌다. 그의 어머니는 그때부터 한국 어머니의 특유한 끈질기고 강인한 생활을 시작하게 되었다.

접시 닦기, 호텔 청소부, 가게 점원 등 하루에 세 가지 이상의 일을 하며 하인스 워드의 뒷바라지를 하였다. 그러나 내성적인 하인스 워드는 미국 학교에 적응하지 못했다.

한국인도 미국인도 아닌 정체성의 혼란 때문에 늘 마음에 상처를 입곤 했다. 그리고 피부색도 다르고, 배운 것도 없고, 경제력도 없는 엄마라는 존재가 부담스럽고 감추고 싶은 사람이었다. 사춘기를 지나며 하인스 워드는 빗나가기 시작했다. 어머니는 아들을 위해 질책하기보다는 눈물로 기도하며 아들이 바로 서기를 바랐다.

어느 날 학교 갈 때 어머니 차로 가면서 아들은 평소처럼 자신의 몸을 차 아래로 깊숙이 감추고 다른 아이들이 안 볼 때 재빨리 차 문을 열고 내렸다. 그날따라 다른 날과는 달리 잠깐 고개를 돌려 뒤쪽을 바라보았다. 그의 눈에 띈 것은 하염없이 흐르는 어머니의 눈물이었다. 그 순간부터 하인스 워드의 삶은 달라지기 시작했다. 자기 하나만을 위해 최선을 다하고 헌신하는 어머니의 사랑을 보고 알게 된 것이다.

그날 이후로 그는 더 이상 숨어 지내는 아이가 아니었다. 어머니를 위해 자기도 최선을 다해 노력하게 되었다. 어머니의 사랑의 눈물은 그에게 희망의 웃음이 되었다.

그는 경기 중에 누군가가 심하게 태클을 걸어와도 항상 웃는 선수로도 유명하다. 아무리 힘들어도 웃으며 살기로 어머니와 약속을 했기 때문이다. 그는 오른쪽 팔에 미키마우스의 문신을 했다. 그가 왕따를 당하고, 차별대우를 받고, 가난했던 상처들이 생각날 때마다 미키마우스를 보며 웃고, 또 웃다보면 긍정적인 사람, 희망의 사람으로 변하는 자신을 발견했기 때문이다.

그에게 미키마우스는 자신을 웃게 만드는 유일한 친구였다. 그는 늘 미키마우스를 보며 웃음 연습을 했다. 그래서 경기 중 상대와 부딪쳐 코피가 나거나, 몸을 다치거나, 실수를 하거나, 터치다운을 할 때도 늘 웃는다. 그에게 웃음이 찾아오면서 오늘날 전 미국 미식축구 MVP라는 영웅이 될 수 있었다. 어머니의 눈물은 하인스 워드뿐만 아니라 미국의 모든 한국 교포들과 대한민국 국민들에게도 웃음을 선물했다.

어머니의 눈물은 하인스 워드의 자존감을 회복시켰고, 긍정의 사람으로 재창조했으며, 항상 웃는 희망과 성공의 영웅을 탄생하게 하였다. 하인스 워드의 삶은 우리가 어떻게 살아야 하는지 큰 교훈을 주고 있다.

역경 너머의 축복, 상처를 넘어선 사랑, 열등감을 넘어선 성공을 웃음으로 이루어 보자.

하인스 워드의 어머니 김영희 여사, 그녀는 자식의 성공과 관계없이 지금도 고등학교 구내식당에서 묵묵히 일하는 조국을 사랑하는 겸손한 어머니이다.

5

웃음수업이 있는 학교

미국의 한 초등학교에 아담이라는 학생이 있다. 그는 4학년 때 퇴학을 당한 경험이 있는 문제아였다. 늘 친구들을 괴롭히며 다녔고, 항상 말썽을 일으키는 에너지가 넘치는 아이였다. 다시 학교에 다니게 되었을 때도 학교에 가기 싫어하고 계속해서 문제를 일으키는 학생이었다.

그런 아담이 극적으로 변화되기 시작했다. 그것은 이 학교에서 시작한 웃음수업 때문이었다. 웃음수업은 말 그대로 학생들을 웃게 만드는 수업이다.

아담은 웃음수업에 적극적으로 참여하며 지금은 웃음수업에서 스타가 되었다. 처음에는 혼자 웃기 시작했으나 점점 다른 아이들을 웃기며, 지금은 웃음수업을 이끌어갈 정도로 변했다. 성적도 놀랍게 향상되었으며 자신의 에너지를 모두 웃음수업에 쏟았다.

자신도 누구보다 크게 웃고 친구들도 즐겁게 웃겼으며, 아담 때문에 가족들도 즐거움을 되찾고 몰라보게 밝아졌다.

가족들은 웃음수업에 대해 감사하며 열성적으로 지지하고 웃음을 실천하는 가족이 되었다. 아담의 어머니는 아들의 웃음에 대해 이렇게 이야기한다.

"아담은 자기가 웃으면 상대방도 웃길 수 있다고 하더군요. 목소리가 크고 소리를 많이 지르는 아이였는데 지금은 더 자주 웃기 위해 힘을 아낀다고 해요. 웃음은 최고의 보약이죠."

이 학교는 미국 오하이오 주 켄트시에 있는 헤럴드 워커 초등학교이다. 2000년이 시작되면서 웃음수업을 도입했다. 처음에는 전문가의 도움으로 프로그램을 짜고 그 지침에 맞게 체계적으로 이루어져 왔다. 그러나 지금은 학생 대표들이 웃음수업을 이끌어간다.

웃음은 보통 네 단계로 진행된다.

처음은 길게 심호흡을 하면서 좋은 공기를 들이마시고 나쁜 공기는 내뱉는다. 다음은 손이나 팔 등의 스트레칭을 하면서 웃음 준비운동을 한다. 세 번째로는 본격적으로 웃음 구호와 웃음 노래를 부른다.

"하하, 호호호, 히히히히히~~~~~" 의 구호를 외치며 책상 위에 걸터앉아 "우리는 웃음클럽 학생들, 우리는 웃는 법을 알지요. Laugh, Laugh, Laugh. 우리는 웃는 법을 알지요~~."

이렇게 웃음 구호와 웃음 노래로 분위기를 달아 올린 뒤 네 번째 단계로 학생들이 자발적으로 웃음을 창출하는 본격적인 웃음시간으로 진행된다.

이 단계에서는 아이들의 각자 실수담이나 유머, 조크, 재미난 선생님 또는 친구들의 흉내나 놀이기구를 타면서 환호하는 모습이나 동물의 흉내를 내는 웃음이나 생활 속에 자신들이 개발한 재미난 웃음을 소개하고 함께 나누며 웃는다. 1단계에서 4단계까지는 보통 20분 내외로 진행된다는 선생님의 이야기다.

"웃음수업을 시작하기 전까지는 수업시간에 전혀 참여하지 않고 침묵만 지키는 아이들이 많았어요. 그런데 웃음수업을 시작한 후부터는 바로 그 아이들이 먼저 웃기 시작하더군요. 억지로 웃으라고 시키지 않았는데 자발적으로 웃더니 학교생활과 공부에도 흥미를 느끼기 시작했어요. 학교 공부에 흥미를 느끼지 못하는 아이들에게 웃음수업은 새로운 세계를 열어주었다고 생각합니다."

웃음수업에서 선생님은 적극적으로 관여하지 않는다. 아이들 스스로 진행하고 스스로 웃음을 창조하게 만든다. 스스로 웃을 줄 알게 되면 다른 아이들에게 웃는 방법을 가르치고 그런 과정 속에서 서로 협조하며 성숙하고 웃음으로 더 큰 보람을 스스로 찾아갈 수 있게 된다.

이 학교 학생들은 웃음수업을 하면서 스트레스도 잘 조절할 수 있게 되었고 공부와도 점점 친해져 갔다. 시험이라는 부담스러운 상황에도 웃음으로 유연하게 대처할 수 있게 되었다.

그 결과 5학년 학생들은 오하이오 주 학력평가시험에서 다른 학교들보다 높은 점수를 받았다. 성적만 오른 것이 아니라 학생들끼리 싸우는 일도 눈에 띄게 줄어들었으며 다른 친구들과 웃으면서 삶의 여유를 찾게 되고 자신감도 점점 높아가게 되었다.

우리나라 교사들 중에는 많은 이들이 아이들이 너무 웃으면 반 전체의 집중력이 떨어지고 산만해져서 학습에 방해가 될 것이라고 우려하는 목소리를 내고 있다.

그러나 이 헤럴드 워커 초등학교의 경우를 보면 전혀 그렇지 않음을 보여주고 있다. 웃으면 기억력이 좋아지고 창조력이 증가한다. 학습 분위기도 좋아지고 아이들 자존감도 올라간다. 삶에 대한 여유도 생긴다. 다른 사람을 존중하고 친밀해지는 사회적 효과도 높아진다. 건강한 아이들로 올바르게 자라날 수 있도록 한다.

웃음이 주는 효과는 우리가 상상하지 못할 정도로 그 효과가 엄청나다. 대한민국 모든 초·중·고등학교에 웃음수업이 진행될 날을 학수고대한다.

6

꿈을 위한 노력

아내가 60이 다 된 나이에 피아노를 배우기 시작했다. 처음에는 옆에서 듣기도 답답했는데 1년이 지난 지금은 그래도 몇 곡은 들어줄 만하다. 아내는 좌뇌형이라서 이과적 머리는 내가 도저히 못 따라간다. 그래서 화학을 전공했고 과학 선생으로 아이들을 가르쳤었다.

문과적 머리나 예능적 소질은 내가 보기에도 신통치 않지만 마음속으로 피아노를 치고 싶다는 꿈은 계속 가지고 있었다. 피아니스트로 음대 학장을 지낸 고모가 자신에겐 우상이었다고 한다.

결혼해서도 가사일로 자신의 시간을 내지 못해 피아노를 배우겠다는 생각은 할 수 없었다. 그런 아내가 피아노 배우기에 도전을 한 것이다. 손이 굳어 진도가 느린 데도 도전하는 모습은 보기 좋다. 물론 피아니스트가 되진 못하지만 마음속에 자리 잡고 있던 꿈을 향해 걸어가는 모습은 아름답다.

크든 작든 우리는 저마다 가슴에 꿈을 품고 살아간다. 젊을 때는 넘치는 에너지로 무엇을 하든 다 이룰 수 있을 것 같고, 자신 앞에 무한한 가능성과 시간이 펼쳐져 있는 것 같은 생각으로 살아간다.

그러나 세월은 살같이 지나가고 점점 늙어가면서 나라는 존재는 꿈과 함께 작아진다. 그리고 그 꿈을 이루기에 너무 늦었거나 현실적으로 어렵다고 생각하며 대개는 포기하고 만다.

나의 꿈을 이루기에는 내가 살아야 하는 현실이 너무 가혹하다고 느끼며 자신의 꿈과는 영영 멀어지는 삶을 살아가게 된다. 무언가 시도할 수 있는 열정도 점점 작아지고, 또 이룰 수 있는 가능성도 점점 줄어든다. 그래서 꿈을 끝내 이루지 못한 아쉬움과 후회를 남긴 채 삶의 저편으로 건너가게 된다.

많은 이들이 인생의 마지막 순간 죽음의 장벽 앞에 서면 후회하는 것 중의 하나가 꿈에 대한 후회를 한다고 한다. 이루지 못한 꿈이나 이룰 수 없었던 꿈에 대한 후회보다는 그 꿈을 이루기 위해 최선을 다하지 못했던 자신의 모습에 더 큰 후회를 한다는 것이다.

사람이 태어나서 먹고, 자고, 자손을 남기는 본능적 행동만으로는 인간다운 모습이라고 할 수 없다. 인간답다는 것은 원초적 본능을 넘어 자신의 꿈을 갖고 그것을 이루기 위해 열정적으로 사는 것이다.

꿈과 희망을 향해 열심히 달려가는 모습이 진정 사람답게 사는 모습일 것이다. 꿈을 이루기 위해 오랜 시간 그 희망을 놓지 않고 노력하는 것은 사람만이 할 수 있는 일이다.

꿈과 열정이 없다면 인간은 단순히 자신에게 주어진 생명을 소비하는 존재로밖에 살 수 없다. 꿈을 좇는 일은 인간다운 삶을 위해 매우 중요한 일이며 꿈을 좇는 사람은 존경 받아 마땅하다. 그래서 역경을 헤치고 꿈을 이룬 사람들의 삶은 우리에게 큰 감동을 주는 것이다.

물론 평생 동안 꿈과 열정을 품고 그것을 이루며 사는 일은 쉽지 않다. 끊임없이 내면의 동기유발을 하고 노력을 아끼지 않는 에너지가 필요하다. 많은 장애물이 앞에 있어도 그 너머에 있는 소망을 향해 계속해서 전진해야 하는 에너지가 필요하다.

비록 꿈을 성취하지 못했더라도 그것을 향해 열심히 걸어갔던 모습은 우리의 유한된 인생을 정리하는 날 아름다운 마무리를 해줄 것이며, 생의 종착역에서 후회의 짐을 덜어 줄 것이다.

마음속에 꿈꾸었던 일을 지금 시작하자. "어~ "하는 사이에 우리는 죽음의 장벽 앞에 서 있게 될 것이다. 꿈을 위한 시간은 우리를 기다려 주지 않는다. 꿈을 이루기 위한 최선의 노력은 삶의 의미이고 행복이다.

웰다잉welldying을 위한 웰빙wellbeing이다.

한바탕 웃고, 웃어서 생긴 긍정의 힘으로 지금 시작하자.

아내의 피아노 연습하는 소리가 책 읽는 데 방해가 되더라도 그 도전과 노력에 박수를 보낸다. 그리고 웃으면서 격려해 주어야겠다.

7

축복의 힘

미국의 어느 대학에서 이런 실험을 했다고 한다. 밀폐된 방에 동전 뒤집는 기계를 한 대 갖다 놓고 하루 종일 밤이고 낮이고 동전을 뒤집도록 했다. 그 결과는 거의 언제나 앞이 나올 확률이 50퍼센트, 뒤가 나올 확률이 50퍼센트를 기록했다.

그런데 이 방 가까이 있는 다른 방에 사람들을 불러다 놓고 그들에게 앞뒤를 선택하도록 하였다. 결정을 하고 난 후 선택한 면을 종이에 적어서 봉투에 넣고 봉인을 한 다음 실험을 진행하는 연구진에게 보냈다. 그리고 기계가 동전 뒤집는 실험을 계속하도록 하였다. 그런데 실험결과는 놀랍게도 봉투에 넣고 봉인된 종이에 적힌 면이 75퍼센트나 나왔다. 다음에는 다른 면을 적어 같은 방법으로 실험을 진행했는데 역시나 다른 면이 75퍼센트나 나왔다.

연구진은 이에 대한 연구를 진행하며 인간의 의도가 생명이 없고 감정도 없는 기계에 영향을 미치는 것으로 결론을 내렸다. 그리고 이런 목적의 힘이 결과에 영향을 미치는 범위가 실험이 이루어지는 장소를 중심으로 무려 240킬로미터까지라는 것도 알아냈다.

마음속에 자리 잡은 힘이 다른 물체에 강력한 힘을 미칠 수 있다. 인간의 목적하는 힘이 반경 240킬로미터까지 영향을 미치는 강력한 자기장을 형성한다는 것이다. 무생물에게도 미치는 힘이 강력한 데 사람과 사람 사이의 관계에 미치는 영향력은 더 엄청나다.

이런 실험도 한 적이 있다. 며칠 동안 한 그룹의 사람들이 워싱턴시 주변에 원을 만들어 계속해서 명상을 하며 워싱턴 시민에게 사랑과 평화의 메시지로 축복을 보냈다고 한다. 물론 언론에서 보도한 일도 없고 워싱턴 시민에게 알려진 일도 없었다.

그런데 사랑의 원으로 둘러싸여 있던 며칠 동안 워싱턴시의 범죄와 폭력의 통계가 눈에 띌 정도로 현저히 줄어든 것으로 나타났다. 목적을 가진 축복의 시도는 실제적으로 구체적인 변화를 일으켰던 것이다.

존 오도나휴는 아일랜드의 시인이며 작가이고 가톨릭 학자이다. 그는 독일 튀빙겐대학에서 신학, 철학 박사학위를 받았다. 그의 저서 『사람이 사람에게』에서 그는 축복에 대해 이렇게 언급하고 있다.

"축복은 사람들을 보호하고 치유하고 힘을 강화시켜 주기 위한 빛이 그들 주변에 돌며 그리는 원이다."

"누군가가 당신을 축복하면 그 치유의 열매에 당신은 놀랄 것이다."

"당신이 누군가를 축복하는 것은 그 사람 주변에 평화와 휴식의 보호벽을 쌓아 주는 것이다."

"축복이 어려움을 지워버리거나 아예 없애지는 못하지만 더욱 깊숙한 곳에 숨어 있는 부정적인 열매를 솎아낸다."

"누군가를 축복한다는 것은 세상에서 가장 아름다운 선물을 주는 것이다."

"슬프거나 고통을 당한 이에게 아무 말 없이 손을 잡아주거나 안아주는 것으로 축복의 모든 것을 표현할 수 있다."

"축복은 상상하지도 못하는 가능성을 일깨워주고 그 가능성을 믿고 앞으로 나아가게 한다."

존 오도나휴의 말처럼 우리가 맺고 있는 모든 인간관계 속에서 이 축복의 힘이 얼마나 강력한지 우리는 알아야 한다.

축복의 말은 다른 이에게서 가장 듣고 싶어 하는 말이지만 내가 정작 다른 이를 축복하는 데는 매우 인색하다. 다른 이에게 축복의 말, 사랑의 말을 하는데 쑥스러워 하는 마음을 버려야 한다. 인색하지도 말아야 한다. 축복의 말을 할 때는 밝게 웃으며 하게 된다. 축복의 말을 많이 할수록 우리 마음은 밝은 빛이 가득 비취는 웃음의 천국이 될 것이다.

이 글을 읽는 모든 이들에게 이 세상에서 가장 아름다운 웃음이 함께 하시기를 축복합니다. 또 이 글을 읽는 환우들과 상처 입은 이들에게 치유와 회복의 빛이 임하시기를 축복드립니다.

물론 웃음의 보약도 함께…….

8

암을 이기는 사람들

필자가 소속되어 있는 한국웃음연구소에서 주관한 암 환자를 위한 치유 프로그램인 희망 만들기 프로그램에 참가하였다. 많은 암 환자들도 희망을 찾아 간절한 마음으로 참가하였다.

어떤 이는 백혈병에 간암이 함께 진행되어 현대 의학적으로 아무 손을 쓸 수 없는 상태라고 한다. 그래서 수술요법이나 방사선치료, 화학치료라도 받을 수 있는 이는 그래도 행복하다고 말한다. 아무런 도움을 받을 수 없는 절박한 현실에서 열심히 웃고 사랑을 받으니 희망이 생긴다고 한다.

직장을 수술해서 백수가 되어 살고, 대장(결장)을 또 잘라내 졸병으로 살아간다고 농담을 하는 분이 있다. 그녀는 현재까지 19번이나 수술하였지만 씩씩하게 살아간다. 병원에서 울상을 하며 절망에 빠져 있는 암 환우를 볼 때마다 호통치며 나를 보라고 당당히 말한다고 한다. 그녀는 절대 암으로 죽지 않는다는 신념 속에 살고 있다. 다만 늙어서 죽겠다고 웃으며 말한다. 노래를 좋아하고 노래로 다른 이에게 용기를 주는데 목소리에 이상이 없음을 늘 감사하며 항상 웃으며 밝게 산다고 한다.

어떤 이는 암으로 절망의 골짜기를 헤매며 늘 죽음에 대해서 생각하다가 아들을 위해 살기로 결심하고 나서 늘 긍정의 마음과 생활습관을 완전히 새롭게 하면서 웃음 속에 희망을 발견하고 산다고 했다.

전립선암으로 판정난 후 술, 담배 등을 끊고 생활습관을 완전히 새롭게 시작하여 12년째 암을 친구 삼아 지내고 있다는 분도 있다. 그는 새로운 생활습관 중에서 웃음이 항암효과를 단단히 나타냈다고 말한다.

다른 암 환우들의 경우를 보더라도 웃음이 그들에게 큰 희망이 되고 있음을 알 수 있었다. 암 환우들은 누구나 절망과 분노에 휩싸인다고 한다. 암이라는 질병이 동반하는 어두운 그림자에 대한 두려움을 느끼기 때문이다.

그러나 죽음을 두려워하고 피하기만 해서는 암을 이길 수 없다. 암을 이기기 위해서는 삶에 대한 강한 의지와 희망을 잃지 말아야 한다. 삶에 대한 의지와 꼭 나을 거라는 희망은 환자에게 강력한 무기가 된다.

신학자 하비콕스의 말대로 웃음은 희망의 최후 무기이다. 그래서 암 환우들이 절망 속에서도 웃음으로 희망을 다시 찾고 암과의 한판 승부를 벌일 수 있게 되는 것이다.

인생을 살면서 우리는 두려움에 늘 직면하게 되지만 이 두려움에 휩싸이는 잘못된 습관을 떨쳐버려야 한다. 두려움에는 7가지 원초적 두려움이 있다고 한다.

첫째는 비판에 대한 두려움이고, 둘째는 질병과 고통에 대한 두려움이며, 셋째는 가난에 대한 두려움이다. 그리고 넷째는 노쇠해감에 대한 두려움이며, 다섯째는 사랑의 상실에 대한 두려움이고, 여섯째는 자유 상실에 대한 두려움이며, 마지막은 죽음에 대한 두려움이다.

암 환우들은 질병과 고통, 죽음, 상실에 대한 두려움이 복합적으로 오기 때문에 더욱 더 이것들을 떨쳐내기가 힘들다. 두려움을 떨쳐내기 위해서는 사랑이 최고의 보약이라고 한다. 그래서 사랑을 나누고 다른 이의 행복을 위해 봉사하는 일은 매우 소중하다. 매일 사랑을 가득 먹고 사는 사람은 어떤 암도 이겨낼 수 있는 기적을 일으킨다.

이번 희망 만들기 프로그램의 주제는 '생명을 구하는 포옹' 이었다. 그래서 시간이 있을 때마다 서로 기도하는 마음으로 암세포들이 자멸하도록, 또 치유를 간절히 바라는 마음으로 진심을 담아 포옹을 하였다.

이러한 사랑에 그들은 암이 치유될 것이라는 희망과 신념을 가지게 되었다고 한다. "감사합니다", "사랑합니다"를 되뇌며 마음속으로 감동의 눈물을 흘리는 이들은 분명히 암과의 투쟁에서 승리하리라고 믿는다.

모든 암 환우들에게 웃음으로 응원을 보낸다.

아름다운 사람들

K대 병원 응급실 한 모퉁이에서 엄마가 딸을 부둥켜안고 울고 있었다. 고3인 딸 H양은 말기 암으로 전신에 암이 퍼져 몸을 가누기도 힘든 상태였다. 딸을 입원시키기 위해 왔으나 빈 입원실도 없는 데다 입원비도 준비하지 못하였기 때문에 엄마는 딸을 부둥켜안고 울고만 있을 뿐이었다.

그때 마침 이곳을 지나던 의사 P교수가 이 광경을 목격하고, 이들의 사정을 알게 되었다. P교수의 주선으로 병원 측은 입원실에 병상을 하나 따로 마련하고, H양을 입원시키게 되었다.

P교수는 그 후 출근하는 날이면 으레 아침저녁으로 H양을 찾아와 지극정성으로 보살펴 주었다. 국내에 부족한 약은 미국에서 직접 수입해서 공수해 오기도 하였다. 그러나 보살펴 준 보람도 없이 H양은 병세가 점점 깊어가게 되어 더 이상 손을 쓸 수 없는 상태까지 이르렀다. 워낙 늦게 치료를 시작하였기 때문이다.

H양은 자신의 운명을 예감했는지 그동안 곱게 접은 종이학 1,000마리를 P교수에게 선물하며 "그동안 보살펴 주셔서 감사합니다"라는 인사를 했고 바로 퇴원을 하게 되었다.

P교수는 의료진의 무력함과 H양의 진심어린 감사에 펑펑 눈물을 흘렸다고 한다. 퇴원 당일 입원비 200만원은 이미 지불되어 있었다. H양의 어머니는 그 퇴원비를 누가 냈는지 아직도 모른다. 딸은 얼마 후 따듯한 미소를 머금고 저세상으로 떠났다.

H양이 세상을 떠나기 보름 전 소포한 꾸러미가 도착했다. P교수가 보낸 것이었다. 그 속에서는 음악이 나오는 인형과 커다란 곰 인형, 그리고 편지 한 통이 들어 있었다.

"그동안 힘든 항암치료를 받느라고 얼마나 고생이 많았니… 의사도 어쩔 수 없는 병이 있단다. 천사처럼 아름다운 네 모습을 영원히 간직하고 싶구나……."

엄마는 H양이 가는 길에 인형들과 편지도 함께 묻었다. 엄마는 몸을 다시 추스르고 P교수의 정성을 다한 보살핌에 보답하고자 다시 일어섰다. 봉사활동을 시작한 것이다. 구청에서 실시하는 해바라기 봉사단원으로 들어가 독거노인들을 목욕시켜주고, 장애인들을 정성을 다해 돌보게 되었다. 또 지역소식지에 틈틈이 글을 쓰면서 명예기자로 활동하고, 자원봉사대회에서 상을 타기도 했다.

엄마는 딸에게 마지막까지 사랑을 베풀어 준 P교수와 딸의 학교친구들과 어려운 살림에 보태 쓰라고 모금도 해준 이웃들에게 조금이나마 보답하며 살게 되었다고 한다.

J일보 2009년 9월 29일 44면에 난 기사이다. 엄마는 대구시 효목동

에 사는 이명숙 씨이고, 딸의 이름은 혜림이고, P교수는 경북대 병원 박교수라고만 알려져 있다.

이런 아름다운 휴먼 스토리를 읽을 때 감동이 몰려온다. 나 자신이 사랑을 듬뿍 받는 느낌이다. 사랑은 또 다른 사랑을 잉태하며 한 줌의 누룩처럼 번져나간다.

박교수가 뿌린 사랑의 씨앗은 이명숙 씨의 헌신적 자원봉사로 열매를 맺고, 또 그녀가 뿌린 사랑의 씨앗은 다시 많은 열매를 맺게 되어 30배, 60배, 100배의 풍성한 결실이 맺혀질 것이 분명하다.

이 사회를 따듯하고 건강하게 만드는 비결은 이런 사랑의 씨앗들을 많이 뿌리는 것이다.

필자의 하하웃음행복센터에는 암 환우들이 여러 명 찾아와 함께 웃으며 희망을 이루어간다. 이곳은 사랑의 바이러스가 퍼져가는 장소이며, 또 그렇게 만들기 위해 열심히 노력하고 있다. 정말 아름다운 사람들은 사랑의 바이러스를 자꾸 전파하는 사람들이다.

P교수를 보면서 또 한 번 다짐한다.

힘들더라도 사랑의 씨앗을 뿌려야 한다.

웃으면서 또 한 번 사랑의 씨앗을 뿌려보자.

10

남성 헬렌켈러 김선태

후천적으로 시각을 잃은 사람은 대다수 자살을 생각하고 또 행동으로 옮긴다. 이와하시 다께오는 일본 시각장애인들의 지도자이자 희망의 등불이다. 그도 결혼 후 실명을 하게 되자 자살을 시도하였으나 다행히 성공하지 못하였다. 그때 그의 아내가 이렇게 말했다.

"내가 끝까지 당신과 함께할 테니 절망하지 마세요. 내가 당신을 위대하게 만들어 드리겠습니다."

그녀는 모든 재산을 정리해서 남편을 데리고 영국에 가서 에딘버러대학에 입학할 수 있게 했다. 그러나 그들의 가진 돈은 바닥나 버렸다. 어느 날 아침 식사를 하는데 남편은 이상한 감을 느꼈다. 그래서 아내의 접시를 만져 보았다. 빈 접시였다. 아내는 눈먼 남편에게만 식사를 담아주고 자신은 빈 접시에 포크질을 하며 먹는 척을 했던 것이다.

자신들의 실정과 아내의 마음에 감동한 남편은 눈물을 흘리며 굳은 결심을 했다. 공부해서 위대한 지도자가 되어 아내를 행복하게 해주겠다는 결심이었고 그는 각고의 노력 끝에 꿈을 실현하게 되었다.

헬렌 켈러는 두 살도 안 되었을 때 열병에 걸려 맹아와 농아가 되었다. 그러나 그녀는 평생의 멘토 설리반 선생을 만나 글을 배우고 래드클리프 대학을 뛰어난 성적으로 졸업했다. 그녀는 사회사업가로 전 세계 맹·농아 장애인들에게 희망의 등불이 되었고, 그들을 위로하고 격려하며 교육하는 일에 평생을 바쳤다.

한국의 남성 헬렌켈러로 불리는 사람이 있다. 그는 아시아의 노벨상이라고 불리는 막사이사이상을 수상하고 아시아의 성자로 존경받고 있는 김선태 목사이다.

그는 1941년 서울에서 태어났다. 6·25전쟁이 시작되고 어느 날 그는 폭격으로 인해 부모를 잃고 고아가 되었다. 구걸하며 연명하던 그는 수박 밭에서 폭탄이 터져 그만 실명하고 말았다. 하나밖에 없는 고모 집을 찾아 의탁해 보았지만 갖은 욕설과 매질로 인해 오래 견디지 못하고 도망 나와 거지 생활을 하게 되었다.

전국을 떠돌며 거지 생활을 하다가 고아원 생활하게 되었으나, 너무 많이 맞아 탈출하여 다시 거지 생활을 하다가 다른 수용시설로 전전하는 생활이 계속되었다. 그는 피리를 불며 안마사 생활도 하는 등 갖은 고생 끝에 국립맹아학교에 들어갔으나, 상급생들의 행패와 구타와 모욕으로 중퇴하고 각고의 노력 끝에 정상인이 다니는 중·고등학교를 졸업하였다.

졸업 후 대학에 입학하려 하였으나 당시 문교 정책상 시각장애인은 대입 국가고시를 치를 수 없었다. 그는 33번이나 끈질긴 노력 끝에 문교부 장관을 면담하고, 시험을 볼 수 있게 되어 숭실대학교 철학과에 입학하였다. 대학을 졸업 후 장로교신학대학 대학원을 거쳐 목사가 되었다.

그 후 그는 실로암 안과병원을 세웠다. 이 병원에서 개안수술로 어둠에서 빛을 찾아준 사람이 수만 명에 이르며, 사랑의 무료 안과 진료로 실명을 예방하고, 눈의 고통을 치료해 준 사람이 수십만 명에 이른다. 또한 시각장애인들이 직업훈련을 할 수 있는 복지관도 창설하여 많은 이들에게 사회복귀훈련을 시켰으며, 천 명 가까운 이들에게 시각장애인 장학금을 지급하여 석·박사들을 배출하였다.

그는 시각장애인에게 큰 희망의 빛을 비추는 인물이 되었으며, 일반인들에게도 시각장애인에 대한 인식을 크게 변화시켜 새롭게 자리매김을 할 수 있는 역할을 담당하였다. 헌신된 삶으로 그는 국민훈장 모란장과 동백장, 호암 사회봉사상, 2007년엔 막사이사이상을 수상했다.

그는 수많은 역경 속에서도 늘 긍정의 마음을 잃지 않았다고 한다. 그래서 그는 늘 웃음을 잃지 않고 여유만만한 태도로 인생을 살고 있다.

그는 어디가도 유머를 잘한다. 그래서 많은 사람들을 웃게 한다. 그가 처음 만나는 여자들에게는 꼭 "내가 보니 아주 예쁘시네요"라고 칭찬한다. 그러면 칭찬받은 여자는 의아해 하며 "조금은 보이시나 보죠?"라고 대부분 반문한다. 그러면 그는 "볼 수 있는 것은 다 볼 수 있지요"라고 말하며 웃어버린다.

그는 말할 수 없는 고난과 핍박을 웃음과 긍정으로 이겨냈다. 그리고 이제는 나누는 삶을 통해 긍정과 웃음을 전하고 있다.

11

웃음에 희망을 걸다

J는 췌장암 말기 환자이다. 그의 암세포는 벌써 여러 곳으로 전이되어 의학적으로 더 이상 손을 쓸 수 없게 되었다. 그러나 의사는 이렇게 이야기했다.

"제가 아는 모든 치료법은 다 써보았습니다. 하지만 상태를 호전시키기 위해 계속 방법을 찾아보겠습니다."

J는 자신이 겪는 이 현실이 하나의 악몽이었으면 좋겠다라는 생각을 자주한다. 어느 날 아침에 눈을 떠보니 과학자들이 새로운 약을 개발해서 자신에게 시험해보기로 했다는 기쁜 소식을 전해주는 생각, 새로 발명된 인공장기를 자신이 실험대상으로 시술받아 의학계에 아주 중요한 역할을 할 수 있다는 생각도 한다. 그가 하루하루 고통을 견딜 수 있는 것은 세상 속에서 이런 새로운 약이나 새로운 연구 성과에 희망을 갖고 있기 때문이다.

J와 같은 이들은 그들이 겪는 고통에 어떤 의미가 있을 거라고 믿고

싫어하며, 또 언젠가 자신들의 고통이 보상을 받을 것이라고 믿고 싶어 한다. 그래서 완치될 수 있을 것이라는 희망을 버리지 못한다. 이것이 그들을 지켜주는 등불이다.

이 희망을 잃어버릴 때 환자들은 24시간 이내로 세상을 떠난다고 한다. 즉 환자가 더 이상 희망을 표현하지 않으면 죽음이 임박했다는 것이다. 이런 환자들은 이렇게 표현한다고 한다.

"선생님, 이제 그만해도 될 것 같아요."

"아무래도 때가 된 것 같습니다."

항상 희망을 놓지 않고 기적을 기다려 왔던 환자들은 마지막 순간에 이렇게 표현한다고 한다.

"제 생각에서는 바로 이게 기적인 것 같네요. 이젠 준비 됐어요. 더 이상 아무것도 두렵지 않아요."

절망의 포기가 아닌 수용의 포기를 말할 때는 그들에게 더 이상 희망을 강요하지 않아도 된다. 그러나 환자 자신이 포기하지 않는 데도 병원 관계자나 가족들이 희망을 포기할 때 환자는 희망에 관한 갈등을 갖게 된다.

반대로 환자 자신은 죽음을 받아들일 준비가 되어 있음에도 불구하고 가족들이 환자의 마음을 모르고 지나치게 소생에 집착하는 경우 희망에 관한 갈등과 혼란을 겪게 된다고 한다.

어떻든 임종을 앞둔 분들에게 끝까지 희망을 갖게 하는 일은 매우 중요하다. 환자들은 현실적으로는 비관적이라도 그들에게 희망을 말하는 의사를 신뢰한다고 한다.

그래서 나쁜 소식을 전하더라도 반드시 희망적으로 이야기해주는 것이 중요하다. 희망적으로 이야기한 의사에게 환자들은 마지막 순간까지 자신을 지켜줄 친구로 여기며 자신은 희망을 버리지 않는다.

현실적으로 치료의 가능성이 없다고 판단되더라도 희망적으로 이야기하는 의사에게는 버려졌다거나 포기되었다는 생각을 하지 않는다고 한다.

임종을 앞둔 환자는 아닐지라도 우리는 누구나 시한부 인생을 살아간다. 그래서 우리에게 가장 중요한 것 중의 하나는 바로 희망이다. 우리가 희망을 가지고 있다는 것은 살아 있는 증거이다. 희망을 포기한 사람은 살아 있어도 죽은 것이나 마찬가지이다.

하비콕스라는 신학자는 "웃음은 희망의 최후 무기이다"라고 이야기했다. 굳이 말로 희망을 이야기하지 않더라도 웃음을 보일 수 있으면 그는 희망이 살아 있는 것이다.

우리나라는 자살률 1위의 불명예 국가이다. 하루 39명이 자살하고 43분마다 1명씩 자살한다. 그들에게 나타나는 공통점은 희망을 잃어버린 것이다. 그래서 웃음이 사라진 것이다.

억지로라도 웃게 한다면 희망을 되살릴 수도 있을 텐데…….

이것이 억지로라도 웃어야 되는 이유이다.

12

제2의 미셸 오바마

카디자 윌리암스 양은 미국 제퍼슨 고교 3학년 흑인 여학생이다. 그녀의 어머니 체트완은 14세 미혼모로 카디자를 낳았다. 그리곤 집에서 쫓겨났으며 아버지가 누군지도 모른다. 직업이 없이 항상 경제적으로 궁핍했던 그녀와 어머니는 창녀들과 포주들 그리고 마약 밀거래자들이 사는 노숙인 촌에서 주로 살았다. 열심히 공부하는 그녀를 보면서 창녀들은 비웃었다.

"여기는 하층 사회야, 네가 발버둥쳐도 대학 못가."

그러나 카디자의 어머니는 이렇게 이야기했다.

"너는 수재야, 너는 대단해. 너는 오프라 윈프리야"라고 딸을 끊임없이 칭찬하며 용기를 북돋아주었다. 칭찬의 힘은 초등학교 3학년 때부터 나타나기 시작했다. 캘리포니아 주 학력평가에서 1% 안에 들자 선생님의 칭찬도 듣게 되었으며 성적표에는 최우수 학생으로 기록되었다. 그리고 선생님은 그녀를 영재반에 넣어 주었다.

이때부터 공부 잘하는 그녀에게 친구들이 생기기 시작했다. 특히 쉬는 시간에 수학문제를 물어보는 친구들이 줄을 섰다. 그러나 그녀의 삶은 고달팠다.

어머니와 여동생 셋이 노숙자 쉼터와 모텔 등을 전전하며 12년간 12번씩이나 전학을 다녔고, 학교에 가려고 새벽 4시에 일어나 머리 손질하며 노숙인 냄새를 안 나게 하려고 노력하였다. 버스를 2~3번 갈아타며 집에 오면 밤 11시가 넘었다.

노숙자 쉼터가 문 닫을 때마다 옮겨 다니느라 초등학교 4-5학년은 반만 마쳤고 6학년은 아예 건너뛰고 중학교 1-2학년(7-8학년)은 부분적으로밖에 다닐 수가 없었다. 그런 와중에도 열심히 공부해서 계속 영재반으로 들어갈 수 있었다.

그녀는 이렇게 고생하며 공부했지만 그래도 공부할 수 있어서 행복했다고 한다. 그녀는 봉사단체의 상담자들에게 적극적으로 조언을 구하고 각 대학에서 여는 여름학기에 열심히 참가하며 꿈을 키웠다. 컴퓨터를 어떻게 사용하는지도 배웠고, 대학 지원은 어떻게 하고 장학금을 받기 위해 어떤 서류를 준비하는지도 알아보며 혼자 다 준비해 나갔다.

그녀는 드디어 컬럼비아, 앰허스트 등 20여 개 명문대학으로부터 입학 허가를 받았지만 전액장학금을 주기로 한 하버드대학을 택했다. 그녀의 목표를 향한 열정에 감동을 받은 하버드대 줄리 힐든 입학 사정관은 이같이 말했다.

"이 학생을 뽑지 않으면 우리는 제2의 미셸 오바마를 잃는 것이다."

카디자 양은 LA타임스와의 인터뷰에서 "사람들은 내가 노숙인이라는 사실이 공부하지 않는 좋은 핑계거리라고 생각했지만 나는 이런 힘든 상황이 결코 변명거리가 될 수 없다고 생각했다."

"친구들도 처음에는 나를 놀렸지만 이젠 나를 존중하기 시작했다."

"내 과업은 이제 시작이다"라고 말했다.

제퍼슨 고교 친구들은 모두 카디자를 축하하며 '하버드 여학생', '똑똑한 여자애'로 부른다. 그녀는 교육 분야 변호사가 되는 것이 꿈이다.

'코이'라는 잉어가 있다. 이 물고기는 작은 수족관 안에서 키우면 7~8cm밖에 자라지 못한다고 한다. 그러나 큰 수족관이나 연못에서 키우면 15~25cm까지 자란다고 한다. 그런데 큰 강에서 크면 90~120cm로 클 수 있다고 한다.

우리는 꿈이 있다. 꿈이 클수록 우리는 더 크게 성장할 수 있다.

작은 수족관을 택하든지 큰 강을 택하든지 선택은 자신의 몫이다.

삶은 내가 스스로 꾼 꿈과 선택한 의지의 산물이다.

카디자 윌리암스 양은 자신이 선택한 큰 꿈을 이루어갈 것이다.

카디자 양의 기사가 각 신문마다 활짝 웃는 모습으로 실렸다.

꿈을 이루어가는 자신의 모습을 환한 웃음에 담고 있다.

꿈은 우리에게 웃음을 선물한다.

쓰레기 속의 희망

미국 오바마 대통령의 아버지 나라는 케냐이다. 케냐하면 중장거리 육상의 강국이며 많은 동물들이 살아가는 푸른 초원이 먼저 떠오른다. 케냐는 세계 10대 불평등 국가 중 하나이며, 10%정도가 에이즈에 감염된 의료 시설이 열악한 국가이다. 케냐에는 1년 내내 쓰레기 더미 때문에 검은 연기와 먼지로 뒤덮여 있는 고로고초(쓰레기) 마을이 있다.

2005년 12월 어느 날, 이 고로고초 마을의 쓰레기 더미에서 한국에서 온 임태종 목사는 버려진 한 아이를 만났다. 그리고 아이를 바라보면서 많은 생각을 하게 되었다.

"쓰레기 더미에 앉아 무얼 찾으려고 뒤지는 저 아이야 말로 쓰레기 모습이 아닌가?"

"한국 같으면 부모 품에서 학교와 학원을 다닐 텐데……."

"저 아이들을 어떻게 해야 희망을 갖게 할 수 있을까?"

찢어지는 듯한 마음의 아픔을 간직한 임목사는 자꾸만 무엇을 해야 한다는 생각에 골몰하기 시작했다. 그리고 우리나라도 너무나 가난했던 시절에 희망을 심어 주었던 선명회합창단을 생각하며 무엇을 해야 할지 문제의 답을 찾게 되었다. 임목사는 이 세상에서 가장 아름답게 노래하는 어린이 합창단의 꿈을 꾸며 아이들을 불러모으기 시작했다.

그 이듬해 2006년 8월, 임목사는 지휘자 김재창 씨와 교회 교육관을 연습실로 바꾸고 83명의 아이들을 3차에 걸친 오디션을 통해 선발했다. 아이들의 목소리는 굶주림으로 모기 소리만 했고, 비오는 날이면 양철지붕에 빗방울 부딪히는 소리로 노랫소리가 들리지 않았다. 해가 쨍쨍 내리쬐는 날이면 지붕이 달아 용광로 같은 열악한 환경이었다. 그러나 그 속에서도 희망은 자라기 시작했다. 합창단 이름도 '지라니(좋은 이웃)' 라고 지었다. 슬프고 절망적인 마음들이 희망과 기쁨으로 변하기 시작했다.

드디어 1년 후 2006년 12월에 지라니 합창단은 케냐국립극장에서 창단공연을 가졌다. 이곳에는 한국대사와 케냐문화부장관 등 400여 명의 관객들이 열광적으로 창단을 축하하며 성원을 보냈다. 이들은 2007년 한국을 방문해 11월에서 2008년 1월까지 28회 공연을 하였으며 가는 곳마다 천상의 하모니라고 극찬을 받았다.

그 후 미국으로 건너가 각 도시를 돌며 공연하여 갈채를 받았다. 그리고 존타 국제콩쿠르 및 벨리니 국제콩쿠르 등을 휩쓸며 세계에서 가장 감동 있는 합창단으로 혜성과 같이 등장했다.

쓰레기를 뒤지며 생활해야 하는 절망과 슬픔에서 기쁨과 소망을 꽃피우는 아름다운 천사들로 바뀐 것이다. 한국에서는 TV에도 여러 번 소개되었고 그들이 한국민요 '도라지 타령' '울산 아가씨' 를 부를 때는 많은 이들의 가슴을 감동의 물결로 수놓았다.

임태종 단장은 이렇게 이야기하였다.

"지라니 합창단 아이들은 거의 다 당장 먹을 것이 없고 돌봐줄 부모도 없다. 그러나 아이들은 내일의 희망을 노래한다. 가진 것이 없어도 희망과 소망은 매우 많은 아이들이다. 천사와 같은 표정으로 노래하는 아이들을 보며 여러분의 삶과 비교해 보라. 비교가 안 될 만큼 많은 것을 가진 여러분은 왜 더 힘들고 더 우울한 표정을 짓고 있는가?"

우리나라도 50여 년 전 전쟁의 폐허 속에서 오늘날과 같은 기적을 이루어냈다. 물질적으로 부족함이 없이 너무나 풍족한 시대에 살고 있다. 그러나 정신적 방황과 훈훈한 마음의 고갈로 인한 우울증 환자는 급속히 증가하고 있다. 그리고 어려울 때에 비해 너무도 많이 웃음은 줄어들고 있다.

지라니 합창단 아이들은 멀리서 보아도 확실히 다른 아이들과 구별된다. 걸음에 활기가 있고 웃는 표정에 즐거운 에너지가 넘쳐 난다. 경제가 어렵고 힘들수록 웃는 표정을 지어보자.

즐거운 에너지가 넘치게 될 것이다. 웃음은 희망의 전령사이다.

일제의 수탈과 동족상잔의 폐허더미 속에서도 우리 민족은 웃으며 희망의 노래를 불렀다. 지금의 기적은 웃으며 희망을 찾은 결과이다.

요즈음이 최악의 경제 위기라고 한다. 그래도 웃으며 희망을 찾아보면 얼마든지 길은 있다. 한바탕 웃음으로 희망의 노래를 불러보자. 우하하하…….

그들은 노래한다. 하쿠나 마타타… 아무 문제 없어요… 라고.

14

죽음의 수용소

모든 자유를 빼앗기고 시시때때로 자행되는 폭력과 배고픔 속에 언제 가스실로 끌려가게 될지 모르는 강제수용소의 '일시적 삶' 속에서 인간으로 존엄성을 지니고 지내는 것은 거의 불가능해 보인다. 그곳에선 자신의 생존을 위해 용의주도한 책략과 치열한 싸움을 벌인다. 동물적 감각으로 양식을 차지하려는 피비린내나는 투쟁이 판을 치는 살벌한 곳이다. 어떤 이들은 엄청난 충격 속에 이미 삶의 의욕을 상실하고 무감각한 상태로 되어 정신적으로 죽은 상태와 다름이 없는 상황에 빠지기도 한다. 빅터 프랭클은 이 죽음의 수용소 상황을 이렇게 묘사했다.

"나는 발진티푸스 환자들을 돌보기 위해 한 막사에서 얼마 동안 보내야 했다. 환자들은 고열에 시달렸으며 종종 혼수상태에 빠졌다. 그들 중 상당수는 산송장이나 다름이 없었다. 그러다가 한 사람이 방금 숨을 거두었다. 나는 아무 감정 없이 그 광경을 바라보았다. 죽음은 계속해서 이어졌는데 그때마다 매번 그랬다. 한 사람이 숨을 거두자마자 다른 사람들이 아직 체온이 남아 있는 시신 곁으로 다가갔다. 그중에서 한 사람이 죽은 사람이 먹다 남긴 썩어가는 지저분한 감자를 낚아 채갔다. 그 다음 사람은 시신이 신고 있는 나무 신발을 벗겨갔다. 세 번째 사람도 죽은 사람의 넝마 옷을 벗겨갔다. 그런가 하면 또 다른 사람은 진짜 구두끈을 갖게 되었다고 좋아했다…….

두 시간 전에 나와 이야기했던 사람이 동태눈을 하고 시체가 되어 나를 바라보고 있다. 나는 아무 감각 없이 수프를 먹었다. 이런 일들은 나에게 아무런 감정도 불러일으키지 않았다."

그는 계속해서 이렇게 이야기한다.

"마지막 남아 있던 피하지방층이 사라지고 몸이 해골에 가죽과 넝마를 씌워 놓은 것 같이 되었을 때 우리는 우리의 몸이 자기 자신을 먹어치우기 시작했다는 것을 느낄 수 있었다. 내장기관이 자체의 단백질을 소화시키고 몸에서 근육이 사라졌다. 그러자 저항력이 없어졌다.

같은 막사에 있던 사람들이 하나 둘씩 죽어나갔다. 우리는 모두 다음에는 누가 죽을 것인지 그리고 자신은 언제 죽을 것인지 아주 정확하게 알고 있었다. 우리는 매일 저녁 몸에 있는 이를 잡으면서 뼈만 남은 자신의 알몸을 바라봤다. 여기 있는 이 몸뚱이 이젠 정말 송장이 되었구나.

나는 무엇일까? 나는 인간 살덩이 무리의 한 부분에 지나지 않았다. 죽어서 몸뚱이가 썩기 시작하는 바로 그 살덩이 무리의 일부분에 지나지 않는 것이다."

이러한 지옥과 같은 아니 지옥보다 더 심한 죽음의 수용소에서도 남을 위해 생명 같은 빵 한 조각을 나누어 주는 이도 있고 상대방을 격려하는 따뜻한 유머도 있다.

빅터 프랭클은 생사의 갈림길에서 공포와 싸우면서도 희망과 존재에 대한 위대한 영혼을 발견할 수 있다고 했다. 그는 그 속에서도 삶의 의미와 존재가치를 발견한 것이다.

빅터 프랭클은 죽음의 수용소에서 환자들을 돌보면서 영혼의 위대함을 보여줬던 젊은 여인과의 짤막한 대화 내용을 소개하고 있다.

"이 젊은 여자는 자기가 며칠 안에 죽을 것이라는 것을 알고 있었다. 하지만 이런 사실을 알고 있었음에도 불구하고 내가 그녀에게 말을 걸었을 때 그녀는 아주 명랑했다.

"나는 운명의 신이 나에게 이렇게 엄청난 타격을 가한 것에 대해 감사하고 있어요."

그녀가 나에게 말했다.

"그 전에 나는 제멋대로였고 정신적인 성취 같은 것에 대해서도 진지하게 생각해 본 적이 없었거든요."

그녀는 창밖을 가리키며 이렇게 말했다.

"여기 있는 이 나무가 내 외로움을 달래주는 유일한 친구랍니다."

창을 통해서 볼 수 있는 것이라고는 밤나무가지 한 개와 그 위에 피어 있는 꽃 두 송이였다.

"저는 저 나무와 자주 이야기를 나눈답니다."

그녀가 나에게 말했다. 나는 한순간 어리둥절했다. 그녀의 말을 어떻게 받아들여야 할지 몰랐기 때문이다. 헛소리를 하는 것일까? 환각에 빠졌나? 나는 그녀에게 걱정스러운 표정을 지으며 나무가 대답을 하는지 물었다.

"물론이지요."

나무가 그녀에게 뭐라고 대답했을까? 그녀는 말했다.

"나무가 이렇게 대답을 해요. 내가 여기 있단다. 내가 여기 있단다. 나는 생명이야. 나는 영원한 생명이야."

며칠 후 빅터 프랭클은 이 여인의 죽음을 직접 목격했다. 어떠한 폭력도 그녀의 내면적 자아, 생명과 존재에 대한 원초적 자유를 앗아갈 수는 없었다. 죽음의 수용소에서도 웃음과 유머가 있다는 것을 알면 놀랄 것이다. 그는 "유머가 자기 보존을 위한 투쟁에 필요한 무기였다"라고 말한다.

"웃음은 어떤 어려운 상황에서도 그것을 딛고 일어설 수 있는 능력과 초연함을 가져다주었다."

그래서 작업장에서 일을 할 때 아주 짧은 시간이지만 하루 한 가지씩 재미있는 이야기를 만들어내며 친구와 웃었다고 한다. 이것이 생명을 지탱할 수 있는 원동력 중의 하나가 되었다고 한다.

웃음은 희망의 최후 무기임을 다시 한 번 증명해주는 이야기이다.

죽음의 수용소, 그 속에도 웃음은 있었다.

15

불가촉천민

BC 1000년경 인도에서 만든 힌두교 경전 리그베다에 카스트 계급의 발생에 대한 설화가 기록되어 있다.

이 네 계급은 지금도 사성제로 불리며 지속되고 있고, 계층이 다른 사람과는 혼인을 할 수 없는데, 만일에 혼인하게 되면 낮은 계급으로 신분이 하향하게 되며 가족의 연을 끊어야 한다고 한다.

그런데 이 사성제에 들지 못하는 즉 노예 계급인 수드라보다도 더 천하고 저주받은 계층이 있으니 바로 불가촉천민이라 불리는 "아웃-카스트" 계층이 바로 그들이다.

그들은 그들이 걷는 발자국이 그 땅을 더럽힌다고 하여 자신의 궁둥이에 빗자루를 달고 다니면서 자신의 발자국을 지웠으며, 말할 때 튀는 침이 대지를 더럽힌다 하여 침받이 그릇을 턱밑에 차고 다녔다고 한다.

그들은 마을 우물에서 물 마실 권리가 없었으며, 상위 계급이 동정을 베풀어 손바닥에 물을 떨어뜨려 주면 핥아먹어야 했다. 그들은 사회적 권리가 아무것도 없었으나, 구걸할 권리, 죽은 동물의 시체를 가져갈 권리, 죽은 자의 옷을 가져갈 권리만 있다고 한다.

그러나 이들 중에도 뛰어난 공부의 능력을 나타내 인도 중앙은행 총재와 재무부장관을 지내고, 인도의 미래를 이끌어갈 차기 대통령으로까지 거론되는 나렌드라 자디브 같은 이도 나와서 인도 불가촉천민의 살아 있는 영웅으로 대접받기도 한다.

이는 조선시대 사농공상의 계급이나 양반과 상놈의 계급으로 구분하였던 우리의 과거보다 훨씬 더 비참하고 뿌리 깊은 계급제도이다. 그들이 이 계급제도를 빨리 청산하지 못하는 이유는 이런 계급으로 태어난 것이 과거 수없이 많은 생애에서 행한 카르마(업보)의 결과이므로 어쩔 수 없다는 숙명론으로 받아들이기 때문이다. 그래서 미래에 새로 태어날 인생은 이 계급에 속하지 않도록 정해진 계율 속의 모든 학대를 견뎌야만 한다고 생각한다.

물론 1947년 인도가 식민지에서 독립하면서 제정된 헌법이나 법률에는 카스트에 따른 차별을 금지하는 조항들이 공포되었으나 3,000년 동안 내려온 차별관습이 쉽게 없어지지는 않을 듯하다.

인간은 누구나 똑같은 가치와 권리를 가지고 태어났다. 그래서 차별되는 계급은 존재할 수 없다. 빈부는 존재할 수 있지만 귀천은 존재할 수 없는 것이다.

자국 내에서 뿐만 아니라 국가 간 인종 간 차별도 존재해서는 안 된다. 차별이 존재하는 국가는 발전할 수 없으며 다인종 다국민을 무시하고 차별하는 국가도 앞날을 기대할 수 없다. 이는 역사적으로 이미 증명된 사실이다.

지금 우리 사회에도 계급은 아니지만 현대판 차별대우를 받고 있는 사람들은 없는지 잘 살펴보아야 하지 않을까 생각한다.

학교폭력이나 왕따를 당해 싹트는 인생이 짓밟혀져 버리는 우리의 아이들이 없도록 해야 한다. 회사에서 무능하다고 낙인을 찍어 인간취급도 않는 상사들도 없도록 해야 한다. 대한민국의 며느리로 들어와 인간적 차별대우를 받고 있는 외국 출신 여성들에게도 관심을 가져야 한다. 대한민국의 산업현장에서 3D업종을 감당하고 있는 수많은 외국인 근로자들에게도 다시 한 번 사랑과 배려의 마음을 가져야 한다.

무명의 신인 여배우들을 착취해 골프접대, 성상납, 술접대 등을 강요하는 신판 기쁨조 노예계약도 사라져야 한다. 29세 신인배우 장모양의 자살은 우리 사회 구성원 모두의 책임이다. 21세기 최첨단 시대에 자유민주국가 대한민국에 이런 노예계약이 있다는 건 수치스러운 일이다. 대한민국 국민 모두가 웃으면 우리 사회는 더 없이 밝아지고 이런 음지들은 사라질 것이다.

웃음은 차별이 없고 귀천이 없다.

웃음은 모든 인간에게 서로서로 호의를 전달하는 심부름꾼이다.

웃음은 절망과 암흑 속의 감정에서 자신을 탈출시킨다.

웃음은 상처받은 마음을 회복시키고 자존감을 향상시킨다.

그래서 웃음은 희망의 최후 무기가 된다.

신인 여배우 장모양도 웃음을 배웠더라면 절망에서 나오는 방법을 찾을 수 있었을 텐데.

16

김연아의 웃음

2010년 밴쿠버 겨울올림픽에서 아직까지 금메달이 없던 일본에 아사다 마오는 여자피겨 싱글 부문에서 마지막 희망으로 떠올랐다. 일본 열도는 2월 24일 뜨겁게 달아올랐다.

마지막 그룹 두 번째로 아사다 마오가 출전해 쇼트부문 연기를 했고, 일본 TV 해설위원들은 "김연아 앞에서 완벽한 연기를 보여 주었다"고 찬사를 아끼지 않았다.

"너무 잘 탔다. 드디어 해냈다"고 격찬하며 분위기를 고조시켰다. 점수판에 아사다 마오의 쇼트 최고 점수인 73.79점이 나오자 놀라운 점수라며 아사다 마오가 승리한 것처럼 흥분했다.

김연아도 전광판을 쳐다보며 긴장한 빛이 역력한 듯 보였다. TV를 시청하는 모든 대한민국 국민도 긴장했다.

이때 김연아는 브라이언 오서 코치를 바라보며 순간 짧은 미소를 지었다. 그 미소는 국민들의 마음을 안심시키고 아사다 마오보다 더 잘할 수 있다는 자신감의 메시지였다. 그리고 완벽한 연기로 자신의 세계 최고기록을 경신하며 78.50점으로 기립박수를 받았다. 분명히 김연아는 아사다보다 한 수 위임을 확인시켜주었다.

그러나 일본 방송은 아사다가 최고의 컨디션에 있고, 쇼트보다는 프리 경기에 강한 만큼 반드시 역전할 것이라는 주장을 되풀이하며 김연아가 연습 때 넘어지며 엉덩방아를 찧는 모습을 계속해서 보여주었다.

이틀 후 프리 경기는 아사다보다 김연아가 바로 먼저 경기를 하게 되었다. 온 국민은 김연아 경기 순서가 되자 초긴장을 하였다. 역시 경기장에 나가기 직전 오셔 코치를 보며 김연아는 의미 있는 미소를 지었다. 그 미소는 서로의 신뢰를 재확인하는 미소였으며 모든 국민들의 마음을 진정시키는 미소였다.

오셔 코치와 따듯한 눈빛을 교환한 후 김연아는 경기에 임했다. 쇼트에서 본드 걸의 발랄함과 요염함의 예술을 표현한 데 반해 이번 프리에서는 조지 거슈윈의 피아노 협주곡 F장조로 비교적 현대적인 곡을 선택해 잘 알려지지 않은 이 곡에 생명을 불어넣는 연기를 하기 시작했다.

관중은 숨을 죽이고 김연아의 연기에 빨려 들어가기 시작했으며 첫 번 점프인 트리플 러츠, 두 번째 점프인 트리플 플립을 성공할 때는 경탄의 소리와 함께 박수가 터져 나왔다.

4분 10초의 퍼펙트한 연기가 계속되는 동안 미국 NBC 방송의 해설자 샌드라 베직은 "오! 이런 세상에oh my goodness"를 연발했다.

연기가 끝난 후 AP통신은 "세계 피겨 스케이팅 사상 가장 위대한 연기로 남을 것"이라고 타전했고, NBC는 "이 무대는 눈부시게 아름답습니다. 여왕 폐하 만세!"를 외쳤다.

뉴욕타임스는 “이번 올림픽은 김연아의 것이었다”라고 보도했다.

피겨스케이팅 역사를 바꾼 사건이었다. 쇼트 세계신 78.50점 프리 세계신 150.06점 합계 세계신기록 228.56점이 전광판에 뜨자 키스 앤 크라이 존에서 점수를 기다리던 김연아는 “어머나!” 하는 비명을 지르며 오셔 코치와 포옹을 하였고 오셔 코치는 계속해서 박수로 김연아를 격려해 주었다.

김연아 선수 본인은 140점 정도는 예상했지만 이렇게 점수가 잘 나올 줄은 꿈에도 생각하지 못했다고 경기 후 다음날도 믿어지지 않는다고 이야기했다.

다음날 인터뷰에서 쇼트 때 아사다의 점수를 보고 긴장이 되었을 텐데 왜 웃었냐고 질문을 받자 아사다의 점수 정도는 충분히 올라설 수 있을 것이라는 자신감이 들어 웃었다고 이야기했다. 김연아와 오셔 코치는 밴쿠버 2010 동계 올림픽에서 가장 행복했고 모든 국민들에게 눈물과 감동을 선물했다. 이것으로 아사다와의 승부는 별의미가 없게 되었고 월등한 점수 차로 금메달을 목에 걸었다.

오셔 코치는 그의 책 『한 번의 비상을 위한 천 번의 점프』에서 김연아의 첫인상에 대해 이렇게 묘사하였다.

“처음 연아를 만났을 때 그녀는 무표정한, 아니 거의 화난 사람 같은 얼굴로 스케이트를 타고 있었다. 정확한 기술구사와 빠른 스피드, 유연성 등 재능은 있었지만 그녀의 불행해 보이기까지 하는 얼굴이 내내 마음에 걸렸다. 아직 어린 꼬마 숙녀가 멋진 스케이팅을 하고 있으면서도 전혀 기뻐 보이지 않았다. 연아는…… 깡마르고 아주 긴 몸을 가진 그리고 심각한 얼굴을 하고 있는 어린 소녀였다.”

안무를 담당하고 있는 데이비드 윌슨은 주니어대회를 석권한 정상급 소녀가 왜 웃음이 없는지 알 수 없었다. 그래서 데이비드는 처음 두 주간 아무것도 하지 않고 그녀를 웃기는 노력만 하였다.

그들의 첫 작업은 연아의 심각한 얼굴 속에 감춰진 수줍음과 진지함, 긴장 등을 푸는 것으로 시작했다. 2주가 지난 뒤부터 수줍고 조용한 동양소녀 대신 얼굴을 활짝 펴고 웃으며 자신의 감정을 표현하는 연아로 점점 바뀌기 시작했다.

아무리 힘들 때라도 데이비드는 연아를 웃게 만든다. 데이비드는 연아를 웃게 만드는 법을 알고 있으며 그래서 데이비드만 보면 연아는 기분이 좋아진다.

연아는 웃음을 통해서 긴장을 풀고 모든 희로애락을 쏟을 수 있었기에 그렇게 훌륭한 프로그램을 완성할 수 있었고, 2010 밴쿠버 겨울올림픽을 통해 가히 혁명적이고 역사에 길이 남을 성과를 거둘 수 있었던 것이다.

웃음은 김연아를 세계 최고의 피겨 여왕으로 만들었다. 그래서 NBC에서 해설위원이 여왕 폐하 만세를 외치게 만들었다.

17

칭찬의 비법

몇 년 전부터 친구들 모임에 가면 며느리, 사위, 손자 얘기들이 많아지는 것을 느낄 수 있다. 나는 아이들에게 “네가 해 보고 싶은 것을 마음껏 해보라”고 주장하는 편이어서 결혼에 대해 독촉을 하지 않지만 내심 약간은 부러운 느낌도 있다.

그런데 한 친구 부인은 만나면 늘 며느리 자랑을 쏟아놓는다. 하는 짓마다 귀엽고, 진심으로 제 친부모 못지않게 친하게 지낸다는 것이다.

그러면서 그 비결은 없는 데서 칭찬해주는 것이라고 했다. 일가친척들에게 또 친구들에게 입에 침이 마르듯이 며느리를 칭찬해 주면 며느리를 만나는 사람마다 “시어머니가 며느리를 너무 예뻐하나봐… 어떻게 했기에 며느리 자랑만 하고 다니누.”

“그냥 어머니가 예쁘게 봐주셔서 그렇죠 뭐, 잘해 드리는 것도 없는데…….”

그렇지만 그 칭찬을 제3자에게서 들을 때마다 며느리는 더 잘해 드려야겠다는 다짐을 하곤 한다.

그래서 한 번 어깨를 주물러 드려도 그냥 형식적으로 하는 것이 아니라 정성을 다해 주물러 드리고, 마음을 다해 지극정성으로 시어머니를 대하게 된다는 것이다.

장로인 친구가 다니는 교회에 교역자가 새로 부임해 왔다고 했다. 여러 가지 가치관이나 성격이 맞지 않아 내면으로 불편한 점이 많았다고 한다. 이대로 그냥 지내다가는 감정의 골이 생길 것 같아 한 가지 방법을 쓰기로 했다.

그것은 만나는 교인들에게 기회가 생길 때마다 교역자를 칭찬하는 일이었다. 그 교역자의 한 가지 장점을 찾아내 집중적으로 칭찬을 했다.

"목사님은 설교를 참 잘하네요. 내 마음에 감동을 주는 설교예요."

"이렇게 강해설교를 잘하는 분은 많지 않지요."

몇 달 후부터 친구 장로와 교역자와는 점점 깊은 신뢰관계가 생기기 시작했다. 그래서 지금은 교회의 많은 문제들에 대해 서로 허심탄회하게 의논하는 사이가 되었다고 한다.

상대방에게 직접 칭찬을 하는 것보다 제3자에게 상대에 대한 칭찬을 하게 되면 훨씬 더 좋은 결과를 이루어낼 수 있다. 상대는 자신에게 호감을 갖게 되며, 자신을 좋아하게 만들고, 서로 다 같이 행복해지는 비결이다. 그래서 칭찬의 고차원적인 방법은 상대 없을 때 제3자를 통해 하는 칭찬이다.

칭찬을 할 때는 마음속에서 긍정과 희망과 기쁨의 마음이 올라오게 되어 있다. 그래서 칭찬을 마음의 웃음, 내면의 웃음이라고 한다.

우리 사회는 대부분 뒷담화라고 하면 부정적이고 상대를 흉보는 것으로 인식되어 있다. 이런 전통적인 부정의 인식을 바꾸어야 한다.

뒷담화 그러면 상대의 장점을 발견하고 칭찬함으로서, 긍정과 기쁨을 나누는 대화로 사회적 통념을 바꾸어 보자는 이야기이다. 그러면 인간관계의 신뢰는 더 높아지고 희망과 긍정이 우리의 삶을 이끄는 사회가 될 것이다.

앞 담화보다 뒷담화가 더 아름다운 사회는 생각만 해도 밝고 웃음이 저절로 나오는 사회이다. 그리고 더 중요한 일은 자신의 삶을 그럴 수 있도록 성실하고, 진실하며, 사랑을 베풀고 사는 일일 것이다.

누구나 자신의 장점은 다 가지고 있다. 상대의 장점을 잘 파악하고 기억해 두었다가 없는 데서 칭찬하자. 뒷담화의 부정적 인식이 사라질 수 있도록 나부터 출발하자.

이것이 신바람 나는 사회, 신뢰의 사회, 긍정과 희망과 기쁨이 넘쳐나는 사회로 가기 위해 내가 당장 해야 할 일이다.

이 세상을 웃음 천국으로 만들기 위한 작은 변화의 시작이다.

18

열등감도 자산이다

한 그루 나무가 있었다. 어린나무일 때 겉모습이 왜소하고 별로 튼튼하지 않아 다른 나무들에게 멸시를 당하면서 커갔다. 그 나무는 자신을 얕보는 나무들에게 주눅들지 않도록 가지도 열심히 키우고 나뭇잎도 무성하게 키워갔다.

어느 정도 자랐을 때 다른 나무들에게 지지 않을 만큼 제법 풍성한 외모도 갖추고 크기도 비슷하게 자라났다.

'이제는 나를 깔보지 못할 꺼야' 그러면서 다른 나무보다 더 화려하고 멋진 모습으로 변하기 위해 새로운 가지도 많이 만들어내고 이파리도 더욱 크게 만들려고 모든 힘을 쏟았다. 그리고 다른 나무보다 멋진 자태를 뽐내게 되었다.

여름이 끝나가는 어느 날, 심한 태풍이 몰려왔다. 그 나무는 뿌리 채 흔들리기 시작했다. 자신의 힘으로 도저히 버텨내지 못하고 쓰러지기 일보직전에 옆의 나무가 가지를 뻗어 자신을 도와주는 바람에 겨우 무사할 수 있었다. 태풍이 지나가고 한숨돌리자 그 나무는 궁금해지기 시작했다.

"왜 나는 이렇게 지탱할 수 없을 정도로 무너지고 있는데 옆 친구 나무는 든든하게 서 있고 나까지 도와 줄 수 있었는가?"

그래서 도와준 나무에게 물어보았다.

"자네 덕분에 위험한 고비를 넘겼네. 정말 고마워. 그런데 어떻게 자네는 흔들리지 않고 버텨낼 수 있었나?"

친구 나무가 웃으면서 비밀을 가르쳐 주었다.

"자네가 열심히 가지와 잎을 만들고 있을 때 나는 뿌리를 땅속 깊이 내렸다네."

누구에게나 열등감은 다 있다. 서울대 학생들도 98%가 열등감에 시달린다고 자체 설문조사에서도 나타났다. 열등감은 자기를 남보다 못하거나 무가치한 인간으로 낮추어 평가하는 감정이다. 그래서 열등감은 대부분의 경우 부정적이고 우리가 빨리 버려야 할 감정으로 치부되기 쉽다. 그리고 자신의 열등감의 노예가 되어 평생을 어둡고, 고통 가운데 살아가기도 한다. 그런데 꼭 그렇게만 보아야 할까? 열등감을 그대로 마음속에 받아들이고 이를 극복하기 위해 노력한다면 그 열등감 때문에 세상을 변화시키는 놀라운 일들이 벌어지게 되지 않을까?

그래, 나는 이런 사람이야. 열등감을 웃음으로 받아들일 수 있으면 그는 충분히 열등감을 이겨내고 새로운 멋진 인생에 도전할 수 있다. 역사상 이름을 훌륭하게 남긴 이들은 거의 모두 이 열등감을 자신의 에너지로 승화시킨 이들이다.

베토벤, 헨델, 모차르트, 슈바이처, 간디, 링컨, 루즈벨트, 무하마드 알리, 마이클 조던……, 누구나 인간은 평등하고 그 가치 또한 동등하며 자신의 삶의 의미를 다 가지고 있다. 이것을 분명히 인식하고 열등감을 그대로 받아들이자. 이왕이면 웃으면서 받아들이자. 이 열등감은 자신을 위한 위대한 스승이 될 수 있다. 자신을 위한 엄청난 자원으로 불타는 열정을 제공할 수 있다. 많은 이들이 오늘도 자신의 열등감 때문에 이를 감추려고 많은 노력을 하게 된다. 다른 이에게 나타내지 않으려고 더 화려하고 과장된 모습을 보이려고 한다.

위의 한 나무처럼 그 열등감을 이겨내기 위해 외면적 화려함으로 치장하고 그 길로만 노력하지 말자. 고통과 시련에 금새 넘어지고 만다. 친구 나무처럼 화려함에 동요하지 말고 내면 깊은 곳으로 쉽게 나타나지 않더라도 자신을 위해 노력하면 폭풍에 흔들리지 않는 멋진 사람이 될 것이다. 그리고 이웃을 도울 수 있는 넉넉한 인품의 사람으로 성공할 것이다.

웃으면서 자신을 향해 "나는 이런 사람이야. 그래서 그게 어쨌다는 거야."

이렇게 말하며 자신의 뿌리를 깊이깊이 뻗어내도록 노력하자.

19

우울의 벽을 깨라

가을의 따뜻한 햇살은 오곡백과의 풍성한 결실을 축복해 주고 있다. J복지재단으로 향하는 길은 산속이라 좌우에 밤나무로 뒤덮여 있고, 알밤들이 툭툭 떨어져 뒹굴고 있다. 강의시간만 없으면 밤을 줍고 놀고 싶은 풍경이다.

강의실은 1층 가장 양지바른 곳에 위치하고 있다. 약 150명 정도 들어가니 꽉 찬다. 사방으로 꽉 막히고 남쪽에 출입문이 하나 있다. 동쪽과 남쪽은 큰 대형 유리창들로 되어 있어 산속 풍광을 보기에는 안성맞춤이다. 열심히 같이 웃는 수강생들이 너무 고맙다.

1시간쯤 되었을까? 박장대소로 한바탕 웃고 웃음이 잦아드는 시점에 "쨍~~!" 하고 대형 유리창이 박살 났다. 유리창 옆면에 있던 이들이 놀래서 급히 옆으로 피한다.

가로 세로 각각 3m정도 되는 대형 강화유리 전체가 조각조각 금이간 채로 깨져버린 것이다.

잠깐 자리를 정돈하고 나서 무사히 강의를 마칠 수 있었다. 강의 후에 조사해 보니 밖에서 충격을 준 흔적은 없는 듯하다.

6개월 후 다시 J복지 재단에 강의를 갔으나 1층 강의실은 내주지 않고 2층 강의실에서 강의를 했다. 조심스럽게 작년 가을 유리가 깨진 원인을 밝혀냈느냐고 묻자 잘 모르겠고 건물관리인 의견으로는 2층 벽의 하중이 유리에 영향을 끼쳐 깨진 것이 아닌가 추측할 뿐이라고 한다.

강화유리는 충격에 잘 깨지지 않는다. 그리고 철근 콘크리트 건물의 외벽 하중이 유리를 박살 냈을 리도 만무하다. 말은 안 했지만 그동안 필자가 조사한 결과로 봐서는 웃음의 진동수 때문인 것이 확실하다. 박장대소의 진동수와 유리창 고유 진동수가 맞아 공명효과를 일으켜 깨진 것으로 필자는 믿는다.

미국의 타코마 브릿지는 초속 40m정도의 태풍에도 견디도록 설계되었고, 실제로 태풍에도 아무 이상이 없었으나, 어느 날 초속 10m정도 미풍에서 더 요동치다가 부서져 나간 예가 있다. 타코마 다리의 고유진동수와 동일한 진동수의 바람이 장시간 지속되어 진폭이 몇 배로 커지는 바람에 파괴된 것이다.

진동수가 맞으면 성악가의 음성으로 샹들리에 전구가 깨지기도 하고, 행군하는 병사들의 구령 및 군가 소리에 터널의 일부가 무너지기도 한다. TV 실험에서도 많은 연예인들이 컵에 대고 소리를 질렀는데 한 개가 깨지는 실험결과를 나타낸 것도 있다. 같은 진동수에 의한 공명효과가 그 원인인 것이다. 그 후 강의를 할 땐 밀폐된 공간이면 창문을 조금씩 열어 놓고 강의하는 버릇이 생겼다.

OO시 보건소에는 정신보건센터에서 주관하는 우울증 환자를 대상으로 한 치유 프로그램이 봄·가을로 있다. 여기에 웃음치료 강의가 1시간씩 배정되어 있다.

처음 우울증 환자들과 대면할 때는 언제나 서로 눈빛을 마주치지 않는다. 우울증 환자들이 필자를 쳐다보지 않기 때문이다.

10~20%만 강사를 쳐다본다. 이럴 때 모두 일어서서 서로 돌아가며 악수하고 서로 하이파이브로 박장대소로 3~5분 정도 떠들썩하게 웃고 나면 그들 중 80~90%는 강사를 주시하고 일부는 미소도 보내준다.

심리적으로 자존감을 회복할 수 있는 구호들과 함께 웃음 실습위주로 한 시간 정도 강의하면 그들의 마음은 밝아지고 유쾌한 표정으로 바뀌게 된다.

웃음은 닫힌 그들의 마음을 환하게 열어주는 역할을 하였다. 웃음은 우리를 덮어씌우고 있는 고립의 유리벽을 깨뜨린다. 그리고 밝은 긍정의 세계로 나오게 한다. 우울증 치유에 참으로 효과가 빠르다. 물론 중증 환자들은 약물요법과 전문의의 치료에 따라야 하지만 경증의 우울증은 신속한 치유의 효과를 볼 수 있다.

21세기의 흑사병으로도 불리는 이 우울증에서 가장 빨리 벗어나기 위해서는 웃음이 그 특효 처방전이다.

대한민국 인구 4명당 1명이 우울증 증세가 있다고 한다. 이에 대응하는 가장 적절한 처방은 각 가정마다 웃음이 회복되어야 한다. 가정의 웃음은 나 자신뿐만 아니라 국민과 나라를 건강하게 하는 필수 조건이다.

웃음의 진동수로 우울의 유리벽을 깨뜨리자.

혼자는 힘들지만 여럿이 힘을 합치면 가능하다.

수잔 브링크의 아리랑

"수잔 브링크의 아리랑"이라는 영화는 1991년에 개봉된 영화로 최진실 씨가 주연을 맡아 스웨덴으로 입양되었던 수잔 브링크의 삶을 그린 것이다.

한국 이름으로 신유숙인 수잔 브링크는 1965년 스웨덴의 한 가정으로 입양된다. 낯선 환경과 생김새가 다른 사람들 사이에서 성장하며, 소외감과 양부모에게 학대를 받으며 두려움 속에 성장했다.

그녀는 친부모에 대한 그리움과 뿌리에 대한 고뇌, 미혼모가 되어 실연하면서 자살까지 기도하는 등, 불우한 청소년기를 보냈으나 삶의 의지를 되찾고 24세에 스웨덴의 명문 웁살라대학 종교학과에 입학하였다. 학업과 딸 양육을 병행하면서 살던 그가 1989년 한국의 친어머니를 찾으면서 자신의 정체성을 찾고 긴 방황을 끝내는 이야기이다.

그녀는 2003년 언론과의 인터뷰에서 이렇게 말했다.

"한국은 이제 국외 입양을 중단해야 합니다. 외국으로 입양된 아이들은 외모 때문에 성장 과정에서 매우 심한 정체성의 혼란으로 고통을 받고 있습니다. 스웨덴으로 입양된 아이들은 성장 후 직업을 갖지 못할 확률이 50%이고, 스웨덴의 평균 자살률보다 다섯 배가 넘는 자살률을 보이고 있습니다. 한국은 이제 가난한 나라가 아닙니다. 평생을 고통스럽게 이방인으로 살아야 되고, 국가적으로 큰 손실을 주는 국외 입양을 중단해야만 합니다."

그녀에 대한 영화와 그녀의 노력으로 한국의 국외 입양이 현저히 줄게 되었다. 그녀는 국제입양연합에서 일하며 한국의 국제입양 민권운동에 큰 역할을 감당했고, 한국뿐 아니라 세계 입양인들에게도 매우 중요한 존재였다.

공교롭게도 수잔 브링크 아리랑의 주연을 맡은 여배우 최진실은 2008년 10월에 자살하였고 그 후 3개월 뒤 2009년 1월 수잔 브링크도 병으로 이 세상을 떠났다. 그녀는 떠나면서도 미리 한국 출신 입양아들을 장례식에 초청하는 마지막 편지를 보냈다.

45세로 아까운 인생을 마쳤다. 외신은 그녀가 그의 조상들과 함께 조용한 아침의 나라에서 편히 쉴 수 있기를 바란다 고 타전했다.

이제는 국외 입양이 줄고 국내 입양이 많아져 국제적인 오명을 많이 벗을 수 있게 되었다. 우리는 국외 입양으로 가서 다행이 좋은 양부모를 만나 출세한 사람들의 기사를 많이 보아왔기 때문에 그 이면에 있는 대부분의 입양아들의 고통과 좌절을 막연한 생각으로만 했지 구체적으로 느끼지 못하며 살아왔다.

자살률이 스웨덴 국민 평균보다 5배나 많다는 사실 하나만으로도 그들의 고통과 좌절이 얼마나 크고, 우리들이 얼마나 무관심하였고, 그들에게 죄를 짓고 있는지 절실히 느낄 수 있게 되었다.

친부모 찾기 프로그램에 참여하여 한국에 왔던 한 미국 입양아는 자신은 미국 시민이고 한국에는 조금도 미련이나 정이 없다고 하며 부모 찾기도 별다른 의미를 두지 않는다고 강변하는 TV프로그램을 본 적이 있다.

그러나 그에게 아버지일지도 모르는 사람이 나타났다고 연락이 오자 그는 밤새 고심하며 괴로운 심정을 감추지 못하다가 드디어 만나기로 결심하고 만나러 가는 모습에서 역시 핏줄은 어쩔 수가 없구나 하는 생각이 들었다.

이제는 세계 각국에 입양아로 나가 있는 우리 핏줄들에게 속죄의 마음을 갖고, 그들을 끌어안아야 할 것이다. 입양환경에 적응을 못하고 소외감과 좌절감에 빠진 우리의 자녀들에게 관심을 갖고 보살펴 주어야 한다. 우리가 사랑과 관심을 가져 줄 때 그들도 웃는 날이 있을 것이다. 사랑과 관심과 배려는 우리를 웃게 한다.

모든 입양아들이여! 힘을 내라!

수잔 브링크의 또 다른 절망은 이제 우리가 모두 나서서 해결해 주어야 한다. 각 지방자치 단체들이 홈커밍하는 프로그램을 만들어 지속적으로 코리아의 자부심을 심어 주면 어떨까? 그리고 가정들을 연결하여 이모 삼촌의 결연을 맺어 주는 것은, 비싼 돈 들여 어학연수 떠나지 말고 그들을 초청해 함께 생활하는 것은…….

하여간 우리는 그들에게 빚진 자들이다. 그들을 웃게 만들자.

21

아버지가 웃자

국내 주니어 골프대회에서는 대부분 갤러리 입장을 금지하고 있다. 부모가 골프장에 나타나 규정에 어긋난 코치를 하거나, 다른 선수들에게 지장을 줄 정도로 박수를 보내거나, 성적이 제대로 안 나오면 아무 데서나 선수를 윽박지르는 경우가 많아서 이를 방지하기 위한 조치이다.

아직도 자녀를 큰 돈 버는 스타로 만들어 보겠다는 의욕 넘치는 골프 대디들이 많이 있다는 증거다. 이런 골프 대디들은 자녀들을 학교에 보내지 않는다. 그리고 폭력과 협박으로 공만 치게 한다. 주니어 선수를 가르치는 한 레슨 프로는 "집에서 맞고 나오는 학생이 적지 않다"고 한다.

몇 년 전 제주 세인트포 경기장에서 벌어진 레이디스 유럽피언 투어 겸 한국여자프로골프협회(KLPGA) 투어 마스터스 대회 도중 한 선수가 성적이 부진하다는 이유로 아버지에게 폭행을 당해 이에 놀란 외국 선수들이 항의하는 사태까지 벌어졌다. KLPGA 선수들 중에는 아버지가 무서워 부정행위를 태연히 저지르는 선수도 있는가 하면 "아버지가 오면 일부러 컷 탈락하겠다"고 말하는 선수도 있다.

유명 선수와 후원 계약을 맺은 한 스폰서는 "아버지가 경기장에 나타나면 계약을 해지한다"라는 문구를 계약서에 명기하기도 했다.

골프 대디는 성적을 위해 자식의 사생활도 철저히 감시한다. 어떤 부모는 자신의 아들과 사귀는 여자 선수를 찾아가 머리채를 잡고 "내 인생을 모두 바친 아이이니 접근하지 말라"고 협박하기도 한다.

여자 골프계의 한 관계자는 "스트레스가 심하고 이성 친구에 대한 교제를 막자 동성애를 하는 선수들이 나타나고 있다"고 말했다.

"너 때문에 집도 팔고 직장도 버리면서까지 뒷바라지를 했으니 성적을 잘 내서 그걸 다 갚아야 한다"고 말하고 그렇게 인식하도록 늘 스트레스를 주는 부모들이 잘못된 골프 대디들의 전형적인 유형이라고 한다. 이런 극성스런 골프 대디 1세대들은 많이 사라졌지만 아직도 여전히 많은 골프 대디들이 존재한다고 하니 슬픈 현실일 수밖에 없다.

이런 현실에 대해 최경주 선수는 "자립심 없는 공치는 로봇"들로 만들고 있다고 한탄한다.

미국에 유명한 스포츠 대디의 이야기는 이런 잘못된 한국의 골프 대디들에게 매우 귀한 교훈을 주고 있다.

아버지의 이름은 "딕"이고 아들의 이름은 "릭"이다. 릭은 태어날 때 탯줄이 목에 감기는 바람에 산소 공급을 받지 못해 그 후유증으로 뇌성마비뿐 아니라 경련성 전신마비가 오면서 혼자 움직일 수도 말을 할 수도 없었다. 태어난 지 8개월 후 의사는 부모에게 아이를 포기하라고 말했다.

"식물인간이 될 겁니다."

하지만 부모는 포기할 수 없었다. 더욱 더 지극한 사랑으로 아이를 보살폈다. 아이는 의식이 깨어났다. 극진한 사랑으로 보살핀 덕분에 릭은 컴퓨터로 언어를 사용할 수 있게 되었다. 아버지, 어머니 정도의 간단한 단어를 쓸 수 있게 된 어느 날 릭은 처음으로 자신의 감정을 표현하였다.

"달리다. 달리고 싶다."

이 말은 아버지 딕에게 충격의 언어로 다가왔다. 다니던 직장에 사표를 내고 아들과 함께 달리기를 시작했다. 아들을 휠체어에 묶은 채 뒤에서 밀면서 달리기 시작한 것이다.

드디어 그들은 8km 자선달리기 대회에 출전하여 완주하였고 릭은 경기가 끝난 후 아버지에게 자신의 기분을 이렇게 표현했다.

"아버지, 오늘 난생 처음 제 몸의 장애가 사라진 것 같다는 생각을 했어요."

정식 마라톤 코스인 보스턴 마라톤 대회에 처음으로 출전했으나 1/4 지점에서 포기했다. 하지만 이듬해 42.195km 보스턴 마라톤 대회에서 완주에 성공하였다. 그 후 열심히 노력하여 놀랍게도 이들의 최고 기록은 서브스리에 해당하는 2시간 40분 47초에 이르게 되었다. 그러나 그들은 더 큰 꿈을 가지게 되었다. 바로 철인 3종 경기에 도전하게 된 것이다. 수영 3.9km, 사이클 180.2km, 마라톤 42.195km를 아침 7시에 출발하여 밤 12시까지 17시간 이내에 들어와야 하는 경기이다.

이때까지 아버지는 수영을 할 줄도 몰랐고 자전거를 타본 적이 없었다. 그러나 아버지는 자식을 사랑하는 지극한 마음 하나로 열심히 배워 도전을 하게 되었다. 딕은 허리에 고무배를 묶고 그 고무배에 릭을 태우고 3.9km 바다를 헤엄쳐 나갔고, 뜨거운 태양 속에 하루종일 달리고 또 달려서 컴컴한 저녁까지 릭을 앞에 태우고 180.2km의 사이클 코스를 완주했으며, 피곤에 지친 몸으로 다시 42.195km 마라톤 코스를 아들을 휠체어에 태운 채 완주하였다.

첫 출전에서 이들의 기록은 16시간 14분이었다. 딕과 릭은 철인경기를 여섯 번이나 완주했고 최고 기록은 13시간 43분 37초이다. 이들은 계속 도전을 하여 마라톤 완주 64회, 단축 3종, 철인경기 206회, 보스턴 마라톤 대회 24년 연속 완주라는 놀라운 기록을 달성하였으며 마침내 달리기와 자전거로 6,000km의 미국 대륙횡단도 도전하여 성공하였다.

릭은 1993년 컴퓨터 전공으로 보스턴대학에서 학위를 받았다. 릭은 컴퓨터를 통해 말한다.

"아버지는 나의 꿈을 실현시켜 주었습니다."

"아버지는 내 날개 아래를 받쳐주는 바람입니다."

그는 다시 이렇게 이야기한다.

"아버지가 없었으면 나는 아무것도 할 수 없었을 거예요. 아버지께 감사드려요."

이에 대해 아버지 딕 호잇은 이렇게 대답한다.

"얘야, 나도 네가 없었다면 이렇게 하지 않았을 거다."

아들의 홈페이지 마지막 글은 성경 빌립보서 4장 13절 말씀을 적어놓았다.

"내게 능력 주시는 자 안에서 내가 모든 것을 할 수 있느니라."

(I can do everything through him who gives me strength.)

한 가정의 아버지 책임은 막중하다. 영향력도 막중하다. 이 땅의 아버지들이 먼저 웃는 아버지들이 되면 대한민국은 뒤집어질 것이다. 새로운 혁명이 일어날 것이다. 웃음은 긍정과 사랑과 감사와 축복이다. 그리고 희망인 것이다.

도산 안창호 선생님이 암담한 일제치하에서 마을마다 웃음운동을 전개한 이유가 있는 것이다. 삼천리 방방곡곡에 웃음으로 희망을 전한 것이다.

"아이들은 방그레, 젊은이는 빙그레, 늙은이는 벙그레."

도산 선생님의 웃음운동을 아버지들이 먼저 실행해 보자.

이 글을 읽는 아버지들이여, 지금 읽기를 중단하고 1분간 웃기 시작!!!

하하하하하…….

Part 2
행복

| 체험담 |

우측골반 인대에 통증이 너무 심했고 양반다리를 하고 앉았다 일어나면 제대로 걸을 수가 없었다. 물리치료도 많이 받고 약도 먹었지만 그때뿐 큰 효과를 보지 못하였다.

그러던 차에 웃음치유를 알게 되었고 하하웃음행복센터에 다닌 지 2달 반 정도 지나면서 통증이 사라졌다.

– 이 O 이(여, 50세) –

남편의 폐암수술로 나도 마음에 많은 상처를 입고 불안과 공포의 나날을 보내야 했다. 나도 왼쪽 배가 종종 아파 더욱 불안한 시간이었다. 그런 가운데 하하웃음행복센터에 다니면서 그 아픈 증세가 없어졌다. 그리고 두려움과 불안한 마음이 다 없어졌다. 하하센터는 세상에서 가장 행복한 곳, 즐거운 곳, 살맛나는 곳이라고 말하고 싶다. 서로 격려하고 서로 배려하며 새로운 인생길 변화의 삶으로 가는 통로이다.

이제는 뒤도 돌아보고 옆과 앞도 돌아보며 내가 필요한 곳, 가야 할 곳에 가서 위로하고 격려하는 새로운 인생을 개척해 나갈 것이다.

– 송 O 원(여, 66세) –

요양원에 다니면서 치매, 우울증 환우들을 돌보게 되었는데 내가 먼저 치매에 걸리고 우울증에 걸릴 것 같아 내 자신을 먼저 치유하기 위해 하하웃음행복센터를 찾았다. 힘들고 지칠 때마다 짜증을 내고 구박도 하고 늘 얼굴을 찌푸리며 살아왔으며 이런 것이 이다음에 내 모습을 보는 것 같아 괴롭기도 했다.

그러나 하하센터에 나와서 웃음을 배우고 나서 많은 변화가 찾아왔다. 요양원에서 24시간 일할 때, 또 밤에 치매환자, 뇌졸중 환자 등 어르신들을 돌봐드릴 때, 너무 힘들고 고달파도 진실된 봉사정신으로 이들을 대하게 되었으며 무엇보다도 웃음교실에 나오는 2시간 동안 내 자신을 위해 너무나 행복한 시간이 되었다.

– 최 O 옥(여, 53세) –

하하웃음행복센터는 나에게 큰 희망이다. 원장님이 웃음을 통해 마음과 몸을 치유한 것이 나에게도 일어나고 있기 때문이다. 아토피성 피부염 때문에 무척 고생을 하였는데 생활 속에서 웃음을 실천하여 나의 건강과 행복을 유지 향상 시키는데 큰 희망이 되고 있다.

– 문 O 희(여, 63세) –

머릿속에 근심 걱정이 가득하여 두통에 시달렸지만 하하웃음행복센터에 다니면서 머릿속이 환해지고 개운해짐을 느낀다. 웃음은 빛이기 때문에 어둠에 속한 스트레스는 웃음이 들어가면 자연히 사라진다는 말을 내가 체험적으로 느끼게 되었다.

내 자신을 위해 나아가 다른 이들을 위해 열심히 배워 웃음 전도사 역할을 하겠다.

– 강 O 순(여, 56세) –

행복은 과정이다

우리는 1993년부터 야간산행을 하고 있다. 주로 도봉산을 오르지만 공휴일이나 일정한 날을 정해 무박으로 전국의 유명산을 다녀오기도 한다. 밤에 오솔길을 찾아가며 여러 가지 경로로 한 곳을 목표로 오르는데 처음 참석한 이들은 군대에서 유격훈련을 받는 기분이라고 했다.

아무리 추운날도 얼굴에 고드름이 달릴 정도로 열심히 등반해 목적지에 도달해야만 행복함을 느끼는 등산 모임이었다.

이런 모임이 10여 년 세월이 흐르면서 중턱산악회라는 별칭이 붙게 되었다. 정상이나 목적지가 없이 그냥 산 속에서 돌아다니며 중턱쯤에서 다시 내려오기 때문이다. 비록 정상까지 가지는 못하고, 또 다른 목표를 정하고 가진 않지만 그냥 발길 닿는 대로 산중턱까지만 배회하다 와도 그런대로 행복하다는 것을 깨닫게 된 것이다.

목표를 이루어야만 행복한 것이 아니라 산행의 과정 속에 조그만 바위도 올라보고, 시원한 계곡물 속에 발도 담가 보고, 잘 모르는 식물에 대해 서로 이야기도 하고, 아름다운 별빛과 달빛 속에 비친 도봉산, 선인봉, 자운봉, 만장봉의 영험함을 바라보기만 해도 행복하다는 사실을 깨닫게 된 것이다.

그리고 친구들과 함께하는 즐거움이 바로 행복이란 것을 알게 된 것이다. 반드시 목표를 정하고 그것을 이루지 않아도 좋았다. 꼭 정상을 밟지 않아도 좋았다. 자연의 품에 안겨 그 아름다움을 즐기며 새로운 길을 발견하며 가보는 그 기쁨도 크다는 것을 알게 된 것이다.

행복도 마찬가지로 목표를 달성하기보다는 그 과정을 즐기고 나중에 즐거운 추억을 이야기하는 것이 아닌가 한다. 정상등반이라는 작은 행복을 위해 과정을 무시해 왔던 초기등반에 대한 반성을 해보곤 한다.

평소에 양재천 길을 걷거나 뛰는 운동을 하였다. 처음에는 10km를 목표로 달리기를 하였으나 얼마 가지 못해 허리와 다리 관절의 통증으로 중단하고 특히 허리 디스크 수술 후로는 빨리 걷는 운동도 중단하고 아주 천천히 걷는 것으로 바뀌었다. 그러면서 새로운 기쁨이 생겨나기 시작했다. 그동안 몰랐던 양재천의 나무들과 꽃들이 눈에 들어오기 시작한 것이다.

인동초 꽃, 백당나무 꽃, 수양벚나무 꽃, 쥐똥나무 꽃, 달맞이꽃, 접시꽃, 각종 붓꽃, 맥문동, 비비추, 옥잠화, 망초, 금계국, 분홍바늘꽃, 부용, 원추리, 각종 나리, 애기똥풀, 쑥부쟁이, 구절초, 귀룽나무, 복자기나무, 물푸레나무, 느릅나무, 가죽나무, 자귀나무, 계수나무, 싸리나무, 족제비싸리……. 아주 천천히 걸으니 수많은 나무와 꽃들이 나의 눈과 마음속으로 들어오기 시작했다. 그리고 목표한 대로 뛰었거나 빨리 걸어서 운동효과를 달성했을 때보다 훨씬 더 행복함을 느꼈다.

인동초 꽃의 향기에 취해서는 영동 3교 근처의 군락지에 서서 몇 십분 동안 향기를 느끼기도 하고, 다리 밑으로 통과하는 바람을 온몸으로 느끼기도 하고, 사람을 별로 무서워하지 않는 너구리를 관찰하며, 흘러가는 물속에서 첨벙대고 헤엄치는 잉어를 보며 행복은 목적이나 목표가 아니라 과정이었구나 라는 것을 항상 느끼고 즐기게 된 것이다.

행복은 우리가 쟁취해야 하는 인생의 결승점에서 얻어지는 것이 아니다. 우리가 목표로 세웠던 것을 성취하는 데서 오는 것이 아니다.

행복은 무엇인가 원했던 것을 소유하고 도전을 성취했을 때 찾아오는 것보다는 그것을 향해가는 과정 속에서 얻어지는 것이라는 것을 도봉산 야간등산과 양재천 걷기를 통해 깨달았다. 확실히 행복은 목적지나 목표 달성이 아니라 목적지나 목표를 향해 가는 과정 속에 일어난다.

우리가 목표를 향해 노력하는 가운데 그에 필요한 활동을 즐길 수 있다면 정상에 도달하거나 목표를 이루었을 때 체험하는 짧은 기쁨에 비해 오랫동안 즐거움과 기쁨을 누릴 것이다.

행복은 지점이 아니라 과정이라는 평범한 진리를 깨달은 사람은 인생이 훨씬 더 풍요롭고 삶의 질을 높일 수 있다. 우리가 목표를 향해 가는 과정에 늘 웃음을 도입하면 웃는 만큼 더 삶의 여유와 행복을 즐길 수 있다. 정상에 연연하지 않고 목표에 안달하지 않는 인생을 위해 그리고 그 과정을 즐기는 삶을 위해 오늘도 웃으면서 그 깨달음의 기쁨을 누려봄이 어떨까?

웃음은 행복으로 안내하는 영혼의 음악이다.

행복 헌장 10계명

2006년 7월 영국의 신경제재단New Economics Foundation은 세계 178개국을 대상으로 행복지수를 계산한 연구 결과를 발표했다.

행복지수가 가장 높은 나라는 오세아니아 군도의 작은 섬나라 바누아투가 뽑혔다. 바누아투의 국내 총생산은 전 세계 233개국 가운데 207위에 불과하다. 2위는 콜롬비아, 3위는 코스타리카였다.

이는 경제적으로 부한 국가와 그 나라의 행복지수는 관계없다는 것을 보여준다. 개인들도 마찬가지이다.

아주 적은 소득에서 출발하면 소득의 증가에 따라 행복지수도 증가하지만 일정한 기초소득을 넘어가면 그 후 많은 소득이 행복지수에 그다지 큰 영향을 미치지 않는다는 것이 2005년 12월 타임지가 실시한 행복에 관한 설문조사의 결과이다.

확실히 행복은 국가나 개인 공히 경제적 부와 비례하지 않는 것이다. 그리고 어떤 시대 어떤 문화를 살펴보더라도 행복을 돈보다 중요하게 여겨왔고 인생의 궁극적 목표로 여겨온 것이 사실이다.

그러면 무엇이 우리 행복에 중요한 영향을 미치고 어떻게 해야 행복할까?

행복은 인간이 내면적으로 가질 수 있는 기쁨, 환희, 희열, 황홀, 사랑, 감사 등과 같은 감정이 혼재된 상태를 말한다.

심리학자 리처드 스티븐스는 행복하기 위한 세 가지 요소를 다음과 같이 열거했다.

첫째는 좋은 느낌과 긍정적인 마음

둘째는 활기 넘치는 생활

셋째는 의미부여 즉 인생에서 가치 있는 선택을 하는 것이다.

영국의 BBC 방송국의 '다큐멘터리 행복'에서는 각계의 전문가들로 행복위원회를 구성하고 위의 세 요소를 구체적인 삶에 실천하기 위해 '행복헌장 10계명'을 만들어 스라우시 시민들에게 실천하도록 하여 대성공을 거둔 이야기를 전하고 있다. 그 행복헌장 10계명은 아주 간단해서 누구나 따라 할 수 있는 내용이다.

그리고 실험결과를 토대로 이 행복헌장 10계명만 따라서 두 달 동안 실천하면 누구나 행복해질 수 있다는 결론을 내놓았고 확실히 변화된 자신을 발견하게 될 것이라고 하였다.

행복 프로젝트에 참가한 사람들은 행복헌장을 실천하면서 긍정적인 경험을 하였고, 매우 만족스러우며 흥미진진하고 활기찬 인생으로 바뀌게 되었다고 했다. 그리고 삶이 좋은 의미로, 또 가치 있는 인생으로 매우 바빠졌다고 하는 이도 있었다.

나이, 국적, 환경과 상관없이 사람들은 행복헌장을 따라하다 보니 좋은 결과만 생겼다고 인정하였다.

그들은 행복의 최고 전문가들과 심리학자들의 길 안내를 받으며 행복을 찾는 흥미진진한 여행을 할 수 있었음에 진정 감사했다.

여기서 웃음에 관한 조항이 2개나 된다. 나머지 8계명도 모두 내면적으로 웃을 수 있는 계명들이다 .

자! 이제 행복의 지침서를 손에 넣었으니 안내하는 대로 행복으로의 여행을 떠나보자. 모두 웃으면서…….

행복은 선택이며 실천이다. 나 자신이 선택하고 나 자신이 실천해야 한다. 내 행복에 대한 가장 탁월한 전문가는 나 자신이다.

행복헌장 10계명

1. 운동을 하라. 일주일에 3회 30분씩이면 충분하다.
2. 좋았던 일을 떠올려 보라. 하루를 마무리 할 때마다 당신이 감사해야 할 일 다섯 가지를 생각하라.
3. 대화를 나누라. 매주 온전히 한 시간은 배우자나 가장 친한 친구들과 대화를 나누라.
4. 식물을 가꾸라. 아주 작은 화분도 좋다. 죽이지만 말라!
5. TV시청 시간을 반으로 줄이라.
6. 미소를 지으라. 적어도 하루 한 번 이상을 낯선 사람에게 미소를 짓거나 인사를 하라.
7. 친구에게 전화하라. 오랫동안 소원했던 친구나 지인들에게 연락해서 만날 약속을 하라.
8. 하루에 한 번 이상 유쾌하게 웃으라.
9. 매일 자신에게 작은 선물을 하라. 그리고 그 선물을 즐기는 시간을 가지라.
10. 매일 누군가에게 친절을 베풀라.

멋진 장례식

각 나라마다 자기 나라를 대표하는 음악의 장르가 있다. 가령 이탈리아의 칸초네, 프랑스의 샹송, 미국의 재즈, 브라질의 삼바, 자메이카의 레게, 아르헨티나의 탱고, 스페인의 플라멩코가 대표적 장르이다.

포르투갈은 국민의 음악이 '파두'이다. 그리고 이 파두의 전설적인 가수는 아말리아 로드리게스라는 여자 가수이다.

그녀가 부른 대표곡들은 '검은 돛배(과거를 가진 애정, 영화 ost)', 'Tentaco(유혹)', 'Fado Da Adica' 등 수많은 곡을 히트시켰다. 그녀는 포르투갈 사람들의 사랑을 한 몸에 받고, 포르투갈 산티아고 십자훈장을 받은 유명한 가수이다. 그녀가 얼마나 국민의 사랑을 한 몸에 받았는가 하면 1999년 10월 6일 그녀가 타계했을 때 포르투갈 정부가 3일 동안을 애도 기간으로 선포하고, 관공서뿐만 아니라 각 가정마다 조기를 게양하도록 했을 정도이다.

우리나라에서 아무리 유명한 가수가 타계했다고 해도 이런 일은 상상할 수도 없을 것이다. 필자도 종종 그녀가 부른 '검은 돛배barco negro'라는 우수에 젖은 듯하면서도 경쾌한 기타 반주에 그녀의 바이브레이션이 환상적인 곡을 흥얼거리며 따라 하기도 했다. 그리고 그녀의 판을 사다가 직장 대기실에서 단골로 틀어주기도 했다. 확실히 그녀는 '파두 fado' 라는 포르투갈 민속음악을 세계인이 사랑하도록 끌어올렸다.

그녀의 장례식은 포르투갈 수도 리스본의 리스본 대성당에서 거행되었다. 장례미사 집전이 끝나고 아말리아 로드리게스의 관이 여섯 명의 운구위원 어깨에 메어져 성당 정문을 향하고 있을 때 뜻밖에 매우 낯선 해프닝이 일어나기 시작했다.

그것은 처음에 몇 사람에 의해 시작된 박수가 성당을 꽉 메운 모든 조문객들에게로 옮겨가 성당 안을 박수소리로 꽉 채우는 이해하지 못할 사건이 일어났다.

운구행렬이 성당 문을 나와 밖으로 향했는데, 성당 광장을 꽉 채우고 있던 조문객들도 열렬한 박수로 그녀의 운구행렬을 맞이했으며, 전통 기마병 호위 속에 장지로 가는 연도에서도 인산인해를 이룬 시민들의 뜨거운 박수는 그칠 줄을 몰랐다.

얼마 전 우리나라 김수환 추기경께서 선종하시고 그 장례행렬이 명동성당을 나왔을 때 많은 이들이 눈시울을 적시며 이별의 아쉬움을 눈물로 표현했던 일이 생각났다. 이렇게 조용히 애도하는 가운데 떠나보내는 것이 지극히 정상적인 일이지만 그녀의 장례행렬에서 일어난 이 사건은 너무나 상식밖의 이례적인 일이었다.

물론 포르투갈 문화도 박수로 장례행렬을 보내는 일은 없다고 한다. 포르투갈 국민은 너무나 인간 아말리아 로드리게스를 사랑했고, 그녀의 노래를 사랑했고, 그녀의 인생을 사랑했기에 사랑의 마음을 박수에 실어 떠나 보낼 수밖에 없었다고 한다.

얼마나 멋진 장례식이었는가? 얼마나 가슴 뭉클한 장례식이었는가?

우리 인생은 나의 울음으로 시작해서 남의 울음으로 생을 마감한다고 한다. 그러나 아말리아 로드리게스는 남의 박수와 따뜻한 사랑으로 생을 마감하였다.

우리의 유한한 인생의 막이 내리는 순간 살아 있는 이들이 따뜻한 사랑의 박수로 환송을 해주는 일도 멋질 것이다. 이왕이면 울지 말고 웃으며 사랑의 박수를 보내주면 어떨까?

나의 울음으로 시작된 인생이지만 남의 따듯한 미소와 사랑의 열렬한 박수로 마감할 수 있으면 이 또한 얼마나 멋진 해피앤딩happy ending이 되겠는가?

유언장이라도 하나 써 놓아야겠다. 이다음 나와 이별하는 날 조문객들에게 울지 말고 따뜻한 미소와 사랑의 박수로 보내달라고…….

그러기 위해서는 살아 있는 동안 열심히, 신실하게, 후회 없는 생이 되도록, 많은 이들에게 본이 되는 삶을 살아야 되지 않을까?

열정적인 삶

호스피스 병동에서 임종을 얼마 남기지 않은 췌장암 말기 환자에게 환자 부인의 연락을 받고 목사님이 병원으로 찾아왔다. 목사님이 성경구절을 읽어주고 간단히 설교한 후에 기도를 하였다. 기도가 끝난 후 환자가 질문을 하였다.

"목사님께서 하나님께는 천 년이 하루같고 하루가 천 년같다고 하셨지요?"

"네, 성경에 분명히 그렇다고 씌어 있습니다."

"그럼 대충 계산해보면… 음… 하나님께서는 1시간이 약 40년 정도가 되겠네요."

부인이 옆에 있다 거들었다.

"이 이는 공대 출신이에요."

남편이 다시 이야기를 이어나갔다.

"내가 천국 먼저 가서 한 시간만 기다리면 당신 오겠네."

"아이들도 두 시간만 기다리면 올 것이구."

"내가 한 시간 동안 무엇을 하며 기다리면 좋겠소?"

부인이 이야기했다.

"내 꿈꾸며 잠이나 주무시구려. 내가 가서 깨울게요."

그 후 1주일 만에 남편은 이렇게 말하면서 천국으로 갔다.

"안녕. 아이들을 잘 부탁해요. 그리고 한 시간 후에 만나요. 사랑해요."

우리 인생에서 예외없이 정확하게 지켜지는 진리가 있다. 그것은 누구나 죽는다는 것이다. 이 죽음은 피할 수 없고 누구에게나 100% 공평하게 다가온다. 그리고 우리에게 주어진 생은 너무나도 짧다. 그런데도 우리들의 사는 모습을 살펴보면 영원히 살 것처럼 행동하고 있다. 유한한 짧은 인생을 우리가 지각하고 살면 훨씬 더 의미 있고, 보람되고, 열정적인 삶을 살 수 있다.

어떻게 사는 것이 의미 있고 열정적인 삶으로 살 수 있는 것일까?

미국 우드랜즈펠로십교회 케리 슉Kerry Shook 목사는 이에 대한 해답으로 네 가지 요소를 제시하고 있다.

첫째는 사랑으로 살아가라. 사랑은 열정적이고 목적의식으로 가득 찬 인생의 초석이며, 가정과 사회에서 열정을 타오르게 하는 연료이다. 이웃을 향한 사랑도 중요하지만 나 자신을 사랑하는 일은 더욱 중요하다. 왜냐하면 자신을 사랑하지 못하면 이웃도 사랑할 수 없기 때문이다.

둘째로는 정직한 삶을 살라. 좁은 의미에서 거짓말하지 않는 삶으로 제한하기 쉽지만 성실한 실천을 두고 하는 말이다. 즉 건강이 중요하다고 하면서 수시로 과식하고 운동에 게으른 삶을 산다거나 가족이 중요하다고 하면서 늘 일에 파묻혀 살거나 다른 것들을 돌보는 일에 열중해 가족을 돌보는 일에 소홀하다면 정직한 삶을 산다고 할 수 없을 것이다.

세번째로 용서하는 삶을 살아가라. 시기 · 질투 · 미움 · 분노는 우리 삶을 병들게 한다. 그래서 인생을 서서히 죽어가게 만든다. 용서는 병든 삶을 치유하는 가장 좋은 처방이다. 나를 살리는 특효약이다. 용서는 이 세상에서 가장 아름다운 이기심이다. 철저히 나 자신을 위하는 길이다.

네번째로 정열이 필요하다. 사람과 세상에 대해 뜨거운 마음을 점화해야 한다. 인생의 모든 위대한 일에는 열정 없이 이루어진 일은 없다. 위대한 예술, 위대한 건축물, 운동에서의 신기록, 위대한 과학적 발명 등 모두 열정이 이루어낸 것이다.

사랑 · 정직 · 용서 · 열정은 하루 같은 짧은 인생을 값지고 의미 있고 보람되게 하는 삶의 방식이다. 짧은 삶을 더욱 사랑하고 성실하고 용서하며 열심히 살아보자. 우리가 사랑하고 용서하고 열정적인 삶을 살아갈 때는 우리의 내면에서부터 웃음이 솟아오를 것이다.

반대로 우리가 두려워하고, 미워하고 나태한 삶의 방식을 바꾸어 항상 밝게 웃으며 산다면 자연히 우리의 삶도 사랑과 용서와 열정의 삶으로 바뀌게 될 것이다.

이왕이면 웃으면서 사랑하고 용서하고, 웃으면서 성실하게 정열을 불태워 보자. 웃음은 우리 내면을 치유하는 가장 강력한 치료제이기 때문이다. 웃음은 최선의 긍정을 불러오기 때문이다.

병 안 걸리고 오래 살려면

카네기멜론대학교 교수인 셜던코언이 이끄는 과학자팀은 한 호텔의 한 층을 모두 빌렸다. 그리고 1인당 하루 100달러 사례금을 지불하고 연구 참가자들을 모집했다. 그리고 1주일 동안 그 호텔에 고립시켜 격리 수용하고 환경을 치밀하게 통제했다.

이 참가자들은 연구 장소에 도착하기 전 집에서 자신의 기분과 자신의 긍정성 및 부정성을 묻는 설문지를 작성했다. 과거에 특정 질환을 앓았거나 그 질환에 노출되었던 적이 있는 항체가 있는 사람들은 이 연구에서 제외했다.

격리 첫날 연구팀은 참가자들에게 '라이노바이러스 39'라는 변형독감의 감기바이러스를 감염시켰다. 그리고 질병이 서서히 그들 몸을 장악해 가는 동안 그들은 TV시청, 독서, 음악 감상을 하며 자유롭게 보내게 하였다.

그러나 다른 어떤 사람과도 접촉은 할 수 없었고 혼자 고립되어 주는 음식만 먹어야 했다. 참가자들은 바이러스가 효력을 다 할 때까지 몇 날 며칠을 빈둥거리며 지냈다.

참가자들은 매일 의료 데스크를 찾아가서 식염수 스프레이로 코를 세척해야 했으며 무엇이 씻겨 나오는가 세밀히 분석해야 했고 매번 점액의 무게를 달았다. 매일 소변과 혈액, 타액을 채취하고 귀와 목을 검사했다. 마지막으로 참가자들은 질병의 증상 및 정도를 검사 받았다.

코언 교수팀은 참가자들의 식사와 활동, 사회적 접촉을 통제할 수 있었으며 질병이 참가자들 몸에서 천천히 나타나도록 발병 과정을 계획하였다. 결과는 실험 전에 더 행복했던 사람들이 콧물도 덜 나고, 코막힘도 덜했고 재채기도 덜했다는 사실을 발견하였다. 그리고 과도한 가래 등 객관적인 의학적 증상도 덜 나타났다.

행복한 사람들은 스스로 더 건강하다고 생각할 뿐 아니라 객관적 의료 검사 결과도 행복한 사람들이 실제로 더 건강하다는 사실을 보여 주었다. 긍정적인 감정을 더 강하게 느끼는 사람들이 감기에 걸릴 가능성이 더 낮으며 또 감기에 걸리더라도 증상이 적고 정도도 약한 것을 발견한 것이다.

코언 교수팀의 연구는 건강과 기분이 매우 연관이 있으며 행복한 사람이 더 많은 면역의 혜택을 받는다는 분명한 증거를 보여준 것이다.

행복한 사람은 병이 났을 때 불평을 덜 늘어놓을 뿐 아니라 면역체계가 더 강해서 애초부터 감염될 가능성이 낮다는 사실을 그대로 확인한 실험이었다.

켄터키대학교의 연구자 데버러 대너는 노트르담 교육 수도회에 소속된 수녀 180명을 관찰하였다. 대너의 연구에 참여했던 수녀들은 1931년에서 1943년까지 젊은 나이에 수녀원에 들어온 사람들이었다. 그들은 들어올 때 수녀회에 입회하는 이유와 자신의 삶을 묘사하는 자기소개서를 썼다.

대너의 연구팀은 이 자기소개서를 면밀히 관찰하면서 그들의 긍정성과 부정성을 드러내는 특징들을 세세히 찾아 기록하였다. 특히 행복, 흥미, 사랑, 희망, 감사, 기쁨 등 긍정적인 단어들이 얼마나 들어 있는지를 열심히 찾았다. 그러고 나서 그들의 감정적 내용을 집계해서 행복의 측정치를 도출해내고 이들을 네 개의 집단으로 나누었다.

그중 가장 행복한 집단 25%와 가장 덜 행복한 25%의 집단을 서로 비교해서 얼마나 오래 살았는지를 조사하였다. 그 결과 85세까지 살아 있는 수녀의 퍼센트는 가장 덜 행복한 집단이 54%인 반면 가장 행복했던 집단이 79%나 되어 많은 차이를 보였다. 또 93세까지 살아 있는 비율은 가장 덜 행복했던 집단이 18%인데 비해 가장 행복했던 집단은 52%나 되었다. 즉 85세까지 생존율은 더 행복한 집단이 1.5배 높으며, 93세까지 생존율은 3배 정도나 더 높게 나타났다.

그리고 실제로 자기소개서에서 행복, 흥미, 사랑, 희망, 감사, 만족, 기쁨 등 긍정적인 언어를 많이 사용한 수녀들이 그런 단어를 덜 쓴 수녀들보다 평균 10년 이상 오래 살았다는 결과를 보여주었다. 긍정적이고 행복한 정서는 우리의 수명을 연장시킨다.

이 실험은 가톨릭 수녀라는 특별한 집단에 대한 조사이기 때문에 비슷한 환경과 조건에서 이루어진 것이다.

즉 사회적 활동, 의료혜택, 직업, 식생활, 사회적 지위, 임신 출산의 경험, 약물사용, 음주, 다이어트 등에서 외부적 환경이 별다른 차이 없는 유사한 집단으로부터 이 결과를 얻어낸 것이 중요하다.

같은 조건과 같은 환경에서라면 행복과 긍정의 영향력이 수명에 큰 영향을 미친다는 흥미로운 결과를 보여준 것이다.

건강연구가 새라프리스먼은 저명한 심리학자 96명의 자서전을 분석해본 결과 수녀 연구에서와 마찬가지 결론을 얻었다. 즉 행복한 자서전을 쓴 심리학자들이 더 오래 살았는데 유머를 구사하거나 활력이나 에너지 등 긍정의 단어를 많이 쓴 심리학자들이 평균 6년 정도 더 오래 살았다. 확실히 행복과 긍정적인 정서적 감정은 질병에 걸리는 비율을 낮춰주며 걸리더라도 증상을 약하게 한다. 그래서 삶의 질을 높여주고 장수한다. 이 행복하고 긍정적인 사람들은 대부분 잘 웃는 사람들이다.

부정적인 감정이 강한 사람들, 즉 두려움이나 분노, 근심, 걱정에 사로잡혀 있는 이들은 진짜 웃을 일이 없다. 그렇지만 그럼에도 불구하고 억지로 웃기 시작하면 이런 부정적인 감정들을 능히 이겨낼 수 있다. 그래서 행복과 긍정의 감정으로 돌아오게 할 수 있다.

힘들고, 두렵고, 근심 걱정이 밀려올 때 퇴근하는 차 속에서 정말 미친 듯이 1시간 가량 웃어 본 일이 있다. 집에 도착했을 때는 모든 것을 잊어버릴 수가 있었고, 부정적인 감정에서 탈출해 어느새 긍정의 마음으로 되어 있는 나 자신을 발견할 수 있었다. 웃고 난 후 6년 동안 그렇게도 잘 걸리고 지독하게 앓았던 감기몸살에 한 번도 걸리지 않고, 그렇게도 나를 괴롭혀왔던 통증도 모두 사라진 후 다시 나타나지 않았다.

웃음은 행복과 긍정의 마음을 심어주며 질병을 예방하고 수명을 연장시킨다.

존재 지향적인 삶

M교수는 20여 년을 한 대학교 연구소에서 근무해왔는데 요즈음에서야 연구소 근처에서 새들이 지저귀는 소리들을 듣게 되었다고 했다. 새들이 새로 찾아온 것이 아니라 새들은 20년 전부터 계속 그곳에서 지저귀고 있었는데 이제야 그 소리들을 들을 수 있게 되었다는 것이다.

그의 삶에서 몇 가지 집착을 내려놓고 평안한 마음. 여유 있는 마음으로 출퇴근하면서 변화된 모습이다. 점심시간에는 뒷산으로 가서 여유 있게 산책도 하게 되었으며, 이름 모를 많은 꽃들을 바라보면서 감탄도 하고, 사진도 찍고, 풀과 나무와 꽃 이름을 알아가는 재미가 쏠쏠하다고 한다.

에리히 프롬Erich Fromm은 인간의 삶을 두 종류로 나누었다. 즉 인간은 존재 지향적 삶이나 소유 지향적인 삶으로 살아간다는 것이다. 앞의 M교수는 소유 지향적 삶에서 이제 존재 지향적인 삶으로 변화된 삶을 살아가고 있다고 할 수 있다.

우리는 젊어서부터 부 · 명예 · 권력 · 학력 · 건강 · 인생의 성공 등을 추구하며 소유 지향적 삶으로 살아가기가 쉽다. 그러다가 나이가 들면서 욕망이라는 집착을 내려놓으며 자연스럽게 존재 지향적 삶으로 변화되기도 하고, 인생에서 어떤 중요한 사건, 즉 고통 · 슬픔 · 분노 · 좌절 · 절망 등의 큰 사건을 통해 갑자기 존재 지향적 삶으로 바뀌기도 한다.

또 어떤 이들은 죽음의 고비를 넘기는 큰 질병이나 큰 사고나 임사체험 등을 통해서 존재 지향적인 삶으로 바뀌기도 한다. 또 어떤 이들은 종교적 체험과 깨달음을 통해 존재 지향적인 삶으로 변화되기도 한다.

그러나 완벽한 변환은 많지 않고 대부분은 존재 지향적인 삶으로 그 비중을 높여가게 되는 것이다. 반대로 소유 지향적인 삶으로 바뀌어 가는 이들도 가끔은 있을 것이다.

이 존재 지향적인 삶을 살게 되면 소유보다는 인생의 의미 그리고 행복에 더 높은 가치를 두게 되며, 과거나 미래 지향적에서 현재 지금 이순간의 삶을 중요하게 여기게 된다. 물론 평생을 소유의 욕망에 대한 집착을 버리지 못하고 생을 마감하는 이도 있다.

임종을 앞둔 호스피스 병동의 환자들이 가장 아쉬워하는 것은 바로 못다 한 행복과 자신의 인생에서 하지 못한 의미 있는 일에 대한 후회가 대부분이라고 한다. 그들은 결코 부나 명예 · 권력 · 학력 · 인맥 · 성공 등의 소유적 욕망에 대한 아쉬움은 말하지 않았다고 한다.

내가 만일 인생을 다시 산다면 배우자와 함께 또 가족과 함께 산을… 바다를… 여행을 더 많이 하며 매일, 매순간 행복을 만들어 갈 수 있을 텐데… 또는 못다 한 의미 있는 일에 더 열심히 노력할 텐데… 하는 회한을 갖게 된다는 것이다.

작년 말에 18세된 어느 청년에 대한 기사는 우리를 안타깝게 했다. 그는 암이 온몸에 전이되어 임종을 바로 눈앞에 두고 마지막 소원 한 가지를 이야기했다. 그것은 바로 동해 바다와 설악산을 가족과 함께 여행하고 임종하는 것이었다.

그의 마음속에 못 해본 행복에 대한 갈망이 너무나 강렬하였으므로 병원에서도 규정을 어기고 특별 배려를 해주었다. 병원 앰뷸런스를 빌려주어 가족과 함께 성탄절 전날 동해 바다로 떠날 수 있게 해준 것이다.

그 청년은 동해 바다를 구경하고 돌아서서 설악산으로 향하던 중 가족들의 손을 꼭 잡고 설악산을 바라보며 저세상으로 떠나갔다는 안타까운 기사였다.

우리가 소유 지향적 인생보다 존재 지향적 인생을 살아갈 때 삶은 더욱 풍요해지고 웰빙wellbeing과 웰엔딩wellending의 삶을 살아갈 수 있다.

필자는 웃음을 통해서 많은 부분이 존재 지향적인 삶으로 변화되었음을 고백한다. 세상은 왜 그렇게도 아름다운가? 세상은 왜 그렇게 감사할 일이 많은가? 밤에 양재천을 산책하면 검푸른 하늘이 왜 그렇게 아름다운가? 나무·물·꽃·차가운 공기·가로등… 모두모두 왜 그렇게 아름답고, 왜 그렇게 감사한지…….

웃으면서 점점 더 변해가는 인생이다.

아내가 꽃만 보면 사다가 집 베란다에 늘어놓고 정성껏 키운다. 그리고 “너는 왜 그렇게 예쁘니”, “사랑해”, “고마워” 하며 감탄과 사랑의 말을 매일 수십 번씩 쏟아 놓는다. 4년 전 아내도 웃음을 접하고 삶 속에 실천하면서 변화되어 가고 있다. 존재 지향적 인간으로 말이다.

나누는 인생

우리나라 최고령 이혼소송이 있었다. 할아버지는 94세 할머니는 83세로 서울가정법원에 따르면 역대 이혼소송 제기자 중 최고령이라고 한다. 1950년대부터 서울에서 한의원을 경영해오고 있는 할아버지는 수백억 원의 재산을 가진 부자이다. 그런데 부인이 있었음에도 양품점을 하고 있는 할머니와 사랑에 빠졌다.

6·25 전쟁 때 남편과 사별한 할머니도 할아버지의 따뜻한 모습에 끌렸다. 그래서 할아버지는 이중생활을 하다가 70년대 초 부인이 지병으로 사망하자 정식으로 재혼을 하였다.

그런데 문제는 전부인 소생 6남매가 할머니를 어머니로 인정하지 않는다는 것이다. 그렇지만 할머니는 전처 자식들의 냉대를 무시하며 할아버지만 보고 살았다. 무려 40년 가까이 가족 간의 불편함을 견디며 산 것이다. 그러다가 최근 문제가 생겼다.

할아버지 측은 할머니가 미국 하와이로 관광을 가서 그곳에서 다른 남자와 부적절한 관계를 가졌다고 주장하고 있고 할머니는 딸들이 아버지를 사주해서 자신을 구박하고 의심하게 만들었다고 주장했다.

둘의 관계는 악화일로를 걷다가 할머니가 살림을 정리해 집을 나와 버렸고 서울가정법원에 이혼소송을 제기했다. 그리고 수십억 원의 재산 분할도 함께 청구했다.

이에 할아버지는 할머니가 일방적으로 집을 나갔고 또 다른 남자와 부적절한 관계를 가지는 등 할머니에게 책임이 있다고 하며 맞이혼소송을 제기하였고 4억 5천만 원만 이혼위자료로 주겠다고 했다.

재판 결과가 어떻게 나오든 어떤 선에서 합의가 되든 참으로 뒷맛이 개운치 않은 우리 사회의 단면을 나타내고 있는 것이다. 왜냐하면 근자에 들어 황혼이혼이 갑자기 증가해 가고 있기 때문이다.

삼사십 년 전에는 생각도 못했던 일들이다. 그렇지 않아도 사회에서 외면당하고 아무도 관심을 가져 주지 않는 노인들, 서로 의지해 도와가며 인생의 말미를 아름답게 장식해야 될 텐데 이혼은 이들에게 생의 의미를 상실케 하는 직격탄이 되고 만다. 그래서 노인들 자살률이 급속히 증가하고 있다고 한다.

그런데 다른 한 부부의 모습을 살펴보자. 70대인 이 부부는 신혼 시절 남편이 뇌출혈로 쓰러졌다. 병원으로 급히 이송된 후 진찰했던 의사는 이렇게 말했다.

“두 시간을 넘기기 힘들겠습니다. 마음의 준비를 하셔야겠습니다.”

신혼의 아내는 머릿속이 하얗게 되며 무엇을 해야 할지 몰랐다. 그래서 무조건 기도하며 빌었다.

“살려주세요. 남편을 살려주세요. 살려만 주시면 외롭고 상처받는 사람들을 위하며 살겠습니다. 그리고 모든 재산도 그들을 위해 쓰고 떠나겠습니다. 살려주세요!"

남편은 두 시간을 넘기고 그 밤도 넘기고 8일째 되는 날 눈을 떴다. 의사는 기적이 일어났다고 했다. 재활치료도 잘 받아 사회에 복귀했다. 공무원으로 복직했다. 부인은 초등학교 교사로 열심히 살았다.

그리고 가끔 생각날 때마다 남편이 쓰러졌을 때 빌었던 내용을 남편에게 이야기했다. 둘은 공무원과 교사를 은퇴하자마자 충청북도 월악산 기슭에 있는 자그마한 폐교를 사들였다.

그리고 안락한 집으로 꾸미고, 정원도 만들고, 운동장은 400대 덤프트럭 분량의 자갈을 깔고 마사토로 덮었다. 학교 뒷산을 사들여 산책로도 만들고 매실나무도 300그루나 심었다. 교실을 개조해 온돌방으로 만들고 침대도 만들었고 식당과 휴게실도 만들었다.

그리고 드디어 기초수급자 가운데 고독하고 어려운 분들을 모셔 함께 살기 시작했다. 그곳은 정부의 지원도 없이 부부의 연금과 재산으로만 운영하고 있다.

대장암을 앓는 할아버지와 그 부인 할머니, 뇌졸중으로 쓰러져 오른쪽 몸이 마비되어 의지할 사람 없이 살던 40대 중반의 아주머니, 아무도 돌보지 않고 버려졌던 90세의 할머니 등 4명을 정식 가족으로 받아들였다. 그리고 이 시설의 이름도 세심원이라고 지었다.

이 부부는 가지고 있던 부동산인 과천 부근의 임야를 처분하고 인재양성을 위해 학교에 장학금으로 모두 기부했다. 이렇게 살면 지금 형편으로는 10명 정도까지 더 가족으로 받아들여 모실 수 있다고 한다. 40년이 넘는 그 옛날 부인이 빌면서 약속했던 일들을 착착 진행해 가고 있는 것이다. 이 일을 위해 지난 10년간 세밀하게 준비해 왔다고 한다.

어떻게 노년을 보낼 것인가? 움켜쥐고 싸우며 보낼 것인가? 나누고 베푸는 노년을 보낼 것인가? 는 자신이 선택해야 한다.

재산이 없어 나누고 베풀 수 없다고 할 수도 있다. 그러나 자신의 지식이나 재능이나 사랑이나 건강을 나누고 베풀 수도 있다. 아무것이 없어도 나눌 수 있다. 제일하기 쉽고 당장할 수 있는 것은 웃음의 나눔이다. 웃음을 나누면 자신도 부자가 되고 상대방도 부자로 만들어 준다.

이것은 노년이 아니라 나이에 상관없이 지금 이 순간에 당장 시작할 수 있다. 웃자. 웃음을 나누자. 우하하하하하하…….

8 절망적인 순간에도 꿀맛을 즐겨라

아잔 브라흐마 저 『술취한 코끼리 길들이기』라는 책에 보면 다음과 같은 우화를 소개하고 있다.

한 젊은이가 두 마리 코끼리에게 쫓겨 달아나고 있었다. 성난 코끼리 두 마리는 젊은이보다 훨씬 빠른 걸음으로 달려가 덮치려고 하는 순간이었다. 젊은이는 우물을 하나 발견하고 우물 속으로 몸을 던졌다.

그러나 다행이도 우물 속으로 뻗어 나온 나무뿌리를 손으로 잡아 바닥으로 추락하지는 않았다. 바닥은 물이 말라붙어 있었고 커다란 뱀이 혀를 날름거리며 몸을 세우고 공격 준비를 하고 있었다. 다행이도 뱀의 혀는 아슬아슬하게 젊은이의 몸에 닿지 않았다.

위에서는 두 마리 코끼리가 기다란 코를 아래로 늘어뜨려 젊은이를 낚아채려고 계속 시도를 하고 있었으나 다행이도 그의 손은 코끼리 코에서 한 뼘 정도 낮은 곳에 있었다.

이 위기를 어떻게 벗어날까 하고 깊이 생각하고 있는 중에 흰 생쥐와 검은 생쥐가 작은 구멍에서 나와 그가 붙들고 있는 나무뿌리를 갉아먹기 시작했다.

절망이 그를 엄습했다. 그 위의 나뭇가지에는 큰 벌집 하나가 매달려 있었는데 코끼리가 나뭇가지를 흔들 때마다 벌꿀이 방울져 아래로 떨어지기 시작했다. 이 순간에 젊은이는 혀를 내밀어 떨어지는 벌꿀을 받아먹어 보았다. 맛이 너무 좋았다. 그는 떨어지는 꿀맛을 계속 즐기며 흐뭇한 미소를 지었다.

아잔 브라흐마는 이 우화를 이렇게 해석하고 있다.

우리는 종종 삶 속에서 두 마리의 코끼리(생과 죽음)에 쫓기다가 커다란 뱀이 우리 앞에 다가오는 죽음보다 더 나쁜 상황에 놓일 때가 있다.

희고 검은 두 마리의 생쥐는(낮과 밤) 우리가 불안정하게 붙잡고 있는 삶의 나무뿌리를 갉아먹고 있다. 그런 위험하고 절박한 상황 속에서도 어디선가 약간의 꿀이 방울져 떨어진다. 지혜로운 사람이라면 혀를 내밀어 그 꿀맛을 즐길 수 있다. 아무것도 할 수 없을 때에는 아무것도 하지 말고 삶의 꿀 몇 방울을 즐기라는 것이다.

지금 이 순간을 사는 지혜인 것이다.

이렇게 지금 이 순간의 삶을 즐기는 사람에게는 우리가 전혀 예기치 않았던 일이 일어나기 마련이다. 그리고 그 기회가 지나면 꿀을 즐길 수 없게 될지도 모른다. 꿀을 맛볼 수 있는 순간들을 놓치지 말라는 것이다.

아무리 절박하고 위험한 순간, 절망적인 순간이라 할지라도 다음 순간 이 상황이 어떻게 변해나갈지 아무도 예측할 수 없다. 미래는 아무도 알 수 없기 때문에 지금 이 순간의 행복을 놓치지 말라는 것이다.

이 우화는 이렇게 결론을 맺는다.

두 마리 코끼리는 무게 중심이 아래로 쏠리며 젊은이를 스치고 우물바닥으로 추락했다. 그리고 뱀과 충돌해 다 죽었다. 코끼리 추락을 아슬아슬하게 피한 젊은이는 정신을 차리고 있는 힘을 다해 우물을 기어올라 밖으로 나왔다.

삶은 언제까지나 아무것도 하지 않고 꿀맛만 보는 것은 아니다. 그러나 아무것도 할 수 없을 때는 아무것도 하지 말고 지금 이 순간을 즐겨야 한다. 우리 삶은 늘 즐거운 것만은 아니다. 근심, 걱정, 불안, 분노, 시기, 질투, 슬픔, 절망 등의 감정의 회오리 속에 많은 위기들이 우리를 찾아온다. 이럴 때 우리는 정신을 차리지 못하고 버거운 삶의 한가운데에서 버둥거린다면 자신의 삶을 살지 못한다.

이런 순간의 환경으로부터 잠깐 벗어나 꿀 한 방울을 즐길 수 있는 방법이 웃는 일이다.

필자는 이런 환경 속에서 "이것 또한 지나가리라"라고 외치며 웃으라고 권한다. '지나가리라의 웃음' 인 것이다.

이 세상의 모든 일이나 사건은 다 지나간다. 지나가고 나면 아무것도 아닌 것을 가지고 그렇게 고민하고 자책하고 우울했던 경험은 누구나 다 가지고 있다.

사실 자신의 경험을 살펴볼 때 10년 전에 나를 그렇게 힘들게 했던 것을 지금 그대로 느끼는 사람을 없을 것이다. 아니 작년에 나를 그렇게 힘들게 했던 것이 무엇이었나를 생각해 볼 때 벌써 다 지나가고 그 환경에서 벗어나 딴 문제로 관심이 옮겨가 있는 자신을 발견할 것이다.

웃음은 일단 어떤 사건으로부터 떨어져 자신을 돌아볼 수 있는 객관적인 사고를 제공해준다. 그래서 우리를 우물 속에서 빠져 나오게 한다.

순간순간 우리에게 떨어지는 꿀을 즐기며 살기에도 인생은 짧다. 삶의 무게에 짓눌릴 때마다 꿀맛을 느끼는 지혜가 필요하다.

웃는 지혜가 그것 중의 하나이다.

지금 이 순간의 꿀 한 방울을 맛보기 위해 지금 힘든 분들은 하던 일을 잠깐 멈추고 이렇게 외쳐보라.

"이것 또한 지나가리라." 하하하하하…….

베토벤 바이러스

베토벤Ludwig Van Beethoven은 독일을 대표하는 낭만파 음악의 선구자이다. 베토벤의 아버지는 베토벤을 4세 때부터 혹독하게 연습을 시켰으며 7세에는 피아노 연주회까지 열었다. 12세에 궁정예배당 오르간 연주자로 데뷔하였으며 17세에는 빈으로 가서 평소에 흠모하던 모차르트를 만났고 모차르트로부터 음악적 재능에 대해 극찬을 받았다.

그러나 어머니가 세상을 떠나자 집이 있는 본으로 돌아와서 홀로된 아버지를 대신해 집안일을 떠맡게 되었다. 22세에 바르트슈타인 백작의 후원으로 본을 떠나 빈으로 유학하였다. 그곳에서 정착하여 하이든, 살리에리 등에게 사사하며 음악가로서 지식과 능력을 키워나갔다.

드디어 25세에 피아노 반주자로 정식 데뷔하고 피아노 3중주곡도 작곡 발표하였다. 그러나 28세 무렵부터 귓병이 나고 악화되어 청각장애자가 되었다. 그는 절망하였다. 그래서 자살을 결심하고 동생들 앞으로 유서를 썼다. 〈하일리겐 슈타트 유서〉

인생의 의미를 잃어버리고 자살을 실행에 옮기려는 순간 자신에게 정성을 다 바쳤던 어머니의 환영이 나타나 자신을 꾸짖는 것이었다.

그는 새롭게 결심했다. 비록 들을 수는 없지만 인류를 위해 불멸의 곡을 만들겠다고…….

그리고 지독하게 노력하며 집념과 의지를 불살랐다.

그가 남의 집 2층에 세들어 살 때의 일이었다. 어느 날 1층 주인집 천정에 물이 새서 떨어졌다. 주인은 놀라서 2층으로 올라가 보았다. 베토벤은 누가 올라온 줄도 모르고 정신없이 피아노를 쳐가며 작곡에 열중하고 있었는데 거의 손가락이 보이지 않을 정도였다.

피아노 옆에는 양동이가 놓여 있었다. 베토벤이 피아노를 치다가 손가락에 열이 나고 통증이 오면 그 양동이 물에 담가 열과 통증을 식히기 위한 것이었다. 담그고 난 후 털어버린 물이 흥건히 고여 아래층으로 스며들어 1층 천정으로 떨어진 것이었다. 그의 열정적인 노력에 그의 신체적 장애는 문제가 되지 않았다. 오히려 장애로 인해 더욱 활발한 창작활동에 열중할 수 있었다.

영웅교향곡을 시발점으로 교향곡, 서곡, 협주곡, 피아노소나타, 바이올린 소나타, 실내악곡 등을 쏟아내기 시작했다. 그의 작품은 하이든이나 모차르트의 정적인 고전성에 비해 동적이고 다이나믹한 파워를 나타내며 독특한 개성을 나타내는 독자적 스타일로 새로운 음악의 세계를 이루어 나갔다.

베토벤의 작품들은 19세기와 20세기를 거치면서도 후대 사람들에게 깊은 감명을 주고 있으며 지금도 그 위대한 생명력을 발휘하고 있다.

청각장애인으로 삶을 포기할 뻔한 그가 이를 정신력으로 극복하고,

열정과 집념의 삶으로 바꾸어 인간 승리의 귀한 모습을 보여줌으로써 우리들 삶에 대한 태도에도 훌륭한 귀감이 되고 있다.

랄프 왈도 에머슨은 "이 세상의 어떤 위대한 것도 열정 없이 이루어진 것은 없다"고 하였다.

열정은 우리의 창조적 활동이 절정을 이룰 수 있도록 엄청난 에너지를 공급한다.

베토벤의 열정은 우주의 창조적인 에너지와 공명하며 인류에게 고귀한 생명력, 기쁨과 환희 또 평화의 아름다운 선물을 선사하였다.

열정enthusiasm이라는 단어는 고대 그리스어에서 나온 말로 안을 뜻하는 엔en과 신을 의미하는 데오스theos에서 나온 말이라고 한다. 따라서 열정은 내가 혼자하는 것이 아니라 내 안의 신이 함께하는 것이다. 우리말 중 '신명나다' 는 의미와 상통하는 듯하다.

매일 매일 쳇바퀴 돌듯 사는 우리의 일상생활에서 나의 모든 것을 바쳐 열정적으로 살아낼 인생의 목표를 발견하기는 쉽지 않다.

그러나 곰곰이 생각해보면 누구든지 마음속에 아직도 자리 잡고 있는 인생의 청사진은 존재한다. 스스로 포기하고 그 청사진을 무시하며 살아왔기 때문에 아무런 열정도 없이 세월만 보내고 있는 나는 아닐까?

다시 한 번 생각해 보자.

열정은 마음속 청사진을 성공의 차원으로 이끌어주는 힘이다.

열정은 자신의 목표, 비전에 즐거움을 합할 때 일어난다.

필자는 무미건조한 일상의 삶을 웃음으로 열정적인 삶으로 바꾸었다. 남들 보기에 미친 듯이 웃었고 열정적으로 웃음에 대해 공부했다. 이 세상의 모든 학문이 웃음과 다 관련이 있다는 것도 발견하였다.

웃음에 열정을 바쳤더니 완전히 새로운 삶이 기다리고 있었다. 우주의 창조적 에너지를 공급받는 열정적인 삶이 바로 그것이다. 그리고 그 열정으로 얻은 포용과 풍요를 나누고 있다. 그 열정은 암 환우, 우울증 환우, 마음과 육체에 상처 입은 이들을 통해 또 다른 새로운 열정으로 승화되어 더 넓은 세상으로 퍼져나가고 있다. 웃음의 바이러스를 세상에 퍼트리자! 그것이 바로 열정이다. 그것은 바로 치유이다.

디팩 초프라는 말했다.

"세상을 변화시키는 가장 강력하면서도 확실한 방법은 사람들의 마음을 치유하는 일이다."

만나는 사람마다 웃음으로 대하는 일은 세상을 변화시키는 가장 확실한 방법이다.

웃음 나눔은 행복 나눔

남편의 수입만으로는 가계를 꾸려갈 수 없었던 한 여인이 있었다. 그녀는 궁리 끝에 조그만 구멍가게를 열기로 결심했다. 그녀는 정성을 다해 손님들에게 친절했고, 최선을 다해 물건의 구색을 잘 갖추어 놓았다. 손님들은 늘어나기 시작하였고 구멍가게는 큰 가게로 바뀌었다. 그리고 점점 부자가 되어갔다. 그런데 어느 날 열심히 일을 하고 있는 아내를 바라보던 남편이 불쑥 이렇게 말했다.

"우리 가게가 잘되는 건 당신 노력 덕택이고 나도 매우 기뻐요. 그런데 우리 동네 다른 가게들은 손님이 점점 줄어들어서 어떡하죠?"

장사는 물건을 많이 팔아 이윤을 내고 그러려면 이웃가게들과 경쟁은 필연적이다. 그런데 그녀의 남편은 다른 가게 걱정을 하고 있는 것이다.

웬만한 사람이면 쓸데없는 걱정일랑 하지 말라고 남편을 타박했을 것이다. 그러나 그녀는 그렇게 생각하지 않고 남편의 말에 일리가 있다고 생각했다.

며칠을 곰곰이 생각하던 그녀는 몇 가지 결심을 하고 실천에 들어갔다. 그것은 가게 물건들의 구색을 잘 갖추지 않는 일이고, 불평하는 손님들에게 이웃가게를 친절하게 안내해 주는 일이었다. 그리고 이웃가게가 미리 자신의 가게에서 구색을 맞추지 못한 물건을 준비하게 하였다. 손님은 줄어들고 수입은 적어졌으나 시간은 점점 많아지기 시작했다. 최소한의 생활비를 감당할 수 있을 정도만 운영하고, 그녀는 남는 시간에 평소에 구상했던 글을 열심히 쓰기 시작했다. 틈이 날 때마다 써놓았던 글을 모아 책을 출간하였는데 그 책으로 나중에 노벨 문학상을 받게 될 줄이야…….

이 여인의 이름은 미우라 아야꼬이고 책이름은 『빙점』이다. 미우라 아야꼬는 배려하는 마음으로 나눔의 삶을 살았던 것이다. 베푸는 삶은 자신에게 돌아온다.

성경에도 남에게 대접을 받고자 하면 먼저 남을 대접하라고 했다. 자신이 남에게 관심을 가지지 않으면 남도 나에게 관심을 가지지 않는다.

"나치가 공산주의자들을 탄압할 때 나는 공산주의자가 아니었기 때문에 나서지 않았습니다. 나치가 유태인들을 탄압할 때 나는 유태인이 아니었기 때문에 나서지 않았습니다. 나치가 가톨릭을 탄압했고 나는 개신교신자이므로 나서지 않았습니다. 나치가 나를 탄압했습니다. 그러나 그때에는 나를 위해 나서려는 사람이 아무도 없었습니다."

나치 독일에 항거한 개신교 지도자 마틴 니에몰러의 말이다.

이 세상은 다른 사람과 함께하는 세상이다. 그래서 우리가 가진 것들을 나누어야 한다. 가만히 생각해 보면 우리가 가진 것은 의외로 많다.

재물뿐만 아니라 감사, 용서, 칭찬, 여러 가지 재능, 성품, 사랑, 아름다운 감성, 신뢰, 봉사…….

우리가 가진 이런 것들은 서로 나누어 줄수록 몇 배 더 커진다. 나눔의 삶을 살 때 우리들은 다른 이들에게 창조적이고, 아름다움이 풍성한 삶의 방식을 권유하고, 또 그렇게 살아가도록 모범을 보이게 되는 것이다. 남에게 관심을 가지는 것이 나에게 관심을 가지는 것이며, 남을 돕는 것이 자신을 돕는 것이다.

이것은 긍정과 희망의 연쇄 반응을 일으킨다. 우리는 모두 행복하기 위해 태어났다. 그러나 자신의 행복만 찾으려 하기 때문에 행복해질 수 없다.

자신의 행복을 찾기 위한 확실한 방법은 일상의 작은 일들에서 다른 사람을 행복하게 만들어 주는 것이다. 행복해지려면 다른 사람을 행복하게 만들어라. 다른 사람을 행복하게 해주기 위해 자신의 생각과 에너지를 바쳐라. 오늘 만나는 사람들에게 미소와 웃음을 나누어 주는 일은 행복하고 자신이 웃음을 찾는 길이다.

틱낫한은 이렇게 말했다.

"외모와 재산은 언젠가는 모두 사라진다. 그대를 미소 짓게 하는 사람을 선택하라. 미소는 우울한 날을 밝은 날로 만들어 주는 능력을 갖고 있다."

웃는 사람이 많아질수록 우리 사회는 밝아지고 발전한다. 그리고 행복해진다.

행복한 청소년 만들기

필자는 공부하기를 싫어했다. 하기야 공부 좋아하는 사람이 몇이나 되겠는가? 그래서 중학교 졸업 후 본교 고등학교 시험에 낙방해 1년 재수하고 들어갔다. 고교 졸업 후 으레 가야 한다고 생각한 S대학에 재수까지 합쳐 두 번 낙방하고 집에서 가까운 2차 S대학교에 들어갔다. 중·고등학교 때 다른 과목은 성적이 영 신통치 않았으나 음악, 미술, 체육만큼은 점수가 뛰어났다.

방송국에 시와 함께 음악 신청곡을 보내면 선택되어 방송된 적도 많았고 문학클럽에서 시낭송회를 할 때 유명 시인(윤동주 시인의 계씨)의 칭찬도 받았었다.

그러나 부친은 엄격해 의대나 공대에 가지 않으면 밥 굶는다고 딴 짓을 못하게 했다. 60년대는 산업화가 시작될 때라서 공대가 인기가 많았었다. 그러나 공부는 뒷전이고 음악감상실 등에서 놀기에 바빴다.

대학 입학 후 제일 먼저 연극부에 발을 들여놓고, 이어 합창단, 그리고 대학 방송국에 PD로 지원하여 32대 1의 경쟁을 뚫고 합격했고 군대가기 전까지 1,2학년을 분주하게 보냈다.

대학 연극에서 꿈의 무대인 남산의 드라마센터에서 멋진 공연도 하였고, 학교 캠퍼스뿐만 아니라 명륜동 일대가 쩡쩡 울리도록 아침, 점심으로 방송도 하였다.

여름방학 때는 삼척해수욕장으로 출장 나가 전 해수욕장에 하루 2시간씩 신청곡과 함께 방송도 하였고, 삽시도에서 연극부 수련회를 하며 기가막히게 즐거운 날을 보내기도 했다.

이제 환갑을 넘어 지난날을 회상할 때 대학 1,2학년 그때가 가장 행복하였던 순간이 아니었나 생각된다. 원하는 대학 입학에 실패했지만 오히려 그것 때문에 훨씬 더 재미있고 의미있는 행복한 시절을 보냈다고 생각한다.

현재 우리나라 청소년 행복지수는 경제협력개발기구(OECD) 국가 중 최하위라고 한다. 우리의 학제 및 교육환경이 청소년들에게 행복을 경험할 수 있는 기회를 제공하지 못하고 있다.

"아무도 나를 인정해 주지 않고 공부도 잘 못하지만 그래도 내가 꼭 해보고 싶은 일을 시도해서 멋지게 실패해 본 경험이 있어서 행복했어요."

이렇게 이야기할 수 있는 우리 청소년들은 별로 없다. 공부를 잘해 일류대학에 진학하는 일이 마치 유일한 행복의 조건인 양 우리 사회는 아이들에게 공부만 강요한다.

그러나 청소년기에는 다양한 일을 경험하고, 무슨 일에든 도전해보며, 안심하고 실수하고 실패할 수 있는 기회를 갖는 것이 더 중요하다.

실수할 기회도 없고 실패를 두려워하는 청소년은 행복할 수가 없다. 도전해서 실패나 실수할까봐 겁내는 것은 불행한 일이다. 실패하더라도 도전해서 당당히 실패하는 것이 훨씬 더 행복한 인생이 되는 것이다.

입시위주의 교육환경에서 커온 대한민국의 성인들도 행복을 잘 모르고 살게 되며 똑같이 자녀들에게 행복할 수 있는 기회를 박탈하게 한다.

앞에 놓인 장애물을 미리 미리 제거해주는 부모, 학교 선생님이 아니라 여기저기 적당한 장애물을 설치해서 그 장애물에 넘어지는 법도 배우고, 또 장애물을 넘는 방법도 스스로 터득하며, 인생에서 가장 중요한 것이 무엇인지 스스로 알아가게 하는 환경을 청소년들에게 만들어 주어야 한다. 그래서 찬란한 실패가 장차 큰 영광이 될 수 있게 해야 한다.

장애물에 엎어져도 툭툭 털고 웃으며 일어설 줄 아는 청소년들, 실패할 것을 알면서도 멋지게 도전해서 멋지게 실패해보는 청소년들을 길러내는 것이 미래의 행복한 대한민국이 될 것이다.

청소년들이여, 자신의 꿈에 웃으며 도전하라. 실패를 두려워하지 말라.

부모들과 선생님들이여, 청소년에게 이런 기회를 많이 만들어 주라.

그리고 당당히 실패하는 청소년들에게 박수를 보내라.

이것이 행복한 대한민국을 만들어 가기 위해 우리가 해야 될 일이다.

평화를 부르는 웃음

미국 대통령 버락 오바마는 『내 아버지로부터의 꿈』이라는 제목의 자서전을 썼다. 여기서 그의 친아버지 오바마 시니어에 대한 일화를 소개하고 있다.

1960년대 초 그의 아버지는 케냐에서 미국 하와이대학으로 유학을 와서 공부하고 있었다. 어느 날 오바마 시니어는 와이키키바라는 술집에서 그의 장인(오바마 대통령의 외할아버지)과 장인의 친구들과 함께 합석하게 되었다. 하와이언 음악을 즐기며 흥겹게 분위기가 무르익을 때 갑자기 옆자리에 있던 백인 한 사람이 일어나며 "깜둥이 옆에서 술 먹으니 술맛이 안 나는데"라며 버럭 소리를 질렀다.

술집은 순간 조용해졌고 사람들의 눈은 모두 오바마 시니어를 주시했다. 한판 싸움이 벌어지길 바라는 눈치였다. 오바마 시니어는 조용히 일어섰다. 그리고 그의 특유한 미소를 짓더니 호탕하게 웃으며 그 백인에게로 다가갔다. 그리고 그가 가진 아메리칸 드림과 백인의 편견의 어리

석음, 그리고 인간의 보편적 인권에 대해 합리적으로 설명했다(물론 미소를 지으며…). 그 이야기를 들은 백인은 곧 자신의 경솔함을 인정했다. 그리고 100달러를 꺼내 사죄하는 마음으로 오바마 시니어에게 주었다. 오바마 시니어는 그 시간 그 자리에 있던 모든 이들이게 공짜 술 한 잔씩 돌렸고 남은 돈으로 그 달치 집세를 냈다.

오바마 대통령은 외할아버지에게서 이 이야기를 듣고 믿지 않았다. 그러나 후에 오바마의 이 사건에 대한 신문 인터뷰를 본 일본계 미국인이 당시 그 자리에 있었으며 백인이 흑인에게 사과하고 돈까지 주었다는 사실을 확인해 주었다.

오바마 시니어는 케냐의 촉망받는 수재였고 사람의 마음을 끌어당기는 웅변가였다. 그렇지만 그가 탁월한 언변만으로 이 위기를 역전의 기회로 만들었을까?

아니다. 그보다 먼저 이 위기를 역전시킨 밑바탕은 진심을 담은 웃음이었을 것이다. 그의 진심을 담은 마음이 먼저 그 백인에게 전해졌을 것이다. 감정이입이 일어나지 않으면 서로 공감의 마음이 생기지 않는다. 웃음은 감정이입에 탁월한 효과를 나타낸다.

웃음은 평화의 전령사이다.

필자의 학원 주차장에 종종 업무와 관계없는 이들이 주차를 한다. 그런데 많은 이들이 주차를 하고서도 미안한 감정을 갖지 않는다. 유료 주차장으로 알고 주차했다고 당당하게 말하고 그냥 간다.

그들을 대상으로 실험을 해보고 싶었다. 부정 주차한 차의 핸드폰으로 짜증스럽게 이야기하며 차를 빼달라고 했을 때 대개 반응은 싸울 듯이 화를 내며 차를 빼거나 아예 나타나지 않았다.

그러나 웃으면서 대단히 미안하다는 듯이 차를 좀 빼주십시오 하고 부탁했을 때 대부분 미안하다고 하며 빨리 차를 이동하였다. 웃으며 부드러운 말씨로 부탁하듯 이야기했을 때 훨씬 더 좋은 목적을 이룰 수 있었던 것이다. 이것은 세상 살아가는 이치이다.

어떤 목적을 가지고 메시지를 전할 때 웃으며 이야기하면 훨씬 성공률이 높고 상대도 협조를 잘해 준다.

우리는 웃음을 다른 사람과 공유해야 한다. 그래야 사람 사이에 평화가 온다. 웃음을 다른 이에게 주면 자신의 웃음은 몇 배가 더 커져서 돌아온다. 그것은 다른 이들이게 행복과 건강과 평화를 선사하는 것이다. 또한 자신에게 행복과 건강과 평화를 선사하는 것과도 같다. 서로 나누는 웃음은 연쇄 반응을 일으켜 평화를 위한 폭발적인 에너지를 생산하게 된다.

오바마 대통령의 아버지는 다른 이들에게 웃음으로 행복과 건강과 평화를 선사하는 분이었다. 그래서 자신도 행복하고 건강하고 다른 사람들과도 평화를 이루는 분이었다.

파랑새는 옆에 있다

우리는 어렸을 적에 이런 동화를 많이 듣고 자랐을 것이다.

크리스마스 이브.

가난한 두 남매는 꿈을 꾸었다. 그리고 꿈속에서 행복을 가져다주는 파랑새를 찾아 길을 떠났다. 사람들이 가보라고 하는 곳을 이곳저곳 다 찾아다녔으나 어디서도 파랑새를 찾지 못했다.

아침이 되어 잠에서 깨어났다. 두 아이는 깜짝 놀랐다. 자기 새장에서 키우고 있던 산비둘기의 깃털이 유난히도 파랗게 보였고 그것이 자기들이 찾아 헤매였던 파랑새라는 것을 알게 되었던 것이다.

노벨문학상을 수상한 벨기에의 상징파 시인겸 극작가 모리스 메테를링크(Maurice Maeterlinck 1862-1949)가 쓴 동화 『파랑새』 내용이다.

사람들은 오늘도 행복을 찾아 여기저기를 헤매고 있다. 행복을 멀리 있는 것으로 생각한다. 그래서 행복은 우리 가까이 있다는 것을 알기까지 꽤 많은 시간을 허비하기도 하고 또한 깨닫지 못하고 생을 마감하기도 한다. 그렇다. 행복의 파랑새는 언제나 우리 곁에 가까이 있는 것이다.

호주 출신의 닉 부이치치는 20대의 젊은이다. 그는 태어날 때부터 양팔과 다리가 없는 중증 장애인으로 태어났다. 있는 것은 엉덩이에 붙은 한 뼘도 안 되는 다리에 붙은 발가락 두 개뿐이다.

그는 남들이 기고 걸을 때 굴러다닐 수밖에 없었고, 구르는 보드에 올라서 엎드려서 이동할 수밖에 없었다. 자신의 처지를 생각하며 고뇌하다가 불과 여덟 살의 어린 나이에 생을 포기할 생각을 하게 되었다. 어린 나이임에도 그는 이 세상에서 더 살아야 할 용기와 의미를 발견하지 못했기 때문이다.

그러나 그는 지금 가장 행복한 삶을 살고 있다. 자신의 삶을 많은 청소년들에게 소개함으로 그들을 변화시키는 의미있는 삶을 살고 있기 때문이다. 그는 발가락 두 개로 컴퓨터도 하고, 휠체어도 조정하며 마음대로 다니고, 발가락을 드럼스틱처럼 사용해 경쾌한 리듬을 연주한다. 그는 여행과 낚시, 골프, 수영, 서핑을 좋아하면서 자신의 삶을 즐기기도 한다. 그가 두려움과 절망에서 이렇게 행복한 삶으로 변화하게 된 요인은 무엇이었을까?

그는 긍정의 마음으로 자신을 사랑하기 위해 엄청난 노력을 하였다. 그래서 자존감을 회복하면서 변화되기 시작했다. 자신을 사랑하는 마음은 이 세상 그 어떤 어려움도 이겨낼 수 있다. 자신의 그런 장애를 통해 다른 이들에게 희망을 전해주고 있다. 자신이 사회복지단체를 설립하고, 세계를 누비며 행복강사로 강연하면서 다른 이들에게 감동과 희망을 전해주고 있다.

그는 자신의 장애 속에서 인생의 의미를 발견하고 실천하고 있는 가장 행복한 사람이라고 말하고 있다.

파랑새는 지금이 순간 나의 옆에 있다. 우리가 발견하지 못한 것뿐이다. 지금 이 순간 나에게 주어진 감사의 조건을 생각해 보자. 본다는 것, 듣는다는 것, 코로 숨을 쉴 수 있다는 것, 먹을 수 있다는 것, 맛을 볼 수 있다는 것, 손을 가지고 쓸 수 있다는 것, 다리로 일어서서 걸을 수 있다는 것, 모두 모두 나에게는 평범한 것 같지만 이런 기능을 잃은 사람들에게는 기적과도 같은 일인 것이다.

행복은 감사의 문으로 들어오고 불평의 문으로 나간다고 한다.

행복은 미래에 있지도 않고 멀리서 찾을 필요도 없다. 지금 이 순간에 감사의 조건을 찾을 때 행복은 내 것이 된다. 거창하거나 멋진 이벤트로 행복을 찾으려고 하지 말고 감사하는 습관으로 하나씩 바꾸며 점점 더 행복을 키워 나가자. 이왕이면 "나는 행복하다!"라고 소리치며 크게 웃어보자. 그리고 나 자신에게 감사하자.

행복이 들어오는 감사의 문을 활짝 열자.

이왕이면 크게 웃으며 열자.

자존감이 솟고 긍정과 희망의 삶이 시작될 것이다.

10달러의 기적

카네기멜론대학에서 '인간과 컴퓨터의 상호관계'와 '컴퓨터 디자인'을 강의하는 랜디 포시Ramdy Pausch 교수의 "마지막 강의"가 동영상으로 전 세계에 퍼져 랜디 포시 신드롬을 일으키더니 책으로도 출간되어 잔잔한 감동을 주고 있다.

췌장암으로 시한부 인생을 살면서 자녀들에게 또 우리들에게 살아가는 방법들에 대해 담담하게 일러주는 책이다. 여기서 그는 디즈니월드와의 인연을 여러 번 언급한다.

열두 살의 포시는 누나와 둘이서 자유롭게 놀다가 서로 용돈을 합해서 부모님께 감사의 선물을 사드리기로 의견을 모았다. 가게에 들러 도자기로 만든 소금과 후추 셰이커를 10달러를 주고 사서 오던 길에 그만 실수로 바닥에 떨어뜨려 깨지고 말았다. 놀란 포시와 누나는 그냥 울음을 터뜨렸다.

지나가던 한 아주머니가 새것으로 바꿔줄지도 모르니 가게에 다시 가서 말해보라고 했다.

자신이 잘못해서 깨졌으니 안 바꿔줄 거라고 생각은 하면서도 혹시나 하는 마음에 다시 가게에 가서 무슨 일이 있었는지 직원들에게 설명을 했다. 미소를 짓고 열심히 듣던 직원 하나가 이렇게 이야기했다.

"열두 살짜리 소년이 놀다가 떨어뜨릴 경우에 대비해서 안 깨지도록 포장을 해줬어야 했는데 그렇게 못한 건 우리 책임이다"라고 말하였고 진심으로 미안하다는 듯 밝은 미소를 보내며 교환해 주었다.

포시와 누나는 충격을 받았고 감격해서 가게를 나왔다. 이 일을 전해 들은 부모님은 디즈니월드의 훌륭한 서비스를 칭찬했다.

그 후 부모는 자원봉사를 하며 비영어권 외국인 학생들의 필수방문 코스로 디즈니월드를 택하게 만들었고 20여 년 동안 자기 가족들과 다른 이들을 위해 입장권, 음식, 기념품, 놀이기구 입장권 등을 구입하는 데 10만 달러 이상의 경비를 지불하였다고 한다.

포시 자신도 안식년 동안 디즈니월드를 위해 일하며 그의 학문적 지식을 살려 놀이기구 타는데 기다리는 시간을 고객마다 20초씩 줄여주는 방법을 찾아서 큰 도움을 주게 되었다. 그 후 디즈니월드는 그를 스카웃하려고 제의했지만 교육의 사명 때문에 거절하였다.

아름다운 미소로 작은 친절을 베푼 그 직원 덕분에 디즈니월드는 현금으로 돈 10만 달러 이상의 커다란 이익을 남겼으며, 돈으로 계산되지 않는 무형의 이익은 백만 달러보다 더 큰 이익이 되어 돌아왔다.

웃음은 나의 호의를 전달하는 심부름꾼이라 한다.

웃게 되면 많은 열매를 거두게 된다.

인간관계, 건강, 행복이 회복된다.

우리가 평생 밝게 웃으며 살았으면 그 유무형의 이익은 도저히 계산할 수 없을 정도로 크다. 그래서 웃음이 없이 참으로 부자된 사람이 없고 웃음을 가지고 정말 가난한 사람도 없다고 데일 카네기는 설파했다.

친절의 시작은 나의 미소와 웃음으로부터 시작한다. 그리고 진실로 상대를 이해하려는 마음이 따라야 한다. 이런 모습은 21세기에 필요한 중요한 리더십의 자질로 꼽히고 있다.

우리의 교육이 학원에서 또 학원으로 계속 내몰리는 환경으로 너무 경직되고 인성이 무시되는 현실이다. 건강하고 밝은 사회를 위해서는 인성교육이 절실히 필요하다.

웃는 교육을 시켜야 한다.

친절과 배려와 사랑의 가치를 강조하고 습관화시키는 교육이 더 중요하다. 우리나라를 행복하고 건강하게 만들어 가도록 우리의 2세들에게 밝게 웃는 웃음의 씨를 계속 뿌리도록 해야 한다.

좋아하는 일에 미쳐라

한 젊은 정원사가 있었다. 그는 열심히 땀 흘리며 정원을 가꾸었다. 그가 맡은 정원은 다른 정원사가 맡은 정원보다 훨씬 더 아름답게 손질되어 있고 구석구석까지 정성들여 가꾼 흔적이 나타나 있었다. 그뿐 아니라 자신이 관리하는 나무통 화분마다 꽃을 아름답게 조각해 놓았다.

어느 날 주인이 정원을 돌아보다 이 젊은이를 발견했고 기특하게 여겨 그에게 물었다.

"자네가 열심히 보살펴 준 덕분에 이곳 정원은 매우 아름답게 되었네. 그런데 자네가 나무통 화분에 꽃을 조각한다고 해서 품삯을 더 받는 것도 아닌데 어째서 그토록 정성을 다하는가?"

젊은 정원사는 흐르는 땀을 닦으면서 대답했다.

"저는 이 정원을 몹시 사랑합니다. 제가 맡은 일을 다하고 남는 시간에 정원을 좀 더 아름답게 하기 위해 이 나무통 화분에 꽃을 새겨 넣게 되었습니다. 정원을 가꾸는 일은 저에게 너무나 즐거운 일입니다."

주인은 젊은이를 기특하게 여겨 그에게 조각 공부를 시켰다. 젊은이는 몇 년 동안 조각 공부를 열심히 하여 많은 이들에게 인정받기 시작하였다. 이 젊은 정원사는 훗날 이탈리아의 최고 건축가이고 조각가이며 화가가 된 미켈란젤로이다.

자기가 하는 일을 사랑하고 즐기며, 인내와 열의와 정성을 다하는 사람을 이길 사람은 아무도 없다. 직업을 택할 때 사랑하고 좋아하는 일을 택하든지 아니면 택한 직업을 사랑하고 좋아하는 것이 매우 중요하다.

예일대 한 연구소에서 예일대와 하버드대 졸업생 1,500명을 대상으로 졸업 후 20년 동안의 생활을 조사하였다. 이 중에 1,245명(83%)은 졸업하자마자 보수가 많거나 돈을 많이 벌 수 있는 회사를 선택하였다. 나머지 255명(17%)은 보수와는 관계없이 자신이 좋아하는 일, 자신의 꿈을 실현할 수 있는 일을 직업으로 선택하였다. 20년 후 이들의 재산을 조사하였는데 소위 백만장자 대열에 오른 사람이 101명이었다. 이 중 보수가 많은 직장만을 선택했던 사람은 단 한 명(0.08%)에 불과했다. 그러나 자신이 좋아했던 일을 택했던 사람은 100명(39.2%)에 달했다.

물론 돈이 성공의 잣대는 될 수 없다. 그러나 이 연구 결과는 돈을 목적으로 하기 싫은 일을 하는 것보다 진정으로 좋아하는 일을 하는 것이 얼마나 중요한가를 보여주는 근거가 될 수 있다.

똑똑한 사람이 부지런한 이를 못 이기고 부지런한 사람은 즐기는 이를 넘어설 수 없다. 공부든 취미든 자신이 좋아하는 일을 선택하는 것은 지식을 많이 넣어 주는 것보다 성공을 위해 중요하다.

윈스턴 처칠은 초등학교 때 장난이 심하고 선생님에게 대들고 성적이 형편없는 열등생이었다. 그의 학적부에는 '희망이 없는 아이'라는 심하고 가혹한 평가가 적혀 있었고 친구들에게 늘 멍청이라는 별명으로 놀림을 받았다. 중·고등학교 시절에도 성적은 늘 바닥권이었다.

당시 영국 정부의 재무부장관이던 아버지는 아들이 명문대를 졸업하고 자신의 대를 이어 정치가가 되기를 바랐으나 도저히 가망이 없음을 알고 포기하는 것이 좋겠다고 생각했다.

그래서 처칠에게 맞는 길을 선택해 주려고 했다. 성적에 주눅 들지 않고 활달하고 씩씩한 성격을 가졌으며, 어려서부터 전쟁놀이라면 혼 줄을 놓고 몰입하는 처칠에게 군인이 되는 것이 좋을 것이라며 권하였고 처칠도 이 제안을 흔쾌히 받아들였다.

육군사관학교를 목표로 진로를 정했으나 바닥권 성적 때문에 두 번이나 낙방을 하였다. 세 번 도전에 겨우 육사생도가 된 후부터 처칠은 남들보다 뛰어난 활발한 성격과 원만한 대인관계, 두둑한 배짱으로 탁월한 리더십을 발휘할 수 있었다. 물론 성적은 바닥권이었지만 시험점수에 연연하는 좀생이가 아니라며 호탕하게 웃어 넘겼다.

그는 그 후로 군인으로, 정치가로 살아가며 수많은 실패, 재난, 사고, 패배 등의 고난을 겪었지만 웃으면서 당당하게 이겨냈다. 그래서 세계2차 대전을 승리로 이끌고 세계적인 정치가로 존경을 받고 노벨문학상까지 받게 되었다.

우리가 좋아하는 일을 열심히 할 때 그 마음은 더욱 강렬해져서 그 일을 사랑하게 되고, 사랑할 때 몰입과 창조의 새 역사로 나아갈 수 있다.

많이 또 잘 웃는 사람은 자신이 좋아하는 일을 찾기가 쉽다. 왜냐하면 웃는 사람은 그 마음에 긍정과 희망으로 가득 차 있기 때문이다. 처칠은 유머가 넘치고 늘 웃는 사람이었다.

건강 십진법

건강 십진법을 많은 사람들이 이야기한다. 나이가 들어가면서 지켜야 할 건강을 위한 계율이다.

1은 하루에 좋은 일을 한 가지씩 하라.

좋은 일을 하게 되면 자신이 행복해진다. 뇌에서 엔도르핀, 세레토닌 등 좋은 호르몬이 생산되기 때문이다. 그리고 삶의 의미를 발견하는 중요한 방법 중의 하나이다.

10은 하루에 10번 이상 웃으라.

이왕이면 박장대소, 포복절도, 파안대소로 크게 웃는 것이 건강에 좋다. 웃음은 마음속의 걱정, 근심, 불안, 분노, 시기, 질투, 미움, 슬픔, 외로움 등의 부정적 감정들을 청소하는 탁월한 방법이다.

웃으면 엔도르핀 등 20여 가지 좋은 호르몬이 생성된다. 그래서 자신감을 회복시키고, 긍정과 희망으로 나아가게 한다. 웃음은 우리 삶을 변화시키는 요소 중의 하나이다.

하루 10번 이상 웃는 것이 쉬울 것 같지만 특별한 노력 없이는 실행되지 않는다. 하루 10번 이상 웃는 것도 질의 문제가 따른다. 하루에 10분 이상 박장대소 수준의 웃음을 꾸준히 웃는 습관이 중요하다.

100은 하루에 100자 이상씩 쓰라.

천재의 머리보다 몽당연필이 낫다는 말이 있다. 머리로만 기억하려는 것보다 쓰면서 기억하는 것이 훨씬 효과적이다. 공부 잘하는 아이들의 특징은 쓰면서 공부한다는 것이다. 손은 작은 뇌이고 뇌의 활동을 돕는다. 쓴다는 것은 일상의 것들을 기록하며, 표현하는 요령과 생활을 정리하는데 도움이 될 것이다. 치매 예방에도 무척 도움이 될 것이다.

1,000은 하루에 1,000자 이상 글을 읽으라.

우리 두뇌는 사용하지 않으면 그 능력이 훨씬 더 빨리 쇠퇴한다. 역시 치매 예방을 위해서도 열심히 읽어야 한다. 이왕이면 마음의 양식이 되는 책이나 지식의 욕구를 높여 주는 책이 좋을 것이다.

책을 읽는 사람과 읽지 않는 사람은 삶에 대한 태도에서 많은 차이가 난다. 인생을 슬기롭게 살게 하는 데 책만큼 좋은 것이 없다. 다른 많은 이들의 경험과 사상을 내 것으로 만드는 가장 좋은 방법이기 때문이다.

일본 사람들과 우리나라 국민들과의 큰 차이는 독서의 습관이다. 일본을 능가하기 위해서 모든 국민들이 독서를 열심히 했으면 좋겠다.

10,000은 하루에 10,000보 이상 걸으라.

움직이지 않으면 몸의 모든 기관은 퇴화한다. 심장과 관절에 무리가 가지 않는 운동 중엔 천천히 걷기가 최고이다. 물속 걷기도 관절염 환자에겐 권할 만한 운동이다.

21세기 의학계의 화두는 회춘이다.

젊게 살기 위한 노력이 활발히 진행되고 있다. 우리나라 국민 평균 수명도 60년대 52세, 70년대 62세, 80년대 66세, 90년대 72세, 2000년대는 79세로 비약적으로 증가하고 있다.

노화의 지표인 주름살을 제거하는 등 미용시술법도 발전하였고, 이젠 진료과목에 관계없이 대부분 의료기관에서 미용에 관한 진료를 병행하고 있다.

회춘에 대한 수요가 공급을 창출하여 질병 치료보다 미용시술이 본업으로 바뀐 의료기관도 점점 늘어가고 있다. 그러나 근본적으로 회춘은 불가능하다. 대부분의 방법들이 미봉책이다.

미용시술에 의해 자신감을 회복하고 삶의 활력을 되찾을 수 있는 심리적 치유가 되는 경우는 바람직하지만 생리적 회춘은 아닌 것이다.

밝은 마음으로 건강 십진법을 꾸준히 실천하면 노화를 지연시킬 수 있다.

엄친아는 없다

요즈음 '엄친아(엄친딸)' 라는 말을 모르는 사람들은 별로 없을 것이다. 그리고 누구에게나 엄친아들은 꼭 있을 것이다. 그들은 공부는 물론 잘해서 자타가 인정하는 최고의 대학에 다니고, 악기 하나쯤 수준급으로 다루며, 부모의 속은 하나도 안 썩이며, 얼굴은 F4 정도의 꽃미남이고, 그래서 다른 아이들을 한없이 작아지게 만드는 아이들이다.

엄친아라고 자타가 인정하는 대학생이 한 명 있었다. 부모는 사회성을 기르기 위해서 또 친구의 부탁도 있고 해서 친구 아들인 고교생을 가르치는 일을 해보라고 아들에게 권했고 아들도 해보겠다고 했다.

첫날 공부를 열심히 가르치고 둘째날 다시 물어보니 영~ 신통치가 않았다. 그런데 배우는 학생이 "너무 어려워서 잘 이해를 못하겠어요"라고 불평을 하였다. 엄친아는 잠시 생각을 하더니 갑자기 핸드폰을 꺼내 어디론가 전화를 걸었다. 그리고 이렇게 말했다.

"엄마, 얘가 너무 어렵다는데 어떻게 해야 돼? 내가 보기는 쉬운 문제들인데…….”

꾸며낸 이야기 같지만 실제로 있었던 이야기라고 한다. 이 엄친아들은 부모들이 만들어낸 존재하지 않는 아이들이다.

좀 더 정확히 말하면 부모의 이상을 자녀에게 실현시키기 위해, 자녀들이 분발하도록 자극제로 엄친아를 등장시키는 것이다.

엄밀히 살펴보면 사실상 엄친아들은 분장을 잘하고 화면발을 받는 것과 같다. 분장을 지우고 그들의 맨얼굴을 보면 그에게도 많은 보완할 점들이 보일 것이다.

이 엄친아들은 모두 경쟁이 만들어낸 산물이다. 우리가 사람을 평가하는 기준으로 인간의 본질적 가치가 중요시 될 때 즉, 배려하는 마음, 사랑하는 마음, 정직한 마음, 이해하는 마음, 위로하는 마음, 서로 화목하려는 마음, 관용하는 마음, 소통하는 마음,… 등으로 보게 될 때 지금 우리가 이야기하는 엄친아는 모두 사라질 것이다.

그리고 이 사회는 정말 희망과 신뢰가 싹트는 정의로운 사회로 전진해 나갈 것이다. 그렇기 때문에 지금 우리들이 만들어낸 엄친아 신드롬은 잘못된 사회적 가치를 그대로 반영하고 있는 것이다.

이소연 씨 하면 누구나 다 알 것이다. 과학고를 나오고 운동도 잘하는 카이스트 박사, 최초의 한국 우주인, 항공우주연구원 선임연구원, 그녀는 자라는 과정에서 많은 주위 사람들에게 엄친딸로 부러움의 대상이 되었을 것이다.

그러나 자신은 공부를 등한히 해 부모에게 걱정을 끼치기도 하였고, 성적이 오르지 않아 선생님께 핀잔을 받았으며, 부모님은 다른 엄친아를 등장시켜 자신을 주눅들게 만들기도 했다고 한다.

부모들이 분명히 알아야 할 것은 엄친아를 등장시킬수록 자녀들은 불행해진다는 사실이다. 엄친아를 등장시키지 않아도 아이들은 잘 알고 있다. 내 친구가 나보다 공부를 잘하고 더 인정받고, 더 잘생겼고, 더 모범생이고… 그래서 내가 더 열심히 노력해야 된다는 사실을 말이다.

그래서 부모들은 엄친아를 등장시키지 말고 자녀의 있는 그대로를 인정하고 이해하도록 노력해야 한다. 그리고 장점을 찾아 칭찬을 해주어야 한다.

현대 우리 사회 자녀들은 칭찬에 목말라 있다. 샤고래가 춤추게 될 때까지 이만 번의 칭찬이 필요하다고 한다. 우리에게는 누구나 반드시 칭찬할 만한 것이 있다. 그것을 발견하고 진심으로 격려와 함께 칭찬을 해주는 것이 부모가 해야 할 가장 중요한 일이다. 칭찬할 때는 조건을 달지 말고 지금 현재의 결과만 칭찬해야 한다.

우리는 누구나 고유의 가치와 의미를 가지고 태어났다. 엄친아는 없다. 자녀의 고유한 삶의 의미를 일깨워주는 부모는 성공한 부모이다.

이것은 진실된 칭찬으로 가능하다. 칭찬은 바로 내면의 웃음이다.

이제 부모들은 주름진 얼굴을 펴고 환한 웃음을 짓자. 자녀의 좋은 점을 발견하여 칭찬하면 된다. 그래서 우리 자녀들도 환하게 웃고 춤추게 하자. 적어도 우리 집에서는 엄친아는 없다고 말하자.

18 진짜 인생

1946년 나치 독일에 협력한 매국노들을 처벌하기 위한 네덜란드의 재판정에 57세된 한 남자가 나와 앉아 있었다. 그는 매우 초조한 모습으로 재판장의 호명에 따라 일어섰다. 재판장은 신원 확인에 들어갔다.

"이름은 반 메헤렌, 1889년생 맞습니까?" "예."

"국가 보물을 나치 독일에 팔아먹은 죄로 기소되었지요?" "예."

"팔아버린 국가 보물은 렘브란트와 베르메르의 미술작품인가요?" "예."

"누구에게 넘겼지요? 나치 독일의 괴링Hemamm Goering이라는 권력자에게 넘긴 것 맞습니까?" "예."

"그 그림들은 네덜란드의 최고 보물들이란 것을 알고 있습니까?"

이때 그의 모습은 흔들렸다. 그리고 눈을 감고 깊이 생각하는 듯했다.

한참 후 무언가 결심한 듯 입술을 굳게 깨물고 눈빛은 결연한 의지를 보이며 대답했다.

"진실을 말씀드리겠습니다."

"그 그림들은 모두 가짜입니다."

갑작스런 그의 폭탄 발언에 법정은 술렁이기 시작했다.

"그 그림들은 모두 제가 그린 모조품입니다."

법정은 재판장의 연신 내려치는 의사봉 소리도 들리지 않을 만큼 소란에 빠졌다.

반 메헤렌은 모든 것을 포기하고 자신이 판 그림이 모사된 그림이라고 밝혔으나 그에게 작품을 산 사람들은 이의를 제기했다. 그가 반역죄를 면하려고 명작들을 위작으로 만든 것이라고 주장하였다. 드디어 모사여부를 판정하기 위해 당대 최고 전문가들로 구성된 조사위원회가 만들어졌고 첨단 기자재를 모두 동원하여 조사하였다. 그러나 워낙 진품과 차이 없이 그린 그림이라 판정을 내릴 수 없게 되었다.

마침내 메헤렌이 옥중에서 모조품을 재현하는 시범을 보이고 그가 팔은 국가 보물급 그림이 모두 위작이라는 결론이 내려졌다.

그는 국가 반역죄는 면하였으나 그림을 산 사람들의 소송에 의해 그가 모았던 엄청난 부와 명예는 한순간 사라지고 사기꾼으로 전락하고 말았다.

그러나 그의 미술품 위조 기술은 탁월했다. 그는 어려서부터 미술에 타고난 재능을 인정받았다. 그는 17세기 네덜란드 대가들의 그림에 매료되어 습작 대상은 늘 렘브란트와 베르메르의 그림이었다. 화가로서 꿈을 키웠지만 늘 시대에 뒤떨어지는 작품이라고 별 두각을 나타내지 못했다. 40이 넘은 나이에 그는 생계를 위해 초상화를 그려 팔았다. 그러면서 렘브란트와 베르메르의 작품을 묘사하는 방법을 깊게 연구하기 시작했다.

그래서 대가들의 기법과 사용한 재료, 기타 많은 기술들을 완전히 습득하게 되었다. 그의 그림은 당대 최고 전문가도 분별할 수 없을 만큼 완벽했다. 그리고 위작으로 엄청난 부와 명예를 거머쥐게 되었던 것이다.

이 재판이 끝난 후 그는 국가 최고급 보물을 팔아넘긴 반역자에서 오히려 적에게 가짜 그림을 팔아넘겨 골탕먹인 애국자로 박수를 받게 되었다. 그러나 단순 사기죄로 복역하던 중 얼마 살지 못하고 사망했다.

우리나라도 박수근 화백의 그림 '빨래터', '떡 만드시는 어머니' 등, 이중섭 화백의 그림 '황소' 등이 진위여부를 가리는 논쟁으로 화제가 되고 있다. 몇십억에 경매되는 그림은 한순간에 엄청난 부를 가져다주기 때문에 위작이 계속 나오고 있는 것이리라.

우리가 시원하게 웃는 웃음에는 가짜가 없다. 억지웃음은 있을 수 있지만 그것도 진짜웃음과 90% 효과가 같다. 순수한 웃음은 허황된 꿈을 꾸지 않게 한다. 웃음은 정직하다. 소통하는데 가장 짧고도 가까운 너와 나 사이의 거리이다. 서로가 경계를 풀어도 좋다. 모조품이 판치는 세상이지만 그래도 웃어야지.

박수근·이중섭 화백은 평생 가난했는데 그들을 이용해 돈을 버는 이들은 따로 있다.

그러나 웃으면 웃는 그가 부자가 된다.

그래서 웃음은 정직하다.

유일한 소원이 있다면

"내게 만약 유일한 소원이 있다면 그것은 죽기 전에 딱 사흘만 눈을 뜨고 세상을 보는 것이다. 만일 내가 눈을 뜰 수 있다면, 나는 내 눈을 뜨는 첫 순간, 나를 이만큼 가르쳐 준 애니 설리번 선생님을 찾아갈 것이다. 그리고 지금까지 손끝으로만 만져본 그 인자한 얼굴, 그리고 아름다운 몸매를 몇 시간이고 바라보며 그 모습을 내 마음 깊숙이 간직해 둘 것이다. 그 다음엔 내 친구들을 찾아가서 그들과 함께 산과 들로 소풍을 나가리라. 바람에 나풀거리는 아름다운 잎사귀들, 들에 핀 예쁜 꽃들을 마음껏 보고, 저녁이 되면 석양에 빛나는 아름다운 노을을 보리라.

다음날 이른 아침 새벽에는 먼동이 트는 웅장한 광경을 보고, 아침에는 메트로폴리탄에 있는 박물관을 보고, 그리고 저녁에는 보석같이 빛나는 밤하늘의 별들을 바라보며 둘째 날을 보낼 것이다.

마지막 날에는 일찍 큰 길에 나가 바쁘게 출근하는 사람들의 얼굴 표정을 볼 것이며, 아침에는 오페라 하우스, 오후에는 영화관에 가서 영화를 볼 것이다. 어느 덧 저녁에 되고 어두움이 내리면 건물의 숲을 이루고 있는 도시 한복판으로 나가서 네온사인 반짝이는 쇼윈도에 진열된 아름다운 물건들을 보면서 집으로 돌아올 것이다.

그리고 눈을 감아야 할 마지막 순간이 되면 사흘 동안이나마 눈으로 볼 수 있게 해주신 나의 하나님께 감사기도를 드리고 영원히 암흑의 세계로 다시 돌아가리라."

이 글은 그 유명한 헬렌 켈러의 "사흘만 볼 수 있다면Three days to see"란 글이다. 마음대로 볼 수 있는 사람들보다 훨씬 더 많은 아름다운 감성과 감사의 마음을 갖고 있음을 느끼게 해준다.

새천년이 시작되기 두 달 전 심리학자 로버트 에먼스와 마이클 맥컬로는 자신들이 행했던 연구 결과를 발표했다. 그것은 매우 단순한 것으로 자신들의 연구에 참여한 사람들에게 크든 작든 그들이 그날 감사하게 생각했던 일들을 다섯 가지씩 쓰게 했다.

그들은 가족에서부터 유명 그룹의 가수들에 이르기까지 감사한 일들을 기록했고, 아침에 눈을 뜰 수 있는 것부터 밤에 신에게 드리는 기도까지 감사한 일들을 모두 일일이 기록했다.

연구가 진행됨에 따라 많은 변화가 왔다. 감사를 표현할 때 자신의 삶을 긍정적으로 수용하는 태도로 변하였고, 행복한 삶의 수준을 더 높은 단계로 끌어올렸다. 그래서 감사를 표현할 때 더 큰 행복을 느끼고, 결단력 있게 행동할 줄 알았으며, 활력이 넘치고, 친절하고, 다른 사람을 더 많이 도와주려는 태도를 보였다.

감사를 표현하는 이들은 운동도 더 많이 했으며, 잠을 더 잘 자고, 육체적 질병도 거의 발생하지 않았다. 그래서 하루에 1~2분 정도만 감사를 표현하는 일에 투자하면 그것이 그 사람의 일생에 매우 좋은 바람직한 영향을 끼친다는 것이다.

오프라 윈프리는 매일 감사 일기를 쓰는 것으로 유명하다. 그녀는 "내 인생에서 어떤 일이 일어나든 감사하는 법을 배웠을 때 기회, 사람들과의 관계, 행복, 심지어 부까지도 내게로 다가왔다"고 했다.

데일 카네기는 젊은 시절 한 때 절망 가운데 모든 것을 포기하고 자살하려고 결심했다. 허드슨강에 투신하려고 가는 길에 한 남자가 뒤따라와 큰소리로 외쳤다.

"선생님, 연필 한 다스만 사 주세요."

카네기가 돌아보니 판자에 바퀴만 달아 만든 휠체어에 두 다리가 없는 장애인이 앉아 웃으며 연필을 내밀었다. 딱한 마음에 주머니를 뒤지니 1달러가 있어서 꺼내주고는 그냥 갈 길을 재촉했다.

"선생님, 연필 가져 가세요"라고 소리치며 장애인이 쫓아와 연필을 주려했지만 카네기는 필요 없다고 했다.

"연필을 가져 가시지 않으면 이 돈을 받을 수 없습니다. 이 돈 도로 받으세요."

카네기는 연필을 받으며 장애인의 얼굴을 쳐다봤다. 그는 누구보다 행복한 웃음을 띤 얼굴로 카네기를 쳐다보고 있었다. 카네기는 후일 이 순간의 마음을 이렇게 표현했다.

"나는 자살할 생각밖에 없었습니다. 하지만 두 다리가 없음에도 불구하고 행복한 웃음을 나에게 주었던 그 사내를 보고 나도 살아야겠다고 마음을 바꾸었습니다. 살아 있음에 대한 감사를 나에게 깨닫게 해준 소중한 웃음이었습니다."

그는 후에 웃음 예찬이라는 글을 써서 우리들에게 멋진 선물을 남겨주었다.

"웃음은 별로 소비되는 것은 없으나, 건설하는 것은 많으며,
주는 사람에게는 해롭지 않으나, 받는 사람에게는 넘치고,
짧은 생으로부터 생겨나서 그 기억은 길이 남으며,
웃음이 없이 참으로 부자 된 사람 없고,
웃음을 가지고 정말 가난한 사람도 없다.
웃음은 가정에 행복을 더해 주며, 사업에 활력을 불어넣어 주며,
친구 사이를 더욱 가깝게 하고, 피곤한 자에게 휴식이 되며,
실망한 자에게 소망이 되고, 우는 자에게 위로가 되고,
인간의 모든 독을 제거하는 해독제이다.
그런데 웃음은 살 수도 없고, 빌릴 수도 없고, 도둑질할 수도 없다."

감사와 웃음은 한 집에 산다. 감사하는 마음은 웃음꽃을 피어나게 한다. 감사는 내면의 웃음이다. 헬렌 켈러를 보며 더 많은 감사의 삶을 살지 못했음에 부끄러워하는 마음을 갖게 된다. 감사의 마음을 늘 행복한 웃음으로 표현하며 살아간다면 삶은 참으로 황홀하고, 아름답고, 경이로운 삶이 될 것이다.

삶은 감사와 사랑으로 살아가는 예술이다.

'때문에'와 '덕분에'

잘 알고 지내는 아주머니 한 분이 있다. 70중반을 넘어가는 연세이지만 늘 활기차며 멋쟁이이다. 평생 교사로 봉직하다 정년퇴임을 하고, 아들 딸 다 출가시키고, 역시 교사로 은퇴한 남편과 둘이서 살고 있다.

15년 정도 알고 지내서 그런지 허물없이 가정사를 이야기한다. 특히 남편에 대한 불평도 스스럼없이 이야기했다.

이를테면 남편의 사소한 버릇 때문에 못살겠다는 것이다. 안방에서 양말을 벗어서는 꼭 문 앞에 집어던지는 버릇 때문에 못살겠다는 것이고, 그것도 꼭 뒤집어서 던져버리기 때문에 못살겠다는 것이다.

옷을 벗어서는 옷걸이에 걸어 놓지 않고 아무 데나 걸쳐 놓기 때문에 못살겠다는 것이다. 잔소리를 하자 옷걸이에 걸긴 하는데 꼭 한쪽 팔을 속으로 뒤집어넣어 걸어 놓기 때문에 못살겠다는 것이다.

정년퇴임하고 나서는 국선도다, 스포츠 댄스다, 바둑이다, 혼자서만 쏘다니기 때문에 못 살겠다고도 한다.

밖에서 물건을 사거나 외식을 해도 둘이 다 연금을 받기 때문에 따로 따로 계산한다고 했다. 어떤 날은 남편이 저녁을 사겠다고 해서 나갔는데 비싼 것을 못시키게 해서 자기 돈 내고 시켜 먹었다고 했다. 좀생이 같은 남편 때문에 못살겠다는 것이다.

코고는 소리 때문에도 못 살겠고, 스포츠 특히 야구만 시청하기 때문에 못살겠고, 아무거나 잘 먹지 않고 까다롭기 때문에 못살겠다고 한다.

그런 아주머니가 달라졌다. 남편이 친구들과 2박으로 놀러가느라 집을 비운 적이 있었다.

그런데 그날 밤에 바람이 세게 불었는지 뒤 창문이 덜컥거리며 무엇이 짱– 하고 깨지는 소리가 났단다. 그렇지 않아도 무서움이 많은 아주머니는 밖으로 나가보지도 못하고 안방 문이 잠긴 것만 확인하고 불안한 마음으로 밤을 지새웠다.

아침에 나가보니 뒤 창문 단속을 안 해서 커튼이 날리며 화분을 떨어뜨려 깨진 소리였던 것이다. 남편이 없으니 무서웠고, 늘 창문 단속도 해주는 남편의 존재가 새롭게 느껴지더란다. 그래서 그 후로 마음을 바꾸었다.

"때문에 못 살겠다가 아니라 덕분에 내가 살아"로 말이다. 그래서 양말을 아무 데나 집어던지고 옷을 아무 데나 걸쳐 두는 것도 "내가 운동을 잘 안하니까 나 운동시키려고 그러는 구나." 이렇게 생각하고 "당신 덕분에 이렇게라도 운동해야지"하며 불평하지 않았다.

짠돌이 남편이 본색을 드러낼 때마다 "그런 당신 덕분에 애들 다 출가시키고 손자들 용돈도 줄 수 있잖아"라고 생각했다.

남편이 바둑, 스포츠 댄스 등으로 밖에 외출할 때마다 "나도 오늘 자유다. 이런 남편 덕분에 친구들과 하루 종일 수다떨고 들어올 수 있잖아."

"때문에 못 살겠다"를 "덕분에 내가 살아"로 마음하나 바꾸니 인생이 편하고 신나고 행복해질 수 있어서 좋다고 한다. 그래서 '덕분에'를 입에 달고 산다고 했다. 그랬더니 세상도 바뀌더란다.

오래전에 차마다 "내 탓이요"라는 스티커를 붙이고 다닌 기억이 있다. '탓' 이라는 표현은 누가 잘못했거나 부정적인 결과에 대해 사용하는 말이다. 그래서 긍정을 나타내는 "당신 덕분이에요"라는 스티커를 붙이고 다녔으면 더 좋았을 걸… 하는 생각도 해본다.

확실히 '때문에' 나 '탓' 을 입에 달고 사는 사람과 '덕분에' 를 입에 달고 사는 사람은 인생이 달라진다. 이 세상은 때문에나 탓으로 넘쳐나고 있다. 아빠 엄마 때문에, 언니 동생 때문에, 친구 선생님 때문에, 부정부패 공무원 때문에, 국회의원 때문에, 대통령 때문에, 날씨 때문에, 환율 때문에, 심지어는 조상 탓으로 돌리는 일도 많다.

자신의 밖에서 일어나는 모든 일을 탓으로 돌려서는 해결될 일이 하나도 없다. 그러나 모든 일을 덕분에로 마음을 바꾸면 모든 것이 해결될 수 있다. 그래도 엄마 아빠 덕분에 내가 있고, 언니 동생 덕분에 나의 존재가 살아나고, 친구 선생님 덕분에 내가 성장하며, 공무원, 국회의원, 대통령 덕분에 이 나라 속에서 안심하고 살 수 있고, 날씨 덕분에 계절의 변화를 만끽할 수 있고, 자유로운 경제 여건 덕분에 굶지 않고 살고 있다고…….

덕분에로 마음을 바꾸면 늘 감사하는 마음으로 살 수 있다. 우리가 주위를 살펴보면 얼마나 큰 은덕을 입고 살아가는가 금방 느낄 수 있다. 볼 펜 덕분에 이 글을 쓸 수 있고, 전기 덕분에 살아갈 수 있고, 물 덕분에 생명을 유지하며, 공기 덕분에 지속적인 호흡을 유지할 수 있다.

이렇게 늘 감사하는 마음은 마음의 평강과 신체의 건강을 지켜주는 필수 영양소이다. 그래서 늘 훈련하고 실천해야 하는 매우 중요한 덕목이다. 감사의 생활을 하면 웃음이 저절로 따라온다.

'덕분에' 의 삶을 살면 늘 웃음이 떠나지 않고, 또 늘 웃으면서 살면 감사의 마음이 새록새록 일어날 것이다. 그래서 감사는 내면의 웃음이라고 한다.

웃음 덕분에 내 인생이 달라졌다고 이야기하는 사람이 많다.

하하웃음행복센터에 몇 개월 이상 다니면서 웃음을 생활 속에서 실천해온 이들의 고백이며 간증이다. 그들은 '때문에' 의 인생에서 '덕분에' 의 인생으로 인생 역전한 이들이다. 그래서 자신이 얼마나 행복한 사람인지 매일매일 느끼며 산다고 한다.

이것이 기적이다. 웃으면 기적이 일어난다.

의지와 열정의 사람들

클라라 하스킬Clara Haskil은 1895년 1월 7일 루마니아 부쿠레슈티에서 태어났다. 그녀는 피아노 연주에 재질을 보여 악보도 잘못 보던 여섯 살에 피아노 소나타를 한 번 듣고 외워서 연주를 했고, 즉시 조를 바꾸어 다시 연주도 하였다.

11세 때 프랑스 콘세르 바토르 파리 음악원에 입학하여 코르토에게 사사하였으나 코르토는 3개월 후 더 가르칠 게 없다고 할 정도로 뛰어난 재능을 발휘하였다.

15세에 이 음악원을 1등으로 졸업하면서 당대 바이올린의 거장 에네쿠스와도 협연하였고 첼로의 신이라고 일컬어지던 파블로 카잘스와도 협연하며 그녀의 전설을 만들어 가기 시작했다.

이때 그녀는 브람스 피아노 협주곡 2번을 하루 만에 완전히 암기하여 악보 없이 협연을 하였으며, 호르비츠라는 유명한 피아니스트가 사정상 협연을 할 수 없게 되자 갑자기 하루 만에 피아노 협주곡 1번과 오케스트라의 총보까지 모두 암기하여 멋진 연주를 해내기도 하였다.

아름다운 소녀에서 처녀로 자라가던 하스킬은 18세가 되던 해 1913년 세포경화증이라는 병에 걸렸다. 이 병은 뼈와 근육이 서로 붙고 세포와 세포가 서로 붙는 희귀 난치병이었다. 연주를 중단하고 4년간 몸에 깁스를 하고 지냈으나 끝내 꼽추가 되고 말았다. 그러나 그녀는 좌절하지 않았다. 꼽추가 된 몸으로 다시 연주를 시작하여 인기를 회복하고 모차르트의 모차르트… 모차르트의 환생이라는 극찬을 받기도 하였다.

하지만 불행은 그녀를 계속 괴롭혔다. 2차 세계대전이 일어나자 유태인이었던 그녀는 파리를 떠나 프랑스 남부 시골 마을로 피신하여 숨어 살았다.

전쟁이 끝나고 다시 자신의 존재를 나타내려고 할 무렵 다시 뇌종양으로 쓰러져 언제 죽을지 모르는 운명과 싸워야 했다. 다행히 같은 유태인 의사의 헌신적인 노력으로 점차 회복은 되었지만 대부분의 음악가들은 그녀를 외면했다. 꼽추에 송장 같은 그녀는 흡사 마귀할멈과 같은 몰골이었기 때문이다.

그렇지만 제2의 토스카니니로 불리며 샛별같이 등장한 카라얀이 그녀를 발탁했다. 그래서 1956년 1월 잘츠부르크에서 협연을 하게 되었다. 이때 그녀를 처음 본 러시아의 피아노 거장 티티아나 니콜라이 예바는 이렇게 그녀를 묘사했다.

"하스킬을 처음 본 순간 온몸에 소름이 끼쳤습니다. 그녀의 몸은 뒤틀어지고 회색 머리칼은 마구 헝클어져 있더군요. 그녀는 마치 마녀처럼 사람들을 바라보았어요."

"초반 관현악단의 연주는 무난하게 연주했으나 특별한 감동은 없었어요. 그러나 클라라 하스킬이 건반 위에 손을 얹고 연주를 시작하자 내 눈에서는 눈물이 흘러나와 내 뺨을 타고 흘러 내렸습니다. 나는 여태까지 들어본 적이 없는 가장 위대한 모차르트의 음악을 듣게 되었으며 그 감동은 또 한 번 나를 전율케 했습니다.

그녀의 설득력과 흡입력은 얼마나 강한지 마치 마술처럼 관현악단과 지휘자를 완벽하게 리드해 나갔습니다. 겉모습은 마귀할멈 같았지만 그녀의 연주는 유려했고 가장 자연스러운 모차르트를 완벽하게 새로 탄생시켰습니다."

하스킬은 그 뒤로 유명한 바이올리니스트 그뤼미오와 단짝이 되어 전 세계를 무대로 연주 여행을 다녔으며, 이 시기를 그녀는 가장 행복했던 시기로 술회하였다.

그뤼미오와 벨기에 연주를 위해 브뤼셀역에 도착한 그녀는 역 계단에서 현기증으로 쓰러지며 굴러 떨어졌다. 병원으로 옮겨진 그녀는 동생에게 말했다.

"그뤼미오 씨에게 전해다오. 아무래도 내일 연주는 함께 못할 것 같다. 미안하다고……."

이 말이 그녀의 마지막 유언이 되었다. 65세의 일기로 마치 소설 같았던 그녀의 삶이 끝났다.

1960년 12월 7일이었다. 그녀는 연주회가 끝날 때마다 "오늘도 살아서 무사히 연주회를 마칠 수 있어서 행복합니다"라고 늘 감사하는 삶을 살았다.

"나는 청소밖에 할 줄 몰라요. 그래서 청소부가 되었어야 할 인생이었습니다."

"그러나 신은 나를 이렇게 멋지게 사용하셨네요. 나는 정말 행운아입니다. 왜냐하면 나는 항상 인생의 벼랑 끝에 서 있었어요. 그러나 언제나 머리카락 한 올 차이로 인해 한 번도 벼랑 아래로 굴러떨어지지는 않았습니다. 신의 도우심 없이는 불가능했을 거예요."

찰리 채플린은 그녀에 대해 이렇게 평가했다.

"나는 살면서 진정 천재라고 할 만한 사람 세 사람을 만났다. 한 사람은 아인슈타인이었고 한 사람은 처칠이었다. 그러나 나머지 한 사람은 그중에서도 가장 뛰어난 두뇌의 소유자인 클라라 하스킬이었다."

그녀가 세상을 떠난 지 3년 후 1963년부터 스위스 베베이에서는 이 전설적인 피아니스트를 추모하기 위해 2년마다 '클라라 하스킬 국제피아노콩쿠르'가 개최된다. 2005년 우리나라 김선욱 군이 17세 나이로 최연소 우승을 기록한 바 있다.

클라라 하스킬의 삶을 보며 어떤 고난과 역경도 삶에 대한 의지와 일에 대한 열정으로 충만하면 이겨낼 수 있음을 본다. 그녀의 열정과 의지는 두 번의 치명적인 병마도 이겨내고, 세상 사람들의 무시와 편견도 당당히 실력으로 이겨냈다. 그래서 그녀는 감사하고 또 감사했다.

행복전도사로 많은 이들에게 희망을 주었던 이의 자살은 너무나 안타깝다. 삶의 의지와 열정을 마지막 순간까지 보여 주었더라면…….

하하웃음행복센터에는 삶에 대한 의지와 열정적인 웃음으로 병마를 이겨내고, 다른 이들에게 웃음과 행복을 전하는 이들이 있다.

암 환우 한분은 노인대학에서 웃음을 전파하는데 "웃음 파는 여자 또 오셨네. 반가워요"라고 인사를 하더란다.

속으론 당황했지만 "공짜로 웃음 드릴 테니 매일매일 웃으세요"라고 아무렇지도 않게 대꾸하고 많은 이들을 열정과 환호의 웃음 세계로 인도한단다. 그래서 희열과 보람이 충만한 삶을 살고 있다고 했다.

암으로 인해 매일 불안과 두려움 속에 지냈어야 할 자신이 이렇게 변화될 줄은 상상도 못했다고 한다. 그리고 이렇게 변한 자신과 가족과 이 세상 모든 것에 대해 너무너무 감사한 마음으로 하루하루를 보낸다는 것이다.

의지와 열정은 웃음으로 되찾을 수 있다. 그리고 감사는 내면의 웃음이다. 의지, 열정, 감사는 클라라 하스킬을 표현하는 말이기도 하지만 하하웃음행복센터의 환우들을 표현하는 말이기도 하다.

그래서 우리는 늘 자신을 껴안으며 웃으면서 외친다. "고맙습니다!" "감사합니다!", "사랑합니다!", "축복합니다!", "나는 존귀하다!", "나는 할 수 있다!"

Part 3
긍정

| 체험담 |

옛 어른들은 화병으로 앓다가 돌아가신 일이 많다. 바로 스트레스를 받아 분과 억울함을 풀지 못하고 떠나가신 것 같다. 웃음치료가 더 일찍 많은 사람들에게 보급되었더라면 하고 아쉬운 생각을 해본다. 스트레스를 받게 되면 나는 즉시 나에게 이야기한다.

"나는 너를 받지 않겠다! 그냥 지나가라! 스트레스 호르몬들아~ 행복 호르몬으로~ 너를 물리치겠다!" 하고 큰소리로 말하며 웃는다. 기분이 우울해질 때도 하하센터를 생각하며 웃는다. 매일매일 감사함으로 마음을 비우며 변해가는 삶이 되었다.

– 황 O 희(여, 72세) –

아무것도 아닌 것에 목숨 걸고 별것도 아닌 것에 자존심만을 내세웠던 것들이 부끄러웠다. 우리의 몸을 이해하게 되었고 모든 치료제가 내 몸 안에 있다는 사실은 내가 내 자신을 소중하게 여기고 사랑해야 함을 일깨워주었다.

3년 전 대장암 수술을 받고 9번의 항암치료를 받으면서도 웃음에 대해서는 전혀 생각을 못했는데 하하센터를 다니면서 돈으로 살 수 없는 최고의 귀한 선물을 받은 것이다.

– 최 O 덕(남, 61세) –

오늘도 우리집 웃음라인 앞에서 웃고 지난다. 웃음라인 지날 때 웃지 않거나 같이 웃어주지 않으면 1,000원씩 벌금이다. 하하웃음행복센터에서 웃음치유를 받고 내 삶은 정말 활기차고 더욱 자신감이 넘쳐나게 되었다. 만나는 많은 사람들의 질병과 고통을 내가 받은 웃음치유 방법으로 공유하며 그들이 변화되는 모습을 보면서 나는 정말 행복한 사람이구나 하는 보람과 의미를 느끼곤 한다. 앞으로도 더욱 더 웃음으로 봉사하면서 가정과 사회에 기여하며 살고 싶다. 하하센터에 늘 감사하는 마음이다. –이 O 자(여, 66세) –

마음에 상처를 많이 받아 우울증이 되었고 한쪽 얼굴이 마비되어 남들 앞에서 웃는 것이 괴로워서 웃지 않고 살아왔다. 그런데 하하웃음행복센터에 처음 간 날 원장님을 따라서 그냥 웃을 수 있다는 사실에 신기했다. 그 후로 강의를 들으면서 차츰 내가 변해가고 있었다. 경락을 받지 않으면 얼굴이 굳어져 매우 불편했었는데 웃으면서 얼굴이 한결 부드러워지는 것을 느낄 수가 있었다. 또 꽉 막혔던 가슴이 시원하게 뚫리는 것을 경험했다. 이젠 길을 가거나 운전할 때에도 핸드폰 웃음으로 항상 웃는다. 짜증 잘 내고 음식 만들기 싫어했던 내가 이젠 남편과 아이들에게 화도 내지 않고 더욱 잘하는 사람으로 바뀌었다. 내가 행복하니까 가정에 웃음꽃이 피었다. 사랑합니다. 감사합니다.

–김 O 희(여, 45세) –

1

뇌졸중과 웃음

2006년 SBS에서 방영했던 웃음에 관한 특별 보고서에서 뇌졸중으로 절망 가운데 있던 여인이 웃음으로 이겨내는 사연을 소개하고 있었다.

미국 보스턴에 사는 줄리아 게리슨은 1997년 7월 갑자기 뇌출혈로 쓰러졌다. 당시 그녀는 37세로 소프트웨어 회사 고객지원과 과장이었다. 점심식사를 한 후 갑자기 머리가 폭발할 것 같은 통증을 느꼈다. 병원에 도착했을 때는 이미 눈이 안쪽으로 돌아갔고 왼쪽 팔다리가 마비되었다. 뇌사진을 찍은 결과 다량의 뇌출혈로 오른쪽 뇌가 40%나 죽어 있었다. 의사는 남편에게 오늘밤을 넘기기 힘들지도 모른다고 말했다.

그러나 수술 후 다행히 깨어났다. 오른쪽 뇌졸중이라 그녀는 왼쪽 부분이 모두 마비되었다. 우선 왼쪽 눈이 보이지 않았다. 책을 읽을 때나 시계를 볼 때나 생활하면서 오른쪽 눈으로밖에 볼 수 없는 장애가 온 것이다.

발병 후 처음 1년 동안은 그녀가 얼마 살지 못할 거라고 수군대며 사

후 장례식에 대해서 이야기할 정도로 심각했다. 그러나 그녀는 희망을 버리지 않았다. "웃음이 최고의 약이라고 생각했어요. 웃으면 기분이 좋아지거든요. 심지어 저는 제 뇌졸중에 대해 농담도 하곤 해요." 그녀는 일어났다. 희망을 버리지 않고 열심히 재활에 노력했다.

그녀는 지금도 자주 넘어진다. 왼쪽 다리를 잘 쓸 수 없기 때문이다. 그럴 때마다 자신이 장애를 갖지 않고 집이 장애가 있다고 말하며 웃는다. 왼손이 말을 안 들어 요리를 하다가 밀가루를 쏟기도 한다. 그것과는 상관없이 가족들이 자신의 맛있는 요리를 먹을 수 있다고 자랑스러운 말을 한다.

왼쪽 다리 관절들이 다 닳고 왼쪽 골반에 염증까지 생겼는 데도 그녀는 오른쪽 뇌졸중에 대해 감사하고 있다. 만일 왼쪽 뇌가 터졌으면 말을 할 수 없어 웃고 수다를 떨 수가 없기 때문이란다. 그래서 언어를 관장하는 왼쪽 뇌가 살아 있는 게 너무 감사하다고 한다. 뇌졸중은 처음 여섯 달 동안 가장 회복이 빠르고 회복기간은 길어야 1년 정도라고 한다. 그렇지만 그녀는 발병 후 9년이 지나도록 꾸준히 회복되고 있다고 한다. 그녀의 긍정적이며 낙천적인 성격 때문이며 늘 웃는 노력 덕분이라고 생각한다. 처음에는 의사들도 그녀가 앞으로 걷지 못할 것이며 몸의 반쪽이 완전 마비된 채로 살아야 한다고 말했다.

"수술 후 2주쯤 되었을 때 의사가 왼쪽 손가락을 움직여 보라고 했어요. 저는 왼쪽 손가락을 움직일 수 없었어요. 그 상황을 지켜보던 의사는 '지금 안 되면 영원히 안 될 거예요' 라고 하더군요. 나는 어떻게 하든 왼쪽 손가락을 움직여 그 의사에게 망신을 주어야겠다고 결심했죠."

그녀는 왼쪽 손가락을 조금씩은 움직일 수 있게 되었다. 그녀는 이제

운전도 할 수 있게 되었다. 그래서 아이들을 학교까지 데려다 줄 수도 있게 되었다. 그녀는 아직도 힘든 현실을 보내고 있다.

"제 신체에서 유일하게 통제할 수 있는 게 기분이에요. 오늘 아침만 해도 저는 통증 때문에 울고 싶을 정도였어요. 오른쪽 다리 근육이 다 파열될 것 같은 통증이 왔거든요. 그 통증은 제가 어떻게 할 수 없어요. 하지만 저의 기분, 저의 태도는 제가 스스로 조절할 수 있죠. 아프다고 울면서 하루를 보낸다면 제 생활은 엉망이 되었을 거예요."

그녀는 현실을 받아들이면서 매일 더 많이 웃으려고 노력한다. 그녀의 병수발을 해온 남편은 이렇게 말했다.

"줄리아는 이젠 24시간 내내 간호해야 되는 환자가 아닙니다. 제가 줄리아를 도와주는 것은 사실이지만 많은 부분 혼자서 해결하죠. 그리고 그녀도 여러 모로 나를 도와줍니다. 저를 늘 웃게 하고 좋은 감정을 갖도록 이야기해줍니다. 우리는 서로를 사랑하고 존중해줍니다."

그녀의 집에는 작은 돌멩이들이 담긴 바구니가 있다. 그 돌멩이에는 사랑, 믿음, 기쁨, 친구, 웃음, 신념, 꿈, 포옹 같은 단어들이 씌어 있다.

"아픈 사람에게는 희망이 참 중요해요. 희망이 있는 사람은 긍정적인 태도를 가질 수 있고 그러면 잘 웃게 되거든요."

아무리 나쁜 상황이라도 웃음으로 뛰어넘는 사람은 행복해질 수 있음을 줄리아 게리슨은 보여주고 있다.

웃음은 뇌졸중을 이겨낼 수 있음을 증명하고 있는 것이다. 또 뇌졸중 예방을 위해서도 웃음은 중요하다. 웃음은 동경맥의 혈행을 활발히 하며 뇌에 산소를 훨씬 더 많이 공급한다.

2

긍정과 감사의 선택

1991년 가을 초속 53.9km의 강풍이 일본 최북단 아오모리현에 불어닥쳤다. 태풍이었다. 수확기에 있던 사과들이 모조리 땅으로 떨어졌다. 수확 예정이었던 사과의 95%가 떨어진 것이다. 농민들은 좌절과 실의에 빠졌다. 그러나 농촌 청년지도자 미우라 료이치는 이렇게 외쳤다.

"떨어진 사과 95%를 보지 말고 남은 사과 5%를 봅시다."

농민들은 무슨 말인지 이해가 안 갔다. 미우리 료이치는 남은 사과에 '결코 떨어지지 않는 사과' 란 별명을 붙였다. 그리고 사과 상자에 큼지막하게 써 붙였다.

"초속 53.9km의 태풍에도 결코 떨어지지 않는 사과" 라고 …….

그리고 사과나무 그림과 '합격 기원' 이라는 문구도 함께 써 넣었다. 떨어지지 않는 사과는 합격 사과를 연상시키며 수험생과 학부모들에게 폭발적인 인기를 얻었다. 판매 가격은 순식간에 30배나 치솟았고 없어서 더 못 팔 지경이 되었다.

청년지도자의 역발상이 아오모리를 살리게 되었다.

키 크고 근육이 단단한 젊은이와 부드러운 미소를 지닌 젊은이가 걸어서 사막을 지나고 있었다. 둘은 사소한 일로 말다툼을 하다가 성질 급한 근육질 젊은이가 잔잔한 미소를 가진 젊은 친구의 뺨을 때렸다. 뺨을 맞은 친구는 아프고 속이 상했지만 아무 말 없이 모래 위에 이렇게 썼다.

"오늘 나의 친구가 나의 뺨을 때리다."

그들은 계속해서 걸어갔다. 드디어 오아시스에 도착해서 목을 축이고 목욕을 하는데 뺨맞은 친구가 갑자기 수렁에 빠져 점점 가라앉기 시작했다. 근육질 친구는 급히 서둘러 온 힘을 다해 친구를 구해냈다. 목숨을 건지게 된 친구는 이번엔 돌에다 이렇게 새겨 넣었다.

"오늘 내 친구가 내 생명을 구하다."

근육질 친구가 물었다.

"전에는 모래 위에 쓰더니 지금은 왜 돌에다 쓰는가?"

미소가 부드러운 친구는 잔잔한 웃음을 띠며 이렇게 이야기했다.

"누군가 나에게 상처를 주는 일은 바람에 의해 빨리 지워지도록 모래 위에 쓰고 누군가 나에게 좋은 일을 하면 바람이 그것을 지울 수 없도록 돌에 새겨 넣은 것일세."

인간관계에서 사람들은 자기를 좋아하고 지지하는 95%의 사람들에게 감사하지 못하고 자신에게 부정적이고 비판하는 5%의 사람들 때문에 늘 괴로워하고 우울하게 지낸다는 것이다. 95%의 긍정적인 면을 간과하고 5%의 부정적인 면에 사로잡힌다는 것이다. 95%의 지지와 행복을 선택하지 않고 5%의 상처와 불행을 택해 살아간다는 것이다.

위의 아오모리현의 사과 예에서 청년지도자는 긍정을 보고 절망에서 희망을 얻었다.

사막을 지나던 친구는 상처받고 부정적인 일은 빨리 잊으려 했고, 선한 일과 긍정적인 일은 오래오래 마음에 새기며 살려고 하였다.

인간사에는 항상 긍정적인 면과 부정적인 면이 존재한다. 사건마다 그 구성 비율은 다 다르다. 언제나 즐거움·기쁨·긍정·희망·감사·용서·행복의 길을 선택해야 한다. 두려움·걱정·근심·분노·부정·불평·불만의 길을 선택한다면 우리의 삶은 점점 더 힘들어지고 퇴폐해지고 인간관계는 깨어질 것이다. 그런데도 불구하고 인간의 본성은 부정적인 면으로 흐르기 쉽다는 것이다.

미국의학협회에서 지난 35년 동안 발표된 논문 중 부정적인 인간의 심정에 관한 것이 40만 건인데 비해 긍정적, 희망적인 논문은 불과 40건에 불과했다는 것이다. 비록 95%는 절망이고 희망이 5%밖에 안 되더라도 긍정적으로 5%를 택해야 한다. 우리의 본성이 부정적으로 흐르기 쉽더라도 5%의 부정적인 사람 때문에 괴로워하지 말고 95%의 지지자들에게 감사하면서 살아야 한다.

랜스 암스트롱은 1996년 고환암이 전이되어 폐와 뇌까지 퍼져나갔다. 그러나 그는 1%의 희망만 있어도 자신은 온 의지력을 다해 그 길로 나아갔다. 그리고 1999년부터 2005년까지 매년 일주일간 3,500km를 달리는 투르 드 프랑스 대회(사이클 대회)에서 7연패의 기적을 달성하였다. 그래서 가장 위대한 스포츠 선수로 살아 있는 전설로 기록되게 되었다.

긍정의 마음은 웃음으로 표현된다. 웃게 되면 희망이 살아난다. 힘들고 어려울 때일수록 웃어야 되는 이유다.

3

로젠탈 효과와 피그말리온 효과

미국의 유명한 심리학자인 로버트 로젠탈은 쥐와 학생들을 대상으로 두 가지 실험을 했다.

먼저 쥐를 대상으로 미로를 빠져나가는 학습을 시키려고 쥐들을 두 그룹으로 나누었다. 그리고 쥐들을 학습시킬 조교들에게 한 그룹의 쥐는 지능이 높은 쥐들이고 다른 한 그룹은 지능이 아주 둔하고 낮은 쥐들이라고 알려주었다. 조교들은 이미 마음속으로 어떻게 실험을 진행하더라도 결과는 뻔할 것이라고 믿고 있었다.

그리고 결과도 조교들이 믿은 대로 지능이 높다는 그룹의 쥐들이 지능이 낮다고 한 그룹의 쥐들보다 월등히 학습 속도가 빨랐다. 그런데 사실 두 그룹의 쥐들은 아무런 지능의 차이가 없는 쥐들이었다.

그럼에도 심리적 암시를 다르게 주어 총명한 그룹이라고 한 쥐들에게는 호감을 가지고 학습을 실행한 반면 지능이 낮다고 암시한 쥐들에게는 거칠게 다루어 학습 속도의 현저한 차이가 발생하게 된 것이다. 그들의 믿음대로 현실이 이루어진 것이다.

학생들을 대상으로 한 실험을 한 학교에서 실시했다. 먼저 그 학교 학생들의 지능테스트를 실시한 후 로젠탈 교수는 몇 명의 학생 이름을 적어서 그 학교 선생님들에게 주었다. 그리고 이 학생들은 대기만성형 학생들이어서 그들에게 적절한 교육을 시킨다면 성적이 크게 향상될 것이라고 말해주었다. 그러나 이 학생들은 테스트와 관계없이 무작위로 선정한 학생들이었다.

한 학기를 마칠 때쯤 같은 학교 학생들을 대상으로 지능테스트를 또 실시했는데 놀라운 결과가 나타났다. 무작위로 선정해준 학생들이 처음보다 월등히 높은 점수가 나왔다.

로젠탈 교수는 그 이유가 교사들이 그 학생들을 믿고 특별히 관심을 가져준 결과 성적이 크게 향상된 것이라고 설명했다.

믿음대로 되는 현상을 "로젠탈 효과"라 부른다.

피그말리온은 그리스 신화에 나오는 키프로스 왕의 이름이다. 그는 미녀의 조각상을 보고 진짜 사람인 양 사랑을 하게 되는데 마치 살아 있는 미녀라고 믿기 시작했다. 이것을 지켜본 신이 그 왕을 불쌍히 여겨 조각에 생명을 불어넣어 진짜 사람으로 만들어 주었다.

비록 기대에 어긋나는 상대일지라도 반드시 그렇게 될 것이라고 믿고 그대로 행동하면 그 기대대로 변하게 되는 것을 "피그말리온 효과"라고 부른다.

사람들은 자기를 믿고 기대해주는 사람이 있을 경우 그 사람의 기대에 반응한다. 성적이 별로 좋지 않은 어린이도 부모가 공부 잘한다고 믿고 인정하고 기다려 주면 실제로 성적이 좋아지는 피그말리온 효과를 기대할 수 있다.

왜 이런 현상들이 생길까?

우리 마음에는 선입관이라는 것이 존재한다. 어떤 사건이 일어나기 전 이미 자신의 의향이나 마음의 방향이 일어나는 것이다.

가령 누군가를 만날 때 그 사람이 남의 말에 시비를 잘 건다고 들었다면 말조심을 하도록 신경을 쓰고 평소보다 말 수를 줄이고 쓸데없는데 시비를 당하지 않도록 단어 선택을 하도록 신경을 곤두세울 것이다.

또 누군가가 나에게 좋지 않은 편견을 가지고 있다고 들었을 때 그를 만나게 되면 자연스럽지 못하고 어색한 표정과 말들이 나올 것이다.

또한 자신에게 호감을 갖고 있다고 들은 사람을 만나게 되면 자연스럽고 유쾌한 마음으로 대하게 될 것이다. 즉 우리의 뇌는 사전에 어느 정도 행동 방향을 결정하고 이 행동 방향에 따라 우리의 반응이 달라지는 것이다. 그래서 우리의 기대와 믿음은 사람의 행동 방향을 결정하게 하고 그 사람의 인생을 바꿀 수 있는 큰 영향을 미치게 된다.

에디슨은 학교에서 열등생이었으나 학교를 그만두고 집에서 믿어주고 기대가 변치 않는 어머니의 피그말리온 효과로 위대한 발명가가 될 수 있었다.

빌게이츠는 매일 아침마다 오늘은 나에게 무언가 좋은 일이 생길 것이라는 기대와 믿음으로 하루를 시작했다고 한다.

자신이 믿는 기대대로 이루어지는 것이다. 우리는 마음의 방향이라고도 표현하는 심리적 태도를 기대와 믿음으로 바꿀 수 있다. 기대와 믿음의 적극적 표현은 웃어주는 일이다.

엄지손가락을 치켜세우고 한결같은 웃음으로 아이들을 대하면 아이들은 틀림없이 기대에 부응할 것이다. 로젠탈 효과와 피그말리온 효과 때문이다.

자신은 잘될 거라고 매일 아침 거울을 보고 확신에 찬 웃음을 웃는 습관을 가진 사람은 잘될 수밖에 없다. 일어나서 거울을 보며 자신의 모습을 보고 웃어라. 그리고 당신은 무엇이든 할 수 있다고 말하라. 그런 당신을 칭찬하라.

심리적 태도를 기대와 믿음으로 바꾸는 좋은 방법이다.

4

실패와 긍정적 자세

알렉산더 그레이엄 벨은 난청인 아내를 위해 보청기 개발에 혼신의 힘을 쏟았다. 그러나 성공하지 못하고 실패했다. 그렇지만 그는 긍정적인 자세로 이 연구를 보완하여 장거리 전화를 발명하였다.

토머스 에디슨은 초등학교 입학한 지 석 달만에 교육을 받을 만한 능력이 없다고 쫓겨나 학교를 다니지 않았다. 그는 힘든 충격을 받았지만 집에서 학습을 열심히 했다. 그는 귀도 잘 들리지 않았다. 그러나 이런 힘든 조건에 순응하면서 육감을 통해 내면의 소리를 듣는 힘을 개발했다. 이 능력은 그가 평생을 바치면서 발명이라는 분야에서 자연의 비밀을 캐내는 데 큰 힘이 되었다.

프랭클린 루스벨트는 두 다리를 정상적으로 사용할 수 없었지만 실망이나 좌절하지 않았다. 그는 부목을 친구삼아 육체적 결함을 긍정적인 자세로 이겨내고 훌륭한 업적을 남겼다.

에이브러햄 링컨은 상점운영자, 측량업자, 군인, 변호사로서 실패를 거듭했지만 그 실패를 거울삼아 좋은 교훈을 얻어 미국 역사상 가장 위대한 대통령이 되었다.

이들은 모두 실패의 좌절을 딛고 긍정적인 자세로 인생을 승리로 이끈 사람들이다.

샌프란시스코만을 가로지르는 금문교를 건설한 사람은 첫 번째 시도에서 실패한 다음 공학적으로 불가능하다는 주변의 비난에도 불구하고 긍정적인 자세로 재차 시도하여 오늘날 멋진 현수교를 기념물로 남겨주었다.

헨리 포드가 역경을 딛고 자동차 제국을 건설한 것이나 앤드류 카네기가 가난과 어둠의 세월을 이기고 철강왕국을 건설한 것도 그 비결은 긍정적 자세에 있었던 것이다.

긍정적인 정신자세는 실패와 좌절, 역경에서도 그것에서 교훈을 얻어 새로운 성공의 길로 이끄는 역동적인 힘이다.

미국에 밀로 C. 존슨이라는 가난한 농부가 있었다. 그는 조그만 농장을 운영하며 근근이 살림을 이어갔다.

어느 날 그는 중풍으로 쓰러져 온몸이 마비되는 불운을 겪게 되었다. 그는 이제 먹고 살 일이 막막해졌다. 몸을 쓸 수 없으니 농장 일을 할 수가 없다. 그러나 그때 그는 새로운 깨달음을 얻었다. 육체를 움직이지 못해도 정신력으로는 무슨 일도 해낼 수 있다는 사실을 깨닫게 된 것이다. 그는 여러 가지 아이디어를 생각해냈다.

그중에서 어린 돼지를 소시지로 만들어 팔겠다고 아이디어를 냈고, 가족들이 이를 실행해서 '리틀 피그 소시지'란 새로운 상품을 만들어 팔았다. 이 상품이 미국인들의 입맛을 사로잡으며 그는 백만장자가 되었다. 육체적 기능 상실로 인해 새로운 정신적 파워Power를 이끌어낸 사례이다.

실패는 생각하기에 따라 저주일 수도 있고 축복일 수도 있다. 실패는 우리에게 다른 방향으로 움직이라고 신이 보내는 신호라고 생각하고 그대로 행한다면 실패는 축복으로 변할 수 있다.

그러나 실패의 늪에서 한탄하고 열등의식에 사로잡힌 채 세월을 보낸다면 실패는 저주로 끝나고 마는 것이다. 어떤 실패를 당하더라도 좌절하지 않고 긍정적 자세로 새로 도전하는 자에게는 실패도 돈을 주고 살 수 없는 소중한 자산이 된다.

존슨이 중풍의 고통을 회복하지 못하고 주저앉더라도 물론 나무랄 사람은 없고 대부분 당연한 것으로 받아들였을 것이다. 그러나 그가 긍정적 자세로 인생을 다시 보기 시작했을 때 그는 정상인도 꿈꿀 수 없었던 새로운 축복이 그를 기다리고 있었던 것이다.

이 긍정적 자세를 일으키는 중요한 수단 중의 하나가 바로 웃음이다. 웃음은 모든 긍정적 자세의 적극적 표현이다. 실패했어도 털털 털고 웃으며 일어나자.

웃는 자에게는 새로운 축복이 기다리고 있는 법이다.

5

진짜 보물

오래전 한 여행자가 남아프리카를 혼자 여행하고 있었다. 날이 어두워지자 그 여행자는 지나고 있던 마을 오두막에서 밤을 지냈다. 다음날 아침 일어나 밖으로 나가 보니 마당에서 벌거벗은 아이들이 공기놀이를 하고 있었다.

물끄러미 그 놀이를 지켜보던 여행자는 아이들이 가지고 노는 조약돌에 관심이 쏠렸다. 자신도 한 번 해보겠다고 조약돌을 쥐고 자세히 보니 가공되지 않은 다이아몬드 원석이었다. 그의 마음은 뛰기 시작했다. 그리고 아이들의 부모를 찾아가서 아이들이 가지고 노는 공깃돌에 대해 물어보았다.

"우리 집에 있는 아이들에게도 공기놀이를 하게 하고 싶은 데 저런 공깃돌은 어디서 구하지요?"

원주민 아버지가 대답했다.

"우리 아이들은 이 작은 돌로 공기놀이 하는 것을 매우 좋아합니다.

그래서 내가 주워다 놓은 것이 여러 개 더 있지요."

하며 다이아몬드 원석이 있는 작은 돌들을 바구니 속에서 꺼내 보여주었다. 여행자는 짐짓 흥분을 억누르며 큰 담배를 꺼내주며 부탁했다.

"이것을 드릴 테니 그 공깃돌을 저에게 주시겠습니까?"

원주민 아버지는 웃으며 대답했다.

"당신이 원한다면 그렇게 하세요."

그렇게 거래가 이루어졌고 그 여행자는 본국으로 돌아가서 장비와 함께 인력을 데려와 토지를 사들여 농장을 만들었고, 그곳에서 거대한 다이아몬드 광산을 발견하게 되었다. 지금부터 약 150여 년 전 남아공 킴벌리 근처에서 있었던 일이다.

대개 인간의 삶이 이 원주민들과 비슷하다. 자기가 가지고 있는 보물, 특히 자신이 보물인 것을 모른 채 일생을 보낸다. 갈고닦아 멋진 금강석이 될 수 있는 이들이 불안, 두려움, 걱정, 근심 속에 살아가고 있다.

성격이 소심하고 열등감을 많이 느끼는 중학교 남학생이 있었다. 그는 남 앞에 서면 떨고 항상 수동적이었다. 그래서 남 앞에 나서는 기회를 회피하고 숨어서 지낼 때가 많았다. 그러다가 친구를 따라 교회에 나가게 되었고 또 친구 따라 성가대에서 성가를 부르게 되었다. 처음에는 부끄러움을 많이 탔으나 점차 익숙해지니 편안해졌고 무슨 이야기를 시켜도 전처럼 우물쭈물하지 않고 말을 할 수 있게 되었다.

그러다가 가끔씩 노래를 부를 때 솔로나 복사중창으로 발표할 기회도 생겼고 그때마다 칭찬을 들었다. 그럴수록 더 열심히 노래연습을 하고 지휘자로부터 레슨도 받아 자신감도 늘어갔다. 그의 자존감은 전보다 훨씬 높아졌다. 노래에 대한 성취감이 이 남학생의 자존감을 높여준 것이다. 학업에 대한 성취도도 자연히 높아지고 계속해서 노래에 대한 열정을 가지고 후일 대기업의 사원이 되고 또 결혼식 때 솔로나 중창으로 축가를 불러주며 매우 자존감 높은 청년으로 살게 되었다.

그 청년은 자신의 보물을 발견하여 갈고닦아 빛나는 보석으로 만들었고, 의식 레벨을 한 단계 높여 의미 있는 삶을 살아가고 있는 것이다. 이 남학생이 자신의 보물을 발견하지 못하고 성장했으면 아직도 열등감과 패배의식 속에 살고 있을지도 모른다.

모든 사람은 우주 속에서 유일무이한 존재이다. 자신만의 독특한 영혼과 마음을 지닌 유일한 존재이기 때문에 누구나 다 보물이다. 그래서 존귀하고 특별하다. 돈이 많거나 외모가 출중하거나 출세를 하거나 인기가 많아서 특별한 것이 아니라, 유일한 존재이고 그 안에 우주를 품고 있기 때문이다. 자신이 얼마나 멋지고 보배 같은 존재인지 모른 채 스스로 수치감과 열등감과 자괴감에 빠져 불안한 삶을 살아간다면 얼마나 억울한 일인가?

미국의 국무장관을 지냈고 1차 이라크 전쟁에서 탁월한 리더십을 보였던 콜린 파월은 '미국의 약속American's promise' 이라는 비영리 기구를 설립했다. 이곳에서 하는 일은 젊은이들이 자존감을 가지고 세상에 주눅들지 말고 당당하게 서도록 도와주는 것이다. 젊은이들이 그 땅의 주인으로서 삶의 가치를 발견하고 패배의식이나 열등감에 사로잡히지 않도록 교육하는 것이 그 목적이다. 그래서 올바른 자기 정체성을 깨닫게 하고 집단 내에서 서로 존중하며 자기나 타인의 가치를 인정하고 포용하여 집단 따돌림이 없는 사회를 만들자는 것이다.

아이돌 스타들에 의해 한류 열풍이 부는 현상만을 볼 때 일면 긍정적인 것처럼 보일 수도 있으나 청소년들에게 잘못된 가치관을 심어주지는 않나 걱정이 된다. 여학생이든 남학생이든 날씬한 것을 대세로 여긴다. 그래서 무리한 다이어트가 사회 문제로 되고 특히 남학생들은 식스팩 복근을 만드느라 온 정신을 쏟고 고민을 한다. 그렇게 하지 않으면 또래집단에서 거부당하는 정서를 가져 존중받을 가치가 없는 것으로 생각하고 이로 인해 자살까지 생각하는 경우가 많다.

한국에도 10대 청소년들의 올바른 가치관과 자기 존중감을 일깨워 줄 단체들이 많이 필요하다. 그리고 사춘기 자녀들에게 자존감을 북돋아 줄 수 있도록 부모 교육도 절실히 필요하다. 자신 안에 있는 보물을 발견하고 이로 인해 자신을 사랑하며 자존감을 키워 가는 것만큼 중요한 일이 없기 때문이다.

우리 안에 누구나 가지고 있는 웃음은 진짜 다이아몬드보다 더 값진 보물이다. 대부분 사람들이 이것의 값진 가치를 모르고 인생을 흘려보낸다. 웃음은 우리의 삶을 더욱 빛나는 보물로 만들어 준다. 웃음은 나뿐 아니라 보는 사람에게도 기쁨을 준다. 나아가 부와 행복, 인생의 활력과 휴식, 소망과 위로가 되며 세계 평화를 실현하는 시발점이다. 그리고 웃음의 본질은 자기를 사랑하고 존중히 여기는 마음이다. 웃는 사람은 자존감이 일깨워지고 향상된다. 웃음이 보물이다. 웃음은 자존감이다. 지금 이 순간 웃어야 하는 중요한 이유이다.

나의 보물을 발견하고 갈고닦아 자존감 충만한 행복한 삶을 살자.

6

옳은 일 결심하기

산속에 한 노인이 살고 있었다. 사람들은 그를 현자로 여겼으며 그는 무슨 질문이든지 모두 대답할 수 있다는 소문이 돌았다.

아랫마을에 살던 젊은이 둘이 노인을 속여 함정에 빠뜨리기로 한 후 교묘한 계획을 세웠다. 이 정도 계획이면 노인을 함정에 빠뜨릴 수 있다고 자신만만하게 생각한 두 젊은이는 새 한 마리를 잡아 노인을 찾아갔다. 한 청년이 양손을 모아 새를 움켜쥐고 손을 등 뒤로 돌려 숨겼다. 그리고 이 노인에게 질문을 했다.

"어르신, 제 손에 든 이 새가 살았는지 죽었는지 말해 주실 수 있겠습니까?"

노인은 젊은이를 천천히 살펴보고는 이렇게 대답했다.

"내가 살아 있다고 말하면 자네는 그 새를 눌러 죽일 것일세. 또 내가 죽었다고 말하면 그 손을 펼쳐 새를 날려 보낼 것 아닌가. 이보게, 살리고 죽일 능력은 자네의 손에 달렸네. 자네에게 무서운 책임이 있다는 걸

알겠나?"

청년들은 아무 말도 하지 못했다. 그들은 노인을 속일 수가 없었다. 노인은 긴 수염을 만지면서 웃었다. 그리고 계속해서 말했다.

"나는 자네들에게 이런 말을 할 위치에 있지는 않지만 한 마디 충고를 하겠네. 성공의 씨앗도 실패의 씨앗도 모두 그대들 손에 달렸다네. 자네들의 손은 많은 능력이 있지만 옳은 일에 쓰여야만 하네. 좋은 것들을 거두어들이는 데만 써야 한단 말일세."

2차 세계대전 때 일본군에게 포로가 되었던 영국군들은 콰이강을 가로지르는 철교 건설공사에 동원되었다.

수용소 생활은 매우 비참했다. 식량은 턱없이 모자랐고 환경은 말할 수 없이 지저분했다. 이곳에 포로로 잡혀 있는 병사 앵거스는 매우 뚱뚱하고 다른 병사보다 음식을 두 배나 먹어야만 견딜 수 있는 대식가였다.

그런데 앵거스의 친한 전우가 정글병에 걸리게 되었고 죽을 날만 기다리고 있었다. 모두 포기하고 아무도 그에게 관심을 갖지 않았다.

고열로 신음하며 날마다 야위어 가는 친구를 본 앵거스는 마음속으로 결심하고 그를 살리기 위해 최선의 노력을 기울였다.

앵거스는 자신의 음식을 모두 친구에게 주고 담요도 친구를 위해 덮어주었다. 앵거스의 극진한 간호를 받은 친구는 잠시 호전되었으나 오히려 피곤과 허기에 지친 앵거스는 그만 목숨을 잃었다.

의사의 검진결과는 영국군 포로들에게 엄청난 충격을 주었다. 앵거스가 병으로 죽은 것이 아니라 굶어 죽은 것으로 결론을 내렸기 때문이다.

앵거스의 죽음에 충격과 감동을 받은 영국군 포로들은 스스로를 부끄럽게 생각하고 서로 도우며 한사람이 한사람씩 책임지기로 결심하게 되었다. 그 결과 최악의 여건 속에서도 한 사람도 목숨을 잃지 않고 모두 살아남을 수 있었다.

작가 어니스트 고든은 이것을 '콰이강의 기적' 이라고 표현했다.

우리는 인생을 살면서 많은 선택의 기로에 서게 된다. 한 번의 잘못된 선택으로 많은 고통을 받기도 하고 파국의 나락으로 떨어지기도 한다. 그러므로 선택은 삶의 방향이 한순간에 바뀔 수 있는 것이므로 매우 중요하다. 우리가 중요한 선택을 할 때는 "이것이 옳은 일인가? 의미가 있는 일인가? 내 마음이 편한가?" 를 마음에 두고 판단의 기준으로 삼아야 한다.

노인 현자의 이야기처럼 옳은 일을 선택하고, 앵거스 병사처럼 의미있고 가치 있는 선택을 해야 한다. 그리고 선택한 후에는 귀중한 결심을 해야 한다. 조금 더 사랑하고, 조금 더 감사하고, 조금 더 축복하고, 조금 더 나누어 주고, 조금 더 웃고, 조금 더 배려하고, 조금 더 행복할 수 있도록 결심을 해야 한다.

결심 없이 우리의 의식이 향상될 수 없다. 우리는 나이가 한 살, 한 살 더 먹어갈수록 더욱 근사해지고, 더욱 지혜로워지고, 더욱 행복해지고, 더욱 평화를 누릴 수 있도록 마음의 결심을 하고 실천해야 한다.

이것은 우주의 위대한 에너지를 끌어오는 중요한 방법이다. 내 마음 속에서 긍정과 배려, 감사와 사랑, 용서와 축복의 파동을 계속해서 송신하면 그 파동은 우주의 에너지를 모아서 나에게 다시 돌아온다. 우리가 웃는다는 것은 바로 이런 파동들을 송신하는 것이다.

그래서 30배, 60배, 100배의 긍정의 에너지를 다시 수신할 수 있는 것이다. 에너지 의학의 파동치료도 바로 이것이다.

우주와 생명에 대한 신뢰가 있는 사람은 옳고 의미 있는 일에 결심을 한다. 이 세상을 변화시키고 발전시켜온 이들은 모두 이런 결심을 한 이들이다.

"지금 여기"에서 웃겠다는 결심부터 시작하자.

그래서 세상을 변화시키는 일에 동참하자.

7

죽은 나무와 벽돌 두 장

사진작가가 있었다. 그는 자연을 소재로 작품을 하다가 기묘한 형태로 말라 죽은 나무들이 있는 장소를 발견했다. 그는 흥분했고 카메라를 꺼내 오직 죽은 나무들에게만 초점을 맞추고 찍어댔다. 작품을 현상해서 살아 있는 풀, 꽃, 나무들은 다 버리고 오로지 죽은 나무들만 작품 사진으로 올려놓고 기회 있을 때마다 지인들에게 보여주었다.

시간이 지날수록 이 작가는 숲 전체의 싱싱하고 아름다운 모습은 잊고 오로지 죽은 나무들만 찾게 되었으며 그것이 자신이 찍은 숲의 모습이라고 착각하게 되었다.

미장공이 있었다. 그는 벽돌 쌓는 기술이 날마다 발전해서 다른 사람의 칭찬을 받게 되었다.

어느 날 학교의 긴 담을 쌓게 되었다. 공사를 완료한 후 점검을 하다가 잘못 쌓아 조금 불룩 튀어나온 벽돌 두 장을 발견하였다. 그러나 담을 부수고 다시 쌓을 수는 없었다.

그는 매일 그곳을 지나다니며 잘못 쌓은 벽돌 두 장만 눈에 들어왔다. 그는 속이 상했다. 그리고 자신을 형편없는 기술자라고 자책하기 시작했다. 잘 쌓은 수만 장의 벽돌이 있음에도 불구하고 말이다.

인생을 살면서 우리는 진실을 외면하고 우리가 보고 싶은 것에만 초점을 맞추고 살아갈 때가 많다. 맑은 눈으로 세상을 보지 못하고 왜곡된 진리를 통해 세상을 바라본다.

숲의 생기를 보려하지 않고 죽은 나무만 끌어안고 살려고 한다. 잘 쌓은 벽돌을 보려고 하지 않고 잘못 쌓은 벽돌 두 장에 온통 마음이 뺏겨 분노와 자책을 하게 된다.

시야가 닫혀버린 탓에 현재에 살지 못하고 인생의 의미를 진정으로 알지 못한 채 살아간다. 어떤 이들은 자기가 마음대로 쓴 불행한 소설 속에서 헤어나지 못하고 인생을 허비하기도 한다.

지역신문에 연재되는 필자의 웃음칼럼을 보고 30대 중반의 여인이 전화로 상담을 해왔다. 그녀의 말투는 매우 공격적이었고 한 가지 집착의 환상에서 깨어나지 못하고 있었다. 그녀는 자신의 13층 아파트 베란다에서 이불을 털었는데 그 속에 새끼 애완견이 있는지 몰랐다고 했다.

이상해서 아래를 내려다보니 자기가 정을 이제 조금 붙이게 된 새끼 애완견이 주차장 바닥에 떨어져 있었다. 정신없이 내려가 가슴에 안는 순간 그 새끼 애완견은 자신을 원망스럽게 쳐다보며 죽었다고 했다.

그렇지 않아도 6개월 전 자신의 실수로 어미 애완견이 죽게 되어 죄책감에 사로잡혀 있었는데 새끼 애완견마저 죽게 했으니 도저히 자신을 용서할 수 없다고 했다.

그래서 몇 주째 다니던 직장도 안 나가고 혼자 울고 지낸다는 것이다.

그동안 교회나 상담사를 찾아가 자신의 죄책감에 대해 이야기하고 벗어나려 하였다. 그러나 모두 그냥 잊으라고만 해서 마음의 위로를 받을 수 없었다고 하면서 계속 한 시간을 그 죽은 새끼 애완견 이야기만 되풀이하곤 했다. 그녀는 확실히 정신과적 치료를 받아야 했다.

그녀의 눈에는 잘 쌓은 수만 장의 벽돌이 들어올 리 없다. 그저 잘못 쌓은 벽돌 두 장만 끌어안고 인생을 죄책감으로, 두려움으로, 자신에게 상처를 입히며 살아가고 있는 것이다.

하하웃음행복센터에 나와서 많은 사람들이 자신의 상처와 두려움과 죄책감과 불안, 분노들을 다스리며 회복되고 인생을 변화시키는 삶을 살고 있는데 이곳에 나와서 함께 치유를 받아보라고 권했으나 나오질 않았다.

필자의 책 한 권 보내주고 꼭 병원에 가서 정신과 전문의에게 상담하고 치유 받고 마음의 안정을 조금 찾으면 그때 나오라고 권했다.

이제 우리는 죽은 나무만 바라보는 데서 벗어나 숲 전체를 보는 길로 나아가야 한다. 수만 가지 생의 환희로 가득 찬 꽃과 풀과 나무들을 바라보게 되면 죽은 나무는 큰 문제가 되지 않는다.

수만 장 잘 쌓은 자신의 벽돌을 바라보게 되면 잘못 쌓은 두 장의 벽돌은 삶의 윤활제 역할을 할 수도 있다.

집착을 벗어던지고 자유를 향한 새로운 도전을 시작했으면 좋겠다.

인생은 늘 새로운 길을 떠나라고 재촉한다.

자신을 온전히 받아들이라고 충고한다.

사랑하는 법을 배우라고 자극한다.

우리는 말라 죽은 나무만 바라보는 것과 잘못 쌓은 벽돌 두 장으로부터 더 많은 인생을 배울 수 있다.

이렇게 시선을 돌리기 위해 웃음은 필요하다.

“웃어 버려”라는 말이 있듯이 끌어안고 살던 죽은 나무와 벽돌 두 장은 웃어서 버리자. 자꾸 웃어 버리는 연습을 할 때 우리는 초연한 인생을 살아갈 수 있다.

더 많은 사랑을 하기 위해, 더 높은 자존감을 가지기 위해 오늘도 웃는 하루가 되기를 바란다.

8

그럴 수도 있지

참으로 짜증나는 일이다. 젊은 아빠가 갓난아이를 어떻게 할 줄 몰라 쩔쩔매고 있고, 아기는 20분 정도 발악을 하며 울고 있다. 고속버스 내 손님들은 이제 인내의 한계를 넘어섰다. 여기저기서 불평의 소리가 흘러나오고 아기 아버지를 질타하는 목소리가 터져 나왔다.

"어떻게 애 좀 잘 달래 봐요!"

"우유 좀 먹여 봐요."

"애 엄마는 어디 두고 혼자 데려가는 거요."

"이거 도무지 참을 수가 없잖아."

애기가 울음을 잠깐 멈칫하는 사이 애기 아빠는 손님들이게 사과하며 용서를 빌었다.

"여러분들에게 폐를 끼치게 되어서 죄송합니다. 정말 죄송합니다. 염치없지만 조금만 참아주세요."

이내 승객들의 불평은 계속해서 이어졌다.

“이젠 참는 것도 한계에 왔어요. 어떻게 더 참으란 말이요.”

“다음 휴게소에서 내리세요.”

애기 아빠는 용서를 빌며 자신의 사정을 이야기하기 시작했다.

“정말 죄송합니다. 제가 아이 보는 것이 너무 서툴러서요. 사실 제 아내는… 제 아내는… 그저께 이 세상을 떠났습니다. 이 아기를 혼자 남겨두고. 이제 장사지내고,… 아기를 시골에 계신 늙은 어머니께 맡기려고 내려가는 중입니다. 제가 애를 볼 줄 몰라 승객 여러분께 불편을 드려 죄송합니다.”

애기 아버지는 감정이 복받치듯 울면서 이야기했다. 버스 내 모든 승객은 조용해졌다. 모두들 아기 우는 소리에 짜증은 사라지고 측은지심의 마음을 갖게 되었다. 이제 애기 아빠를 원망하는 목소리는 없어졌고 동정의 눈길로 바라보기 시작했다.

자신의 생각만 했다고 부끄러워하는 마음도 들었다. 모두가 이해하게 되었고 짜증스럽던 마음이 “그럴 수도 있지”라는 여유 있는 마음으로 바뀌게 되었다. 아기는 계속해서 우는 데도 말이다.

우리는 상대방에 대해 사려 깊은 이해보다는 자신의 독단적 생각으로 평가하기 쉽다. 그래서 대부분 “어떻게 그럴 수가 있어”라고 생각하며 부정적 마음을 키워간다.

세상의 다툼과 비난과 분쟁은 모두 “어떻게 그럴 수가 있어”에서 비롯된다. 그런데 “그럴 수도 있지”로 생각을 바꾸면 화나고 기분 나쁜 사건을 접했을 때 한걸음 물러나 그 사건을 바라볼 수 있고 긍정적으로 생각으로 바꿀 수가 있다.

운전을 할 때 상대방이 무리하게 끼어들며 내 차를 박았을 때에도 “그럴 수도 있지"라고 말하면 웃을 수 있는 여유가 생기고 친구가 나의 감정을 상하게 하는 일을 했어도 "그럴 수도 있지"라고 말하면 신속히 상처에서 회복될 수도 있다.

그런데 "그럴 수도 있지"는 그냥 되는 것이 아니라 부단한 연습과 훈련에 의해 되는 것이다. 부정의 생각은 부정적 인생을 만들어 가고 긍정의 생각은 긍정적 인생을 만들어 간다.

사소한 일부터 "그럴 수도 있지"를 연습해 가면 더욱 여유 있고 긍정적인 삶이 전개될 것이다. 그래서 인생의 최후 승자가 될 수 있다.

맨 마지막까지 웃을 수 있는 인생으로 만들어 갈 것이다.

"그럴 수도 있지"의 인생은 부정에서 긍정으로, 좌절에서 희망으로, 분노에서 이해로, 미움에서 사랑으로 바꾸는 스위치 역할을 할 것이다.

"그럴 수도 있지"는 인간관계 회복의 키워드이다. 무슨 일에든 "그럴 수도 있지"라고 말하며 웃는 인생은 건강한 자존감을 성숙시키는 지름길이다.

누가 나를 짜증나고, 화나고, 분노하게 하는가?

"그럴 수도 있지."

9

총맞은 친구

K와 나는 군번하나 차이나는 논산훈련소 동기이다. 훈련소에서 같은 내무반 내 옆에서 힘든 훈련병 생활을 함께하였다.

나는 늘 조바심을 내며 훈련소 규칙을 정확하게 지키기 위해 노력하였다. 그러나 K는 워낙 낙천적이었다, 흔히들 이런 사람들을 고문관이라고 부른다.

점호시간임에도 불구하고 소대를 이탈해서 수돗가에서 혼자 샤워를 하는 바람에 소대원 모두 기겁을 하고 찾아 나섰던 일도 있고, 어느 날은 모두 병기수입을 하느라 총기를 분해, 조립하며 야단법석인데 혼자 관물대 밑에 숨어 코를 골며 자는 바람에 소대원 40명의 핀잔을 혼자 받는 수모도 겪었다.

그래도 K는 늘 여유만만하게 웃으며 당당했다. 매사에 K는 바쁜 것이 없었다. 나와 K는 섞어서 반으로 나누어 놓았으면 좋을 것 같다는 생각을 종종 했다. 훈련소를 마치고 기성부대로 배치받기 전날은 모두 새로운 전출지에 대한 막연한 두려움으로 잠을 좀처럼 이루지 못했는데 K만은 드렁드렁 코를 있는 대로 다 골며 자는 천하태평이었다.

나와 K는 최후방 부산의 한 군수부대로 발령받았고, 또 그곳에서 K병무청에 8개월간 함께 파견을 나가 서로 의지하며 졸병생활을 그런대로 잘 지냈다.

그런 후 파견 기간이 끝나고 자대복귀하며 나는 군수사령부로 K는 예하 경비대를 거쳐 월남 맹호부대로 차출되었다.

훈련받으러 강원도 화천으로 떠나기 전날도 여전히 만면에 웃음을 짓고, 여유 있는 표정에서 아무런 불안감도 K에게서 느낄 수 없었다.

그런데 그가 6개월도 안 되어 내 앞에 다시 나타났다. 여전히 자신의 특유한 여유 만만한 웃음을 지으며 나타난 것이다. 무엇인가 이상했다. 지금쯤 베트남에서 한창 전쟁 중에 있어야 하는데… 그새 무슨 큰 전공이라도 세워서 포상휴가라도 나온 걸까?

K는 베트남에 도착해서 군 트럭에 나누어 타고 아주 먼 거리를 이동한 후 다음날 어느 산속에 투입되어 그 산을 탈환하는 전투에 바로 참가하게 되었다고 한다. 아무런 사전 지식도 없이 명령만 따른 것이다.

이것이 바로 베트남 전쟁사상 가장 치열했고 아군 사상자도 매우 많이 발생하였던 안케패스작전의 시작이었다고 했다.

한 시간쯤 걸어 올라가다가 K의 부대가 휴식을 취한 후 일어서려는 순간, 바로 눈앞에 월맹군들이 나타나 왔다갔다 하며 방망이 수류탄을 던지고, AK소총을 난사해 K의 분대는 손 한번 쓰지 못하고, 모두 쓰러지고 말았다고 했다.

K는 가슴에 총을 맞았는데 방탄복을 뚫고 가슴에 총탄이 박혔다고 했

다. 배낭을 지고 아래쪽을 향해 한참을 구른 후 정신을 차리니 참호 속에 빠져 있는 자신을 발견할 수 있었다. 그 순간 살았다는 생각과 함께 가슴을 보니 피가 너무 많이 군복에 배어 있어 다시 기절했다고 한다.

K는 그 후 헬기로 후송되어 이동외과병원에서 몇 개월 치료받은 후 다시 한국으로 귀환조치 당하였고, 가슴에 박힌 AK소총 탄알은 아직도 제거하지 못했다고 했다. 그래서 수술 차 한국의 모 육군병원으로 이송 중 잠깐 들렀다고 하였다.

K의 이야기를 들으며 그의 특유한 웃음이 예전 같지 않고 어딘지 쓸쓸하고 두려움이 같이 묻어 있음을 발견했다. 전투에서 그는 최고의 공포를 경험했고, 전우들이 전사하면서 어머니를 부르며 절규하는 소리가 지금도 들린다고 했다. 붉은 피로 얼룩진 전우들이 지금도 눈감으면 자신에게로 달려온다고 했다.

K는 살아남은 자의 슬픔과 심한 죄책감으로 제2차 트라우마(외상 후 스트레스 증후군)를 앓고 있었음에 분명했다. 그가 그런 상황에서도 그나마 견딜 수 있었던 건 자신의 특유한 낙천적인 웃음의 습관 때문이었을 것이라고 생각된다. 속으로는 비탄에 울고 있을지도 모르는 K, 자신만이 살았다는 죄책감, 아직도 생생하게 지속되는 악몽의 전투와 공포감, 그런 난관 속에서도 K가 지금까지 웃어온 습관이 그의 마지막 자존감을 지탱해주고 있었던 것이다. 그리고 빨리 회복할 수 있었다.

웃음의 본질은 자존감이다. 그리고 살아 있음 그 자체, 존재 자체가 바로 웃음이다. 웃음은 영적·정신적·육체적 상처를 빠르게 회복시켜 준다.

10

지옥과 천국

한 흑인 인권운동가가 44세의 나이에 종신형을 선고받고 감옥에 수감되었다. 그는 감옥의 열악한 환경에 분을 참지 못하고 이렇게 이야기 했다.

"지옥이 따로 없군. 여기가 바로 지옥이야, 이런 곳에서 어떻게 지내야 한단 말인가?"

그래서 그는 변호사가 면회 올 때마다 분통을 터트렸다. 더욱이 자신은 아무런 잘못이 없이 감옥에서 종신토록 지내야 한다는 사실에 분노는 극에 달했다. 그 후 많은 날들이 지나갔다.

어느 날 그를 면회 온 변호사가 의례적인 인사말을 건넸다.

"수감생활이 어떠세요? 아직도 지옥 같습니까?"

"아니요. 지금은 천국입니다."

그의 입에서 뜻밖의 대답이 나왔다. 변호사는 다시 물었다.

"그동안 감옥의 환경이 많이 개선되었나보죠?"

"아니요, 감옥은 그대로인데 내 마음이 완전히 변했소."

44세에 종신형을 선고받아 수감된 뒤 72세에 석방되기까지 27년간이나 감옥에서 생활한 인권운동가 넬슨 만델라의 이야기이다. 그는 350년간 내려온 인종차별제도를 철폐시키고 남아공의 대통령이 되어 백인 통치 시대를 종식시켰으며 1993년 노벨평화상을 받은 인물이다.

마음먹기에 따라 지옥도 천국으로 바뀔 수 있다. 환경을 바꾸기는 매우 어렵지만 우리 마음을 바꾸기는 본인이 결심하면 얼마든지 바꿀 수 있다. 감옥의 현실을 보고 지옥을 떠올리면 환경에 지배당하는 인간이 되고 만다.

그러나 긍정으로 해석하고 자신의 마음을 바꾸면 천국으로도 바뀔 수 있다는 것이다. 환경도 자신의 선택으로 조정할 수 있다. 그래서 스스로의 마음을 다스릴 수 있는 사람은 이미 위대한 사람이다.

40대의 중반의 한 아주머니는 가정이 지옥 같았다. 술에 취해 상습적으로 폭행을 일삼는 남편 때문이었다. 자신의 자존감은 완전히 상실되고 죽지 못해 연명해가는 나날을 보내고 있었다.

그녀는 절실한 마음으로 웃음 치유를 받고자 원했다. 웃음행복교실에서 배운 대로 집에서 적용하며 살기 위해 웃기 시작했다. 웃다보니 자신이 변하고, 자신이 변하니 가정이 변하기 시작했다. 6개월이 지나면서 천국으로 바뀌어 가는 자신의 가정을 볼 때마다 행복하다.

웃음으로 가정을 살린 것이다.

자신의 마음을 바꾸는데 웃음은 매우 중요한 방법 중의 하나이다. 웃음으로 생성되는 각종 호르몬들이 우리의 기분을 바꾸고 생각을 바꾸어 주기 때문이다.

과거의 어두운 기억 속에 있던 나를 긍정적이고 희망의 사람으로 바꾸어 놓는다.

웃음은 사랑과 마찬가지로 치유의 기적을 가져온다.

웃음은 자신이 희생당했다는 피해의식을 극복하고, 자신뿐만 아니라 다른 사람도 포용하는 마음에서 솟아나는 것이다.

웃으면 상처받은 자존감이 회복되고 밝은 세상으로 나아가게 된다.

어느 유치원 원장은 웃을 수 없는 자신을 발견했다. 어릴 때부터 의붓아버지에게 당한 폭행 때문이었다. 그녀는 웃음치료 프로그램에 참여해서도 웃지를 못했다. 그러다가 밤새도록 울면서 아버지를 용서했다.

그 후부터 웃음이 나오기 시작했다. 그녀의 마음은 지옥에서 이젠 천국으로 올라갈 수 있었다.

나의 마음속에는 지옥과 천국이 같이 들어 있다.

어느 곳을 선택하는가는 자신에게 달려 있다.

내가 변하면 세상은 천국으로 변한다.

성공을 부르는 자기암시

미국 시카고대학 연구진은 농구를 잘하는 학생들을 선발하여 A, B, C 세 그룹으로 나누었다. 그리고 바로 자유투 성공률을 측정했다.

그 후 A그룹은 30일간 전혀 연습하지 않았고 B그룹은 매일 30일간 자유투 연습을 하게 했다. 한편 C그룹은 머릿속으로만 그려가며 연습을 했다. 30일 후 자유투 성공률은 A그룹은 변함이 없었다. 그러나 B그룹은 24% 향상되었고 C그룹은 23% 상승되었다.

땀 흘리며 열심히 자유투를 연습한 사람이나 가만히 앉아서 머릿속으로만 연습한 사람들의 자유투 성공률은 거의 같았다.

골프에서도 열심히 연습장에 나가서 노력한 사람과 이미지 트레이닝만을 한 사람의 스코어가 거의 비슷하다고 한다. 사격, 양궁 같은 종목은 이미지 트레이닝을 더욱 중요하게 생각한다. 힘을 많이 쓰는 역도도 이미지 트레이닝을 훨씬 더 많이 한다고 한다.

이것은 우리 뇌가 실제 상황과 마음속으로 그리는 상황을 분별하지 못하고, 같은 것으로 입력시키기 때문이라고 한다.

우리가 생활 속에서 부정적인 생각을 주로 하는 사람은 부정적 생각이 잠재의식 속에 그대로 입력되어 저장된다. 그래서 늘 불만족스럽다.

희망을 생각하는 사람은 그대로 잠재의식 속에 저장되어 "할 수 있다" "나는 된다"의 긍정과 희망의 생각과 행동을 출력하게 된다.

일본에서 미국 메이저리그로 진출한 프로야구 선수가 있었다. 그는 시즌 개막전 기자들과의 인터뷰에서 이렇게 말했다.

"저의 메이저리그 첫 타석은 멋진 안타를 칠겁니다. 기대하셔도 좋습니다."

기자들이 이렇게 다시 물었다.

"무슨 근거로 그렇게 장담하시죠?"

그는 이렇게 대답했다.

"나는 일본에서 데뷔전은 모두 안타를 쳤습니다. 이번도 데뷔전이므로 틀림없이 안타를 칠겁니다."

그는 안타를 치고 싶다느니 되었으면 좋겠다는 것이 아니라 "안타를 칠겁니다"라고 단정적으로 말했다.

사실 메이저리그로 오기 직전 이 선수의 성적은 부진했으므로 많은 사람들은 믿지 않았다. 그러나 그는 안타치는 그림을 그리며 강하게 마음속으로 안타치는 생각을 입력시켰다. 그리고 데뷔전 첫 타석에서 텍사스 히트로 안타를 장식했다. 그가 머릿속으로 그리던 바로 그 지점이었다. 그의 이름은 신조 츠요시이다.

우리는 부정적인 생각을 벗어나 긍정적이고 희망적인 사고로 빨리 바꾸는 것이 중요하다. 이런 신속한 변환은 웃음과 함께 자기암시를 통해 바꾸면 효과적이다. 한바탕 웃으면 우리 뇌는 행복한 것을 느끼게 된다.

이것은 엔도르핀 호르몬의 영향도 있지만 우리 감정을 지배하는 뇌인 대뇌 번연계에 속한 편도핵을 기분 좋게 만들기 때문이다. 이 편도핵은 직경 약 15mm 정도의 아몬드(편도) 모양을 한 조그마한 신경조직으로 생명유지를 위한 가장 중요한 시상하부를 조절하고, 인간의 안전과 생존을 위해 필요한 유쾌감·불쾌감과 좋고·싫음을 판단하며, 이를 입력하고 출력하는 중요한 신경조직이다.

매일 아침 "오늘은 최고로 행복한 날이다. 우하하하 ……."

저녁에 취침 전에 "나는 매일 점점 더 좋아지고 있다. 우하하하."

힘들고 고통스러운 일이 있을 때마다 "이것 또한 지나가리라. 우하하하."

일이 잘 안 풀릴 때마다 "다 잘될 거야. 우하하하."

자기암시와 함께 웃음의 배를 타고 긍정과 희망의 나라로 떠나볼까요?

경제적으로 힘들 때마다 "와~ 돈벼락이다. 우하하하."

자기암시는 각인력이 강하고 견인력이 강하며 성취력이 강하다. 그래서 자기암시는 성공을 부른다.

자아위로 기능

연주회가 막 시작되려 할 때 클라리넷 연주자가 얼굴이 파래져서 지휘자 앞으로 달려왔다.

"마에스트로, 이 일을 어떻게 하죠? 제 클라리넷의 내추럴 E음 키가 고장났습니다. 오늘밤 연주를 못하겠는데요."

지휘자는 잠시 눈을 감았다가 말했다.

"걱정 말게, 오늘밤 연주회 곡목들 중 자네 파트엔 내추럴 E음은 없으니까."

이 지휘자의 이름은 아르투로 토스카니니Arturo Toscanini이다. 그는 1867년 3월 25일 이탈리아 파르마에서 출생했다. 어릴 때부터 바로 앞에 있는 글씨조차 읽을 수 없는 지독한 악성 근시였다. 그의 어머니는 그런 그를 보면서 늘 걱정했지만 정작 자신은 걱정하지 않았다. 오히려 시각장애인으로 볼 수 없는 사람도 있는데 자신은 빛이나마 감지할 수 있음에 감사하였다. 그는 책을 볼 수 없었기 때문에 어머니에게 악보를 읽어달라고 하여 악보 전체를 다 외워 버렸다.

9세 때, 파르마음악원에 입학하여 열심히 악보를 외우며 첼로 연주와 작곡 공부를 하였다. 19세 때 리우데자네이루의 이탈리아 오페라단에 첼리스트 겸 합창부 지휘자로 입단하였고, 모든 악보를 외워서 연주에 임하였다. 입단 후 얼마 되지 않아 브라질에서의 '아이다' 공연에 참가하게 되었다. 그런데 연습 도중에 지휘자와 악단 간의 불화가 시작되어 공연을 바로 앞두고 지휘가가 갑자기 사퇴하는 사건이 벌어졌다.

다급해진 오페라단에서는 부지휘자에게 지휘를 맡겼으나 청중들의 심한 야유를 받게 되어 쫓겨나고 말았다. 오페라단에서는 자포자기한 심정으로 단원들 가운데 유일하게 악보를 다 외우고 있던 토스카니니에게 지휘를 맡길 수밖에 없었다.

19세의 어린 사람에게 기대도 하지 않았고 청중들도 우려했으나 토스카니니는 지휘대에 올라가서 악보를 덮고 암기한 악보로 리허설 한 번 없이 '아이다' 라는 대곡을 성공적으로 지휘하게 되었다. 이 사건으로 그는 일순간 유명해졌고 본격적인 지휘자로 들어서는 계기가 되었다.

1892년 25세에 그는 바그너의 '방황하는 네덜란드인', 레온카발로의 '팔리앗치', 푸치니의 '라보엠' 을 세계 초연 지휘하며 세계적인 오페라 지휘자로서 확고부동한 위치를 확보하게 되었다.

그 후 메트로폴리탄, 라스칼라 등에서 지휘를 하다가 뉴욕 필하모니의 상임지휘자로 활동하였다. 그는 19세기와 20세기를 거쳐 가장 유명한 지휘자가 되었다. 그는 끼니를 굶을 정도의 어린 시절 가난과 신체적인 약점을 훌륭히 이겨낸 사람이기 때문에 더욱 더 본이 되고 있다.

사람들은 어려움이나 역경의 처지에 빠질 때 사람에 따라 내부에서 두

가지 다른 기능이 일어난다고 한다.

하나는 '자아위로 기능'이고 하나는 '자아비하 기능'이다. 자아위로 기능이 강한 사람은 좀처럼 인생의 어려움에 절망하거나 낙심하지 않고 우울한 감정도 빨리 회복한다. 오뚜기처럼 바로 일어나는 사람들이다.

토스카니니는 내면에서 자기를 살리는 자아위로 기능이 샘물처럼 솟아오른 인물이다.

문제는 자아비하 기능이 강한 사람들이다. 슬픔이나 어려움에 처한 자신을 위로하기는 커녕 자신을 비하하고 파괴하기까지 한다. 이런 사람들은 대부분 우울증에 빠진다.

"내 인생은 왜 이렇게 꼬여만 가나."

"내 인생은 전에도 그랬고 앞으로도 계속 꼬여만 갈 거야."

"이 세상 사람들은 모두 나를 싫어해, 가는 곳마다 나를 비난하는 소리만 들려."

"그래, 내 주제에 뭐 잘난 게 하나라도 있어야지, 나는 가망 없어."

자아비하 기능이 강할수록 내면으로 지독한 자아혐오감과 열등감으로 꽉 차 있다. 그래서 종말에 가서는 자살로 자신을 몰아간다.

"그래, 죽으면 되잖아, 나 같은 쓰레기 같은 인간이 살아서 무엇해."

내면의 소리는 환청으로 들리기까지 한다. 버스를 타도 지하철을 타도 자신을 향한 비난의 환청 소리를 듣고 절망에 빠지게 된다. 그래서 자아비하 기능은 개인뿐 아니라 사회적으로 엄청난 손실을 초래한다. 우리는 자아위로 기능을 활용해야 한다.

"괜찮아, 잘될 거야, 그럴 수도 있지, 나는 존귀한 사람이야, 나는 잘할 수 있어, 두고 보라고, 얼마나 멋지게 해내는지……."

이런 자아위로 기능을 통해 마음은 에너지를 공급받고 인생의 고비 고비를 넘길 수 있는 것이다. 우리가 웃는다는 것은 확실한 자아위로 기능에 속한다.

웃으면 여유가 생긴다, 사회가 힘들고 어려울수록 웃음을 회복하는 일은 매우 중요하다. 우리가 일제강점기의 암울했던 시절 도산 안창호 선생은 이를 웃음으로 이겨내려고 웃음 운동을 전개하였다.

"어린이는 방그레, 젊은이는 빙그레, 노인들은 벙그레"라는 표어를 방방곡곡 외치고 다녔다.

이 시대에도 가장 필요한 것이 웃음 운동이다.

웃음은 나를 살리고 가정을 살리고 나라를 살린다.

강력한 자아위로 기능인 웃음은 나부터 시작한다.

내가 지금 이 순간 당장 실천해야 하는 것이다.

13

긍정은 내 자산이다

심리학자 아이센과 그의 동료들은 병원에 진료예약을 한 후 진료 시 의사에게 사탕과 초콜릿이 든 선물봉지를 주는 실험을 하였다. 선물을 받은 의사들은 평상시보다 기분이 좋아졌고, 정보를 더 잘 통합할 수 있었고, 더 빨리 진단에 도달하고, 사고도 보다 유연해져서 더 좋은 진단을 내렸다는 결과를 보고했다.

또한 그들은 일반인들을 상대로 실험도 하였다. 즉 공중전화기의 동전 구멍에 미리 동전을 몰래 넣어 두었는데 영문을 모르고 그 동전을 발견한 사람들은 실험에 참가한 낯선 사람이 책을 옮기다가 책을 떨어뜨렸거나, 종이들을 떨어뜨렸을 때 동전을 발견하지 못했던 사람들보다 훨씬 더 잘 도와주는 것을 발견했다. 즉 우리들 감정에서 일어나는 좋은 기분이 다른 긍정적 삶에 좋은 기능을 미친다는 것이다.

좋은 기분과 느낌은 우리에게 주변 세상과 자기 삶의 관계에서 좋은 해석을 하도록 도와주며 그에 따라 행동하도록 동기를 부여한다는 것이다. 그래서 기분 좋은 상태나 평화로운 마음의 상태는 우리 삶에 도움이 되며 그냥 마음의 상태에서만 머무른 것이 아니라 삶의 질에 실용적인 도움을 주기 때문에 우리가 활용해야 될 좋은 에너지가 되고 좋은 자원이 된다는 것이다.

실제로 연구 결과들은 행복한 사람이 더 오래 살고, 병에 덜 걸리고, 결혼생활을 더 오래 유지하고, 범죄도 덜 저지르고, 더 창의적인 아이디어를 내놓고, 직장에서 더 열심히 일하고, 돈도 더 잘 벌고, 다른 사람들을 더 많이 도와준다는 것이다.

사람들이 자신의 행복했던 시기를 회상해 보면 아마도 그 시기가 특별히 활력이 넘치고, 희망에 젖어 있었고, 창의성이 높아지고, 사회적 유대가 더욱 좋았었다는 것을 알 수 있을 것이다. 확실히 좋은 기분은 우리가 활동하고 성공하는데 도움을 주는 특별한 선물이다.

노스캐롤라이나대학교 심리학 교수 바버라 프레드릭슨은 이 기분 좋은 감정은 "우리의 개인적 자산을 형성하고 확장시켜준다"고 하였다.

프레드릭슨 교수는 이런 실험을 하였다. 실험 참가자 모두에게 무섭고 공포감을 주는 짤막한 영화를 보여 주었다. 그러고 나서 연속해서 한 집단에게는 우습고 재미있는 영화 장면을, 다른 집단에는 중립적이거나 우울한 영화의 장면을 보여 주었다.

그리고 자신의 기본적인 심혈관 박동상태로 돌아가는데 걸리는 시간을 측정한 결과 재미있는 장면을 본 참가자들은 대부분 20초 이내에 기존상태로 돌아갔지만, 중립적이거나 부정적 장면을 본 사람들은 40~60초의 시간이 흐른 뒤에 원상회복되었다.

이것은 긍정적인 감정의 웃음이 부정적 감정이 생기는 사건 후 우리를 회복시켜 주는데 훨씬 더 효과가 빠름을 보여 준 것이다.

실제로 부부싸움을 할 때 한참 싸우다 말고 남편이나 아내가 갑자기 농담을 하거나 우스꽝스러운 장면을 연출한다거나, 재미있는 사건이 발생하면 종전의 살벌하고 부정적인 싸움이 어리석고 별것 아닌 걸로 싸움했다는 자각과 사실을 깨닫게 되는 경우가 종종 있다. 우리 속의 긍정적인 방어기제가 작동해서 긍정적 감정이 부정적 감정을 물리치는 것이다.

또 우리가 좋은 기분의 감정을 느낄 때 새로운 스포츠에 도전해 보거나, 새로운 식당이나 커피숍에 가보거나, 새로운 교회에 나가거나, 평소 잘 나가지 않던 모임에 나가는 등 용기를 내서 새로운 체험을 할 가능성이 높아진다. 또한 대인관계에서도 상대방에게 관심을 기울여주고, 요청하며, 도와주고, 관계개선이나 유지를 위해 더욱 노력하며, 좋아하는 사람에게 더욱 애정을 느끼며, 사랑 고백도 더 잘할 수 있게 한다.

버지니아대학교의 데니스프로핏과 제럴드클로어 교수는 긍정적 감정을 느끼는 사람이 세상을 더 편안한 곳으로 보는 반면, 부정적 기분을 느끼는 사람은 세상을 더 무섭고 힘든 곳으로 생각한다는 사실을 발견했다.

두 교수는 실험에 참가한 사람들을 두 집단으로 나누어, 한쪽은 무거운 배낭을 메고, 다른 한쪽은 배낭을 메지 않은 채 가파른 언덕으로 데려가서, 언덕의 가파른 정도를 나타내 보라고 했는데 배낭을 멘 실험자들이 훨씬 더 언덕이 가파르다고 지각했다.

또 새로운 집단의 실험 참가자들을 같은 언덕으로 데려가 한 집단은 모차르트의 경쾌하고 명랑하고 활기찬 음악을 들려주고 다른 집단은 말러의 우울하고 무거운 음악을 들려주며 언덕의 경사도를 짐작해 보라고 하였다. 말러의 음악을 들은 집단은 평균 31도 정도로 추정한 반면, 모차르트 음악을 들은 집단은 19도 정도로 짐작했다.

두 교수는 또 다른 새로운 집단의 실험 참가자들을 언덕 꼭대기로 데려가 한 집단은 안전한 나무상자 위에서 경사도를 추측해 보라고 했고, 다른 집단은 불안정한 스케이트보드를 신은 채 추측해 보라고 하였다. 결과는 당연히 스케이트보드를 신은 쪽이 훨씬 더 경사도가 겁이 난다고 하였으며, 훨씬 더 가파르다고 생각했다.

또 먼 길을 갈 때도 혼자 가는 것보다 친구와 함께 가는 것이 훨씬 더 가까웠다고 평가하였다.

따라서 부정적인 감정을 느낄 때는 세상이 더 무서워 보이고, 인생이 더 힘들다고 느끼는 반면, 긍정적인 감정을 느끼면 인생의 언덕이 더 낮아 보이고, 세상이 더 안전해 보이고, 먼 길도 더 가깝게 생각할 수 있다.

우리가 웃는다는 것은 기분 좋은 감정을 느끼고, 긍정적 감정으로 나아가게 하는 첩경이다. 그래서 웃음은 부정적 감정을 물리치고, 세상을 희망으로 보게 되고, 인간관계에 새로운 활력을 불어넣어 주고, 창의적인 삶을 만들어 가는 윤활제이다.

웃음과 연관된 긍정적인 감정들은 우리 삶의 훌륭한 자원을 형성하고, 확장하고, 촉진시키는 기능을 한다.

14

웃음의 언어

출근하는 남편에게 아내가 말했다.

"여보, 오늘 일찍 들어와요."

아내가 매일 귀에 못이 박히도록 하는 말이다. 남편은 "응" 하고 출근하지만 이 말 때문에 집에 일찍 들어오는 남편은 거의 없다. 그리고 "집에 일찍 들어가야 겠구나"라고 생각하는 남편도 없다. 그저 습관적으로 하는 그냥 인사말로 생각하고 관심을 두지 않는 경우가 대부분이다.

어느 세미나에서 부인들에게 방법을 바꾸어 보라고 하였다.

"여보, 오늘 저녁 당신이 좋아하는 삼겹살 준비해 놓을게요."

"여보, 오늘 저녁엔 생선 매운탕 끓여놓을게요."

등등 남편이 좋아하는 것을 해놓겠다는 말을 하라고 하였다. 그러자 남편들의 반응도 좋고 일찍 들어오는 경우가 훨씬 많아졌다.

고속버스나 열차를 타고 내릴 때 "다음에 또 저희를 이용해 주십시오" 라는 멘트를 듣게 된다. 그러나 그냥 습관적인 인사로 듣고 흘려버리지

"다음에 또 이용해야 되겠구나"라고 생각하는 사람은 없다.

그러나 "저희는 더욱 정성을 다하는 마음으로 손님께서 다시 이용해 주실 것을 기다리고 있겠습니다"라는 멘트를 들으면 한 번쯤 더 이용해 보고 싶은 마음이 스쳐 지나가기도 한다.

"여보, 일찍 들어와요"와 "당신 좋아하는 매운탕 준비해 놓을게요"는 둘 다 일찍 들어오라는 말인데 왜 느낌이 다를까?

"이용해 주십시오"와 "오시기를 기다리고 있겠습니다"는 어떤 차이가 있는 것인가?

보통 대화의 기법에서 앞의 말들은 'YOU 메시지' 라 하고 뒤의 말들은 'I 메시지' 라고 한다. YOU 메시지는 너를 중심으로 표현하는 말이고 I 메시지는 나를 중심으로 표현하는 말이다. "여보, 일찍 들어와요" 는 당신이 일찍 들어오라는 말이므로 YOU 메시지가 된다. "매운탕 끓여놓을게요"는 내가 어떻게 하겠다고 하는 말이므로 I 메시지가 된다.

YOU 메시지는 사람들에게 거부감을 많이 일으킨다.

"제발 운동 좀 해라", "뱃살 좀 빼라", "그만 좀 먹어라", "공부 좀 해라", "머리 좀 단정히 하고 다녀라" 등등 YOU 메시지 언어는 명령형의 말이기 때문에 거부감을 갖게 되는 것이다.

그럼에 비해 'I 메시지' 는 청탁형, 호소형의 언어이기 때문에 상대방의 마음을 열기 쉽게 한다.

"나는 당신 운동하는 모습이 제일 보기 좋더라", "엄마는 네가 공부하는 모습을 보면 행복해", "당신 뱃살 나오는 거 보니 내가 걱정되네."

그런데 한국 사람들은 거의 다 YOU 메시지에 익숙해 있고 "YOU 메시지가 사회적 언어습관으로 정착되어 있다.

그래서 부부간, 부자간, 가족 간, 회사직원 상하 간의 언어가 많이 단절되어 있다. 이것이 노사협상 등에서 해결하기 힘든 대화로 계속 되풀이된다. "네가 이만큼 양보해라"보다 "내가 이만큼 양보하겠다"는 대화의 출발이 다르게 되는 것이다.

특히 아이를 기를 때는 거의 모두 YOU 메시지이고 아이들도 그래서 YOU 메시지밖에 배울 수 없다.

어느 초등학교 학생이 학원에 가지 않고 밤늦게 11시가 넘어서 집에 들어왔다. 늘 "너 어디 갔다 이제 왔니?", "또 늦으면 아빠한테 이야기해서 혼내줄꺼야." 이렇게 이야기를 하기 때문에 그 어린이는 "우리 엄마는 조금만 늦으면 맨날 야단치고 잔소리만 해" 하고 단정한다. "죄송해요. 다음엔 안 늦을게요"라고 말하지 않는다.

YOU 메시지만 서로 오가기 때문에 거부감만 커져가는 것이다. 그러나 어느 날 엄마가 태도와 언어를 바꿨다. 늦게 들어온 아이를 웃으면서 반갑게 맞았다. 그리고 "이제 왔구나. 엄마가 얼마나 걱정했는데… 혹시 무슨 사고라도 났으면 어떻게 하나 하고 마음이 불안 했었어."

아이는 처음엔 어리둥절하지만 곧 마음으로 "앞으로 엄마를 걱정시켜드리지 말아야지" 하는 마음을 갖게 되고 "친구랑 노느라고 늦었어요"라며 대답하였다.

초등학교 다니는 아들이 매일 밤늦게 자는 습관이 있어서 아침에 학교갈 때는 매일 아침 깨우고 또 깨우고 전쟁을 치르는 엄마가 있었다.

어떻게 하면 저 버릇을 고칠 수 있을까 하고 고민하지만 매일 늘어가는 것은 잔소리와 야단치는 일뿐이었다.

이 엄마가 필자의 웃음 강의를 듣고 그 다음날부터 써먹기로 작정했다. 아침에 아이 방에 들어가서 아무 말 안하고 웃기부터 시작했다. 틀림없이 격앙된 목소리로 잔소리를 해야 할 엄마가 계속해서 웃으니 아이가 당황했다. 엄마가 아이 눈을 보며 계속 웃으니 아이도 따라 웃기 시작했다. 한참 웃은 후 아이는 일어나 세수하고 밥 먹고 평소보다 30분 일찍 학교로 갔다. 웃음 효과 역시 백배라고 만족하였다.

웃음은 가장 좋은 'I 메시지' 이다.

웃음은 상대의 마음을 열게 하는 가장 좋은 언어이다.

웃음은 나의 호감을 전달하는데 가장 강력한 소통의 언어이다.

웃음은 사람의 마음을 변하게 하는 긍정의 언어이다.

15

눈맞춤의 위력

보스턴대학 산하연구센터에서 눈맞춤의 효과를 측정하는 실험을 하였다. 피실험자들을 각각 남녀 한 쌍씩 짝을 짓게 한 후 A, B 두 그룹으로 나누었다.

A그룹에 속한 남녀 쌍들에게는 대화를 하면서 서로 상대가 몇 번이나 눈을 깜빡거리는지 그 횟수를 세라고 지시했고 B그룹에 속한 남녀 쌍들에게는 그냥 대화만 할 것을 지시했다.

그 결과 서로 몇 번이나 눈을 깜박거리는지 횟수를 세기 위해 상대와 눈맞춤을 할 수밖에 없었던 A그룹의 쌍들이 B그룹의 쌍들보다 훨씬 더 상대에게 대한 호감과 존경심을 느꼈다는 사실을 발견하게 되었다.

대체로 사람들은 상대방과의 눈맞춤을 좋아하지 않는다. 상대의 얼굴을 빤히 쳐다보는 것은 매우 큰 실례라고 생각하기 때문이다. 그러나 위의 실험 결과에서 알 수 있듯이 상대의 눈을 쳐다보며 눈을 맞출 때 상대의 마음을 끌어당기는 훌륭한 무기로 사용할 수 있다.

필자도 수십 명 혹은 수백 명 앞에서 강의할 때 유독 내 얼굴에서 시선을 떼지 않고 경청하는 청중을 보면 매우 기분이 좋아진다. 내 강연에 집중하고 있고 '내 강연 내용에 진심으로 동의를 하고 있구나' 라고 생각하면 힘이 저절로 솟는다. 거기다가 미소를 띠고 경청하며, 실습을 잘 따라하면 더욱 기분이 좋아져서 훨씬 더 강연이 열정적으로 흘러가게 된다. 몸이 피곤하더라도 정신은 맑고 산뜻해지게 된다. 웃음 띤 눈맞춤의 위력은 상대방을 사로잡을 만큼 대단하다고 할 수 있다.

예일대학 연구원들은 "눈맞춤을 잘하는 사람은 상대에게 지적이고 추상적인 사고를 잘하는 괜찮은 사람"이라는 인상을 준다고 한다.

그리고 "눈을 마주치면 마주칠수록 그만큼 긍정적인 감정을 가져온다"는 연구 결과를 발표했다. 즉 피실험자에게 자신을 드러내는 독백을 하도록 하고, 그 독백을 듣는 피실험자들에게 상대와 눈을 맞추도록 지시했다. 그냥 듣는 것보다 훨씬 더 친근한 감정이 많이 생겼음을 알게 되었다.

모임이 있을 때 필자는 의도적으로 말하는 사람을 지속해서 응시하는 경향이 있다. 그 말하는 사람은 시선을 여러 사람을 번갈아 쳐다보다가 결국은 필자를 거의 보고 말하는 경우를 보게 되며, 또 그것을 내심 즐긴다. 말하는 사람은 결국 자신을 응시하며 경청하는 사람에게 호감과 매력을 느끼게 되어 있다.

자신감과 자존감이 결여된 사람일수록 상대방과의 눈맞춤을 피하는 경향이 있다. 또 우울증이나 내적 상처가 많은 이들이 상대의 눈을 주시하지 못하기도 한다. 그럴 때는 눈을 바라보지 말고 상대의 코끝이나 인중, 입술을 주시하는 것이 좋다. 상대는 똑같이 호감을 느낄 것이다.

"미소지으며 주시하기"는 가장 훌륭한 대화의 방법이다.

우리 삶에서 의사소통은 매우 중요하다. 기업들은 커뮤니케이션을 혈액순환에 비유하며 의사소통을 기업의 건강 척도로 생각하기도 한다.

기업들이 이 커뮤니케이션의 실패로 많은 또는 치명적인 대가를 치르는 경우도 종종 있다. 개인들도 이 의사소통의 실패로 서로 큰 오해나 깊은 감정의 골이 생겨나기도 한다.

의사소통은 언어적 요소보다 비언어적 요소가 훨씬 더 큰 비중을 차지한다. 그중에서도 시각적 언어 요소가 가장 중요하다. 미소 띤 눈으로 상대방의 눈을 맞춰줄 때 이미 그 대화는 성공한 것이다. 백 마디 말보다 미소 띤 눈빛으로 상대를 주시하는 것이 더 중요하다고 할 수 있다.

오늘부터 당장 상대에게 눈을 맞추고 미소로 응답을 보내라. 그리고 종종 맞장구를 쳐주라. 상대를 내 편으로 만드는 가장 쉽고 빠른 좋은 방법이다.

16

크레이지 호스

초등학교 때 서부영화는 나에게 굉장한 매력을 가져다주었다. 서부 총잡이들의 종횡무진 활약상, 미국 기병대의 폼나는 전투, 이 당시 인디언은 항상 패전이 예상되어 있는 불쌍한 조연으로밖에 인식되지 못했다. 자라면서도 인디언의 존재는 위대한 미국을 건설하는데 그 자리를 양보해서 좀 억울한 면도 있었겠다는 정도의 단편적인 생각만 있었을 뿐 그들의 존재는 아무런 의미도 나에게 없었다.

12년 전 친구 목사가 사우스다코타주 아메리카 원주민 보호구역에 선교사로 갔다. 그리고 그곳의 현황을 조금씩 전해주어 듣게 되면서 그들의 상처와 원한은 우리가 일본의 식민지로 되었을 때보다 몇십 배나 크다는 것을 알고 또 공감하게 되었다. 아직도 그들에겐 미국이 철저한 원수의 나라인 것이다.

17세기 초 북미 아메리카 동부 해안에 도착한 메이플라워호는 백여 명의 영국인을 내려놓았다. 이후로 계속해서 건너온 영국인들은 서쪽으로 영토를 넓혀가며 수많은 아메리카 원주민을 몰아내기 시작했다.

영국의 암 허스트라는 군인은 원주민에게 담요들을 선물했다. 그리고 그 후 원주민들은 모두 죽어갔다. 천연두 균이 묻어 있는 담요였고 원주민들은 모두 이에 대한 면역력이 없었기 때문이다.

1845년 《데모크라틱 리뷰》의 주필이었던 오 설리번은 그의 논설을 통해 "우리는 남의 땅을 빼앗을 권리를 신으로부터 부여 받았다"라고 주장하며 서부 진출을 독려하였다.

1870년 인디언을 몰아내는데 주도적 역할을 했던 빅흔협회는 "인디언들이 보호구역으로 물러서지 않으면 멸족을 시키는 것이 신의 뜻이다"라고 말하며 오 설리번의 '명백한 운명론Manifest Destiny'을 계승했다. 이것은 그 후 미국 공화당의 주요한 이념 중의 하나로 채택되었다.

1890년 신천지를 찾아 이주해온 유럽인은 6천만 명을 넘었고 폭발적인 인구 증가에 따라 원주민 축출은 계속되었다,

그해 12월(사슴이 뿔을 가는 달) 사우스다코타주 운디드니Wounded Knee강 부근 계곡에서 미국 제7기병대는 어린이와 여성을 포함한 수우족 이백여 명을 기관총으로 학살하면서 원주민과의 전쟁은 드디어 끝이 났다. 이후 더 이상 백인들에게 집단적으로 저항하는 원주민은 없었다.

미국 정부는 "인디언 보호구역"이라는 특정구역을 만들어 원주민들을 강제로 수용했다. 이곳은 현재 만성적 실업, 알코올중독, 범죄 등 고질적 사회문제 질환을 앓고 있다.

이곳 사우스다코타 러시모어산에는 그 유명한 미국 역대 대통령들 얼굴이 새겨져 있다. 이곳에서 27km 떨어진 곳에 산 하나를 통째로 조각상으로 변형시키는 세계 최대 규모의 조각상 프로젝트가 진행되고 있다.

그 조각상의 주인공은 원주민의 전설적 영웅 크레이지 호스(성난 말)로서 원주민식 이름은 타슈카 위트코이다. 그는 리틀 빅혼 전투에서 커스터 장군의 제7기병대를 대파했던 영웅이다. 그는 그 후 미군의 파상공세로 결국 체포되어 비참한 최후를 맞이하였다. 그리고 그의 시신은 운디드니에 묻혔다.

1949년부터 휴대용 착암기 하나로 높이 171미터의 돌산을 깎기 시작한 조각상은 50년만인 1998년에 크레이지 호스의 얼굴상이 제작 완료되어 제막되었다.

현재는 말의 머리가 조각되는 중이다. 높이 171미터 길이 201미터로 예정된 크레이지 호스의 조각상이 완성되려면 앞으로 100년은 더 소요되어야 한다.

2009년 12월 8일 미국 정부는 122년 전 아메리카 원주민 소유의 땅을 빼앗은 대가로 34억 달러(우리 돈 약 4조원)를 이들 후손에게 배상할 것이라는 뉴스가 뉴욕타임스NYT를 통해 보도되었다.

미국 정부는 1887년 천연자원이 많이 매장된 서부지역의 원주민 땅 약 1,100만 에이커(약 44억 5162만 ㎡)를 몰수해 백인회사에 넘겼다.

미국 정부는 원주민들에게 이곳에 매장된 천연자원을 개발하여 그 수익을 "아메리칸 인디언 신탁기금"을 통해 나누어 주겠다고 약속했으나 그 약속은 지켜지지 않았다. 이로부터 109년이 지난 후 원주민 후손들은 1,370억 달러를 돌려달라는 소송을 냈고, 13년간 줄다리기를 하다가 34억 달라 배상에 서로 합의한 것이다.

암울했던 일제 식민지시대 우리의 선각자 도산 안창호 선생은 우리 민족이 일어나기 위해 웃음을 회복해야 한다고 하였다.

그래서 "갓난아이는 방그레, 젊은이는 빙그레, 늙은이는 벙그레"로 마을마다 웃자고 강조하였다. 웃으면서 민족의 자존감을 회복하고 독립을 위한 긍정적인 마음을 회복하기 위한 운동이었다.

사우스다코타의 거대한 조각상, 원주민의 영웅 '크레이지 호스'는 역대 미국 대통령들의 조각상을 무서운 얼굴로 계속해서 노려보고 있을 것이다. 그래도 아메리카 원주민들은 웃음이 회복되었으면 좋겠다. 그래서 그들의 상처받은 마음이 위로 받았으면 좋겠다.

이번 소송의 결과가 지나간 역사와 화해하고 앞으로 새롭게 출발하는 계기가 되었으면 한다.

미래를 향해 웃으면서 새 출발하여 밝은 역사를 만들어 가는 것이 더 중요하다.

17

경직성과 유연성

괌에 비행기가 도착하자마자 우리 가족은 안도의 숨을 쉴 수 있었다. 착륙하기까지 마음 졸이며 긴장했던 모습을 다른 승객들 얼굴에서도 훔쳐볼 수 있었다.

그 마음 졸임은 1주일전(1997년 8월 6일) 대한항공 801편 보잉 747기가 괌의 야산 니미츠힐을 들이받고 254명의 탑승객 중에서 228명이 추락 현장에서 사망했던 사고를 생각하며 불안한 마음을 가졌던 것이다. 이 사고로 인해 괌 여행을 취소하는 사태가 속출했다. 우리 가족도 내심 취소하고 싶었으나 일정을 다시 잡을 수 없고, 한 번 일어난 사고 지점에서 다시 사고가 날 확률이 거의 없다는 믿음으로 굳이 괌 여행을 강행하게 된 것이다. 대부분 여행객이 오지 않아 좋은 대우를 받긴 했지만 큰 사고 때문에 마음은 편하지 않았다.

그런데 그 큰 추락사의 원인은 무엇일까?

미국 교통안전위원회 소속의 심리학 박사 말콤 브래너는 블랙박스 해독에 관한한 최고의 전문가이다. 깡마른 스타일의 심리학 박사 말콤 브래너는 대한항공의 괌 추락사건을 조사하였다.

그는 이 사건의 원인을 몇 가지로 요약했다.

첫째는 괌 공항에 글라이드 스코프glide scope라는 항공 유도등의 고장을 들었다. 조종사는 공항에서 쏘아주는 거대한 이 레이저 빔을 따라 비행기를 몰고 들어오기만 하면 된다.

"그날 따라 글라이드 스코프가 작동 불능상태였습니다. 수리를 위해 다른 섬에 보내졌죠. 하늘에 떠 있는 조종사들에게 글라이드 스코프가 작동하지 않는다는 경고가 발송되었습니다."

그러나 그것은 큰 문제는 아니었다. 수리를 보낸 후 그달에만 이미 괌 공항에는 1,500여 편의 비행기가 안전하게 착륙했던 것이다.

두 번째 요소는 날씨였다. 그들이 괌 섬으로 진입할 때 32km 전방에서 괌 공항의 불빛을 육안으로 확인할 수 있었다. 그러나 공항 상공 부근엔 스톰 셀storm cell이 잔뜩 떠 있어 육안 착륙이 불가능한 상황이었다.

기장은 여덟 번이나 괌 공항에 착륙한 경험이 있기 때문에 또 아까 본 괌 공항 불빛 때문에 안도하고 '비주얼 어프로치(시계착륙)'를 시도하게 된 것이다. 레이더에 스톰 셀에 대한 정보는 확실하게 나타나 있었지만 너무 안이하게 생각한 것이다.

세 번째 이유는 조종사의 피로였다고 했다. 조종사는 전날 아침 6시에 알람소리에 깨서 체육관에 가서 한 시간 정도 운동을 한 후 집으로 돌아와 괌으로의 비행계획을 검토한 후 일찌감치 김포공항에 도착했다고 했다. 그는 공군 파일럿으로 제대한 후 대한항공에 입사해 4년간 총 9,800시간의 비행을 담당했으며 그 중 3,200시간은 점보기를 조종했다. 그는 낮은 고도에서 고장난 점보기 엔진을 훌륭하게 다뤄 상을 받기도 했다.

그의 건강상태는 가벼운 기관지염을 제외하면 매우 좋은 편이었고 나이는 마흔 두 살로 젊고 원숙했다. 그러나 그 전날 아침 6시부터 잠을 자지 않았고 도착 후에는 1등석에서 몇 시간 잔 후 다시 한국으로 오는 무리한 스케줄로 피로감을 매우 느끼고 있었다고 했다.

한 달 전에도 같은 비행스케줄이 있었고 그런 경험은 여러 번 해왔다고 한다. 그러나 이 세 가지 요인보다 가장 큰 요인은 따로 있었다.

말콤 브래너가 지적하는 가장 큰 원인은 기장과 부기장 그리고 기관사의 의사소통 문제였다. 바로 한국 사회의 조직에 대한 위계질서와 그 경직성을 지적한 것이다. 기장은 시계착륙을 결정하고 고도를 낮추고 있었다. 랜딩 기어를 내렸다. 오전 1시 41분 48초 기장이 말했다.

"와이퍼 온!"

기관사가 와이퍼를 켰다. 비가 오고 있었다. 오전 1시 41분 59초 부기장이 혼잣말을 했다.

"안 보이잖아?"

부기장은 가슴이 철렁했다. 그때 경보장치에서 경고음이 흘러나왔다.

"500피트(154미터)."

땅 위에 활주로가 보일 거라고 생각했던 조종사들은 아무것도 보이지 않자 혼란에 빠졌다. 오전 1시 42분 19초 부기장이 말했다.

"착륙 포기하시죠."

기장이 조종간을 당겨 올라가기를 바라는 권유였다. 이때 부기장이 조종간을 당겼더라면 니미츠힐에 충돌하지 않고 재착륙을 시도할 수 있는 충분한 여유가 있었음이 훗날 조사 때 확인되었다. 부기장은 기장이

명백한 잘못을 행할 때 조종간을 당길 수 있도록 훈련받는다.

그러나 그것은 교실에서 배우는 이론일 뿐 하늘 조종실에서의 현실은 달랐다. 조종사에게 뺨을 맞을 수도 있는 것이 하늘의 현실이었다. 오전 1시 42분 20초 기관사가 다급하게 말했다.

"안 보여요!"

재앙은 코앞으로 닥쳐왔다. 오전 1시 42분 21초 부기장이 다시 말했다.

"안 보이죠. 착륙 포기합시다."

오전 1시 42분 22초 기관사가 말했다.

"올라갑시다."

오전 1시 42분 23초 기장이 말했다.

"고 어라운드!"

그러나 벌써 4초의 시간이 흐른 뒤여서 재착륙의 시도는 불가능하게 됐다. 2초 후 오전 1시 42분 25초 78 블랙박스는 충돌음과 그 후 비명소리와 신음소리만 들리다가 녹음이 끝났다.

기장의 권위에 감히 도전할 수 없는 경직된 문화가 큰 재앙의 주요 원인이 되었다는 것이다. 어떤 조직의 경직성을 풀어주기 위해서라도 웃음은 필요하다. 순리대로 자신의 주장을 할 수 있는 유연한 조직을 위해서라도 직장마다 웃음을 보급해야 한다.

기업마다 웃음클럽이 많이 생겨나길 바란다.

18

황혼이혼

A씨는 맨주먹으로 자수성가하여 지금은 500명이 넘는 종업원을 거느린 회사의 사장이다. 지금 나이 60이 되어가는 데도 경영 일선에서 바쁘게 뛰고 있다. 그의 집은 정원이 딸린 꽤 큰 3층집으로 정원사와 요리사도 있다. 외제차도 자녀들까지 3대나 있고 강변에 좋은 별장도 가지고 있다.

다섯 살 연하의 미모를 갖춘 부인이 있고 모두 성장하여 결혼시킨 2남 1녀의 자녀들이 있다. 그는 세상 사람 누구라도 부러워할 만한 조건을 다 갖춘 유복하고 이상적인 집안의 가장이다. 그런 그가 아내로부터 이혼하겠다는 폭탄선언을 들었다. 세상적으로 볼 때 부인에게는 무엇 하나 부족함이 없는 풍요로운 삶을 살고 있다고 생각할 수 있다.

그녀는 왜 남편과 헤어지려는 것일까?

이런 경우 대부분은 '빈 둥지 증후군empty nest syndrome' 때문이라는 것이다. 중년의 주부들이 자기정체성의 상실을 느끼는 심리적 현상이라고 할 수 있다. 주로 자녀들이 다 결혼해서 홀로서기를 하거나 막내가 대학에 들어가 기숙사에서 생활하게 되면 부인들은 심리적 공황에 빠지기 쉽다. 현모양처형 여성일수록 자녀를 독립시킨 후 더 강한 외로움을 느끼며, 삶의 의미를 상실하고, 자신의 존재가치를 잃어버리며 우울감을 느끼게 된다. 남편은 일에만 매달려 아내에게 별로 신경을 안 쓰고, 부인은 자녀들에게만 모든 애정을 쏟아 부은 생활을 30년 살고나면 남편에 대한 감정은 부정적 내지 불쾌감으로 변해버린다. 그래서 황혼이혼은 급속히 늘어만 간다.

전에는 일본에서 이런 일들이 많아 "먹고 살기 부족함이 없으니 별짓을 다하는군!" 하고 잘사는 국민들의 사치쯤으로 치부했으나 지금은 바로 우리에게 닥친 심각한 현실이 되었다.

그런데 부인들이 우울감을 느끼고 황혼이혼을 하는 데는 TV연속극이 많은 영향을 준다는 연구 결과가 있다. 인간 정신 진화의 전문가이고, 의사이며, 미국 정신치료협회 종신회원으로 환자를 돌보고 있는 데이비드 호킨스 박사는 그의 운동역학 시험에서 TV연속극이 한 회에 113번이나 사람의 에너지 레벨을 약하게 만드는 것을 보고하고 있다.

피험자가 약한 반응 하나하나 느낄 때마다 그들의 면역 조직도 약화시켰으며 중추 혹은 교감신경에 해로운 반응을 초래하였다고 한다.

기의 흐름도 연속해서 113번이나 저하되었고, 흉선의 활동저하로 면역력이 약해졌다. 또한 뇌의 예민한 신경호르몬의 활동성을 저하시키고 신경전파 조직의 활동을 저해한다고 한다. 이 모든 것은 결과적으로 우울감을 느끼게 하며, 이것이 현대에 가장 흔한 질병으로 되어가고 있다고 한다.

보이지 않는 우울증은 모든 병을 합친 것보다 더 많은 사람을 죽이고 있다. 영적인 데서 기인하는 우울증은 고칠 수 있는 약이 없다.

왜냐하면 뇌의 부작용에서 기인하는 것이 아니라 생의 모독에 대한 누적된 정확한 반응이기 때문이다.

이는 미국의 TV연속극에 대한 연구 결과이지만 그래도 우리에게 시사하는 바는 크다. 많은 주부들이 TV연속극을 보며 비교 대상도 찾고, 어떤 자극도 받고, 현실로 착각도 하고 살아간다. 그래서 TV연속극의 시청 선택은 매우 중요하다.

그런데 밝고 희망을 주는 TV연속극은 그렇게 많지 않은 듯하다. 우리가 우울감을 떨쳐버리고 인생을 밝고 희망적으로 선택하기 위해서는 매일 웃는 생활습관이 중요하다. 웃으면 엔도르핀을 비롯한 20여 가지 긍정적 호르몬들이 생산된다. 그래서 자신의 우울감으로부터 탈출할 뿐 아니라 웃는 모습을 보는 상대방도 긍정과 희망으로 반응하게 된다.

웃음은 전염성이 매우 강하다. 우리 사회의 황혼이혼 문제는 웃음으로 현저히 줄일 수 있다. 부인들은 물론 남편들을 웃게 하면 그 효과는 엄청 더 커질 것이다.

갈등과 폭력, 불륜 등의 TV연속극보다는 밝고 희망적인 프로를 더 많이 보면서 웃음 기회를 더 많이 만들어 보자.

이 글을 읽는 부인들이여 웃자! 하하하하하…….

이 글을 읽는 남편들이여, 더 크게 더 길게 웃자! 하하하하하…….

19

생각 바꾸기 3단계

요즈음 새롭게 부정적인 생각에서 벗어나 긍정적인 마음으로 바꿔가도록 연습하는 방법이 하나있다.

바로 '~구나, ~겠지, 고마워' 이다.

그런데 부정적인 생각을 바꾸는 것뿐만이 아니라 긍정적인 일, 좋은 일을 차분한 마음으로 받아들이는 데도 아주 좋은 방법이라는 것을 발견했다. 무엇에든지 적용할 수 있는 전천후적인 방법이다.

이번 주 토요일은 친구들 네 가족이 만나기로 약속한 날이다. 그래서 두 곳에서 강의 요청이 들어왔는 데도 선약이 있다고 정중히 거절을 하였다. 그런데 지난 주 한 친구가 도저히 시간이 안 되어 다음으로 미루자고 한다.

"진작 좀 안 된다고 하지……."

'나는 중요한 강의도 거절했는데……' 라는 마음이 들며 마음이 좀 불편했다.

이때 이 방법을 써먹었다.

"친구가 약속을 연기하자고 하는구나" 하며 있는 사실을 객관화시켜 말을 하였다.

"그래, 약속을 연기할 만큼 중요한 일이 있겠지." 그 친구에 대한 배려의 말을 하였다.

"그래도 일주일 전에 말해주어서 고마워" 하며 나 자신을 위안하고 상대에 대한 감사의 말로 끝을 맺으며 웃었다.

A단체에서 두 달 전부터 강의 요청이 들어왔다. 비중 있는 행사라고 했다. 약속을 하고 일정과 시간을 잡았다. 그런데 며칠 전 B단체에서도 강의 요청이 들어왔다.

일정은 A단체 행사일보다 일주일 전이었다. 약속을 했는데 며칠 후 A단체 회장에게서 전화가 왔다. A단체와 B단체는 같은 창립기념행사이고 A단체 내빈이 B단체에도 그대로 가는데 일주일 먼저 그곳에서 같은 사람이 같은 주제로 강의하면 A단체 행사는 얼마나 맥이 빠지겠느냐는 항의성 전화였다.

그리고 A단체에서 몇 달 전에 계획한 일을 B단체에서 그대로 흉내낸다고 화를 냈다. 행사 성격을 알지 못했던 나는 황당했다.

그래서 이 방법을 써보았다.

"A단체 회장님이 몹시 화가 나셨구나!"

"그래, 자신이 오랜 생각 끝에 계획한 일을 옆의 단체에서 먼저 시행하면 화도 나겠지."

"그래도 취소 안 하고 기다려 주니 고맙구나." 그리고 웃었다.

결국 B단체에는 검증된 좋은 강사를 소개해 주기로 양해가 되었다.

우리 하하웃음행복센터에서 매주 월요일마다 두 시간씩 열고 있는 '웃음 행복교실' 이 지역 신문에 대문짝만하게 3면에 걸쳐 소개가 되었다. 여기저기 자랑하고 싶은 마음이 들었다. 그러나 이 방법을 쓰면서 그 마음이 잠잠해졌다.

"신문에 아주 잘 소개가 되었구나."

"이 신문을 읽는 사람들은 마음 훈훈하겠지."

"우리 하하행복센터의 행복을 독자에게 나눠주어 고맙군!"

이렇게 중얼거리며 또 웃었다.

'~구나, ~겠지, 고마워' 는 용타라는 스님이 말한 것이라고 한다.

자꾸 적용하다보니 마음 다스리는데 매우 용하다.(용타)

우리는 행동하기 전에 생각이 앞서야 한다. 그리고 그 생각을 긍정적으로 돌리는 것이 매우 중요하다. 감정을 조절하지 못하면 의외의 큰 사고를 일으킬 확률이 높아진다.

화를 내면 아드레날린이라는 호르몬이 우리 감정을 예기치 못한 방향에서 폭발시킨다. 또 한 번 화를 낼 때마다 10만 개나 되는 뇌세포가 죽는다고 한다. 그래서 우리는 자극을 받은 후 즉각적으로 반응하지 말고, 자제력을 발휘하는 습관을 길러야 한다. 그러면서 부정적 반응에서 긍정적 반응으로 변환시키는 연습을 해야 한다.

'구나, 겠지, 고마워' 는 자극과 반응 사이에서 긍정을 부르는 좋은 습관인 것이다.

물론 화가 머리끝까지 올랐을 때 이를 객관화시키는 말을 하기란 쉬운 일이 아니다. 분노로 속이 뒤집어질 때 1~3초만 기다리며 마음을 가라앉혀보자.

그러고 나서 '~구나' 로 이 사건을 객관화시켜보자. 그리고 상대방에게 양해하는 마음을 갖고 '~겠지' 를 말해본다. 그 사람이 그렇게 하는 데는 무슨 이유가 분명히 있을 거라고 생각해보자. 대개 화를 내거나 오해하는 마음 뒤에는 그 사람의 깊은 내재적인 상처가 그 원인일 경우가 많다. 그리고 자신의 열등감을 보여주기 싫은 본능에서 더욱 화를 내는 경우가 많다.

그러고 나서 더욱 나쁜 경우를 생각해 보고 그렇게 하지 않은 것에 고마움을 표현해 보는 것이다. 사실 어떤 일이든지 그보다 더 악화된 상태를 생각할 수 있는 경우의 수는 얼마든지 있다. 그런 상황까지 가지 않음에 '~고마워' 라고 말할 수 있을 때는 모든 화가 풀리는 것을 경험할 수 있을 것이다.

그리고 웃으면서 보내버리자. 지난 7년간 웃으면서 보낸 세월 동안 참으로 많이 변한 나를 발견한다. 조그만 일에도 화를 잘 내고 감정 폭발이 잦았던 내가 이렇게 도사처럼 바뀌어 가고 있다니…….

1분 웃으면 인상이 변하고 매일 웃으면 인생이 변하는 것이다.

몸과 마음이 건강하고 행복한 인생으로 말이다.

20

괜찮아, 잘했어!

도전 골든벨이라는 TV프로그램을 나는 좋아한다. 48번 49번 문제도 가끔 맞힐 때가 있고, 어쩌다 50번 골든벨 문제를 맞히면(이런 일은 거의 없지만) 내가 골든벨을 울리는 것 같은 행복한 기분에 사로잡힌다.

그런데 아슬아슬하게 실패하는 학생(대부분 1명)에게 친구들이 뛰어나오며 한결같이 외치는 구호가 있다.

"괜찮아! 괜찮아! 괜찮아! …….”

비록 실패는 했지만 "그만하면 잘했어." 그래서 용기와 격려를 해주는 말이다. 이 말을 들을 때마다 나의 삶에 '괜찮아'란 단어가 언제 사용되었는지를 떠올려 보곤 한다.

초등학교도 들어가기 훨씬 전 교회 유아부에서 노래연습을 몇 번 한 후, 성탄절 아침 전교인이 모인 아침 예배 때 강단에 올라 독창을 하게 되었다.

난생 처음으로 교회당을 꽉 채운(지금 생각에 약 500명 이상으로 생각된

다) 교인들 앞에 서는 순간 눈앞이 깜깜해지고 머릿속이 하얘졌다. 반주 한 번 놓치고, 중간에 가사 틀리고, 마지막에 가사 잊어버리는 사고가 발생하였다. 모든 교인들은 웃었고, 나는 도망치듯 내려와 선생님 품에 안기면서 울었다. 선생님은 나에게 이렇게 이야기했다. "괜찮아! ~ 괜찮아! ~ 잘했어."

초등학교 4학년 때 또 전교인 앞에서 십계명 암송을 하는 행사가 있었다. 어렸을 때 악몽이 어렴풋이 기억이 났고, 다시 3계명에서 더듬더듬하다 외우질 못하고 내려왔다. 평소에 잘 외우던 것인 데도 많은 이들 앞에서 틀린 것이 분해 울었다. 우리 반 선생님은 내 눈물을 닦아 주면서 이렇게 이야기했다.

"괜찮아! ~ 괜찮아! ~ 잘했어."

뭐가 잘했다는 건지, 뭐가 괜찮다는 건지 도무지 이해가 되지 않았다.

나는 고등학교 입학에 실패하였고 인생의 첫 패배로 절망감 속에 사로잡혀 있은 적이 있었다. 등교하는 학생들과 마주치지 않으려 새벽반에 등록해서 공부했고, 밤에는 독서실에 처박혀 집에도 잘 들어가지 않았다.

그때 같이 실패한 친구 몇 명이 나에게 큰 위안이 되었다. 다시 입학시험을 치를 때 나는 떨어졌다는 열등감과 자존심에 본교지원을 하지 않으려고 했다. 그때 친구 S가 이렇게 이야기했다.

"괜찮아! 1년은 아무것도 아냐! 중학교, 고등학교가 같은 본교가 낫잖아!"

S의 이야기에 열등감과 자존심을 무시하고 본교로 같이 진학했다. 이 실패의 경험은 지금의 나됨과 나의 인간관계에 큰 도움이 되고 있다.

대학생 때 교회 어린이학교 아이들의 성탄절 연극 연습을 열심히 지도하고 드디어 무대에 올렸다. 한참 공연이 무르익어갈 때, 여관 주인역을 맡은 호연이가 대사 실수를 했고 관객이 막 웃었다. 호연이는 무대 뒤에 와서 미안하다는 듯 관객이 자기 때문에 막 웃는다고 울먹울먹 하였다. 나는 호연이를 안아주며 이렇게 이야기했다.

"괜찮아! ~ 괜찮아! ~ 잘했어."

나는 웃음 강의할 때 대상에 따라 어떤 것을 이야기할지 미리 계획을 세워 강의하러 간다. 그러나 강의 끝나고 나올 때 만족하지 못하고 후회할 때가 종종 있다. 이것도 빼먹고, 저것도 빼먹고 시간은 또 왜 이렇게 빨리 지나갔는지. 그러나 나에게 항상 이렇게 이야기한다.

"괜찮아! ~ 괜찮아! ~ 그만하면 잘했어."

그렇다. "괜찮아!"는 참 괜찮은 말이다. "나는 너를 이해하고 응원한다"는 배려의 말이다. "그 정도면 잘했어"라고 용기를 주는 말이다. "지금 힘들더라도 낙심하지 말라"는 격려의 말이다. "다시 시작해도 늦지 않다"는 희망의 말이다. "열등감을 이겨내라"는 응원의 말이다. "쓰러져도 일어나라"고 붙잡아 주는 말이다.

"괜찮아"를 외치면 우리는 슬며시 미소를 띠게 된다. '괜찮아'는 용기와 배려, 격려와 응원 그리고 삶의 희망을 다시 불러일으켜 주기 때문이다. 나에게 그리고 다른 이에게 늘 "괜찮아"를 외치며 웃으면 어떨까? 살맛나는 세상으로 바뀌지 않겠는가?

나로호 발사 때 마음속 깊이 감동이 밀려왔다. 비록 궤도 진입에 실패했지만 수고한 모든 이들에게 이렇게 말해주고 싶다.

"괜찮아! ~ 괜찮아! ~ 잘~ 했어요."

21

비빔밥 웃음

30여 년 전 S사 전주공장으로 발령이 나서 처음으로 찾아간 전주라는 도시는 예향의 도시였다. 가는 곳마다 전통 서화가 걸려 있어 자연적으로 우리 문화에 젖어드는 아름답고 소박한 도시였고 판소리 공연도 처음 접한 곳이 전주이다. 전통 한지와 합죽선도 이곳에서 접하게 되었다.

그러나 지금도 가장 잊지 못하는 추억은 역시 입맛이다. 그중에서도 전주비빔밥과 해장국은 단연 세계 최고였다. 비빔밥은 음식점마다 독특한 재료와 방법으로 손님의 입맛을 유혹한다.

○○당, ○○관, 신○○관, ○○회관 … 등으로 비빔밥 순례를 하며 맛을 비교하는 데도 한참이나 걸렸다.

비빔밥은 이제 항공기 기내식 최고의 인기 메뉴로서 세계인의 입맛을 사로잡고 있다. 비빔밥은 이미 우리가 먹고 있던 반찬을 한꺼번에 넣어 버무리는 융합의 기술이다.

우선 밥과 그 위에 넣은 각종 반찬, 여기에 버무림을 위한 고추장, 참

기름의 종류와 그 혼합비율, 온도 등에 의해 무한한 다양성의 맛을 창조하는 어울림의 예술이다.

각자 자신의 입맛대로 깔끔하게 또는 약간 기름지게 또는 아주 맵게 또는 싱겁거나 보통 맵게 스스로 제조도 할 수 있다. 이 어울림의 조화는 세계 어디서도 찾을 수 없는 심오하고 오묘한 맛의 세계로 빠져들게 한다. 그리고 너무도 바쁜 현대인들에게 아주 간편함과 탁월한 건강식으로도 각광을 받고 있다.

퓨전의 시대 21세기에 일찌감치 우리 선조들의 융합기술에 감탄을 갖게 하는 원조 퓨전 음식이다. 확실히 현대는 융합기술의 시대이다.

휴대전화에 인터넷이나 TV나 GPS를 넣고 계산기와 게임과 다이어리도 넣었다. PC에도 엄청난 정보들이 융합되게 되었고, 전화와 화상도 집어넣고, 집안의 많은 살림을 맡아 처리할 수 있는 기술도 융합되게 되었다. 자동차와 로봇에도 인공지능기술과 음성인식정보기술 등이 융합되게 되었다.

비빔밥을 창조한 우리 한국인들의 융합기술은 이제 현대 사회의 모든 융합기술 발전에 많은 역할 담당하게 되었다. 비빔밥이 무한한 맛의 창조를 이루어내 듯 과학적 기술의 융합도 무한한 창조의 세계를 이루어가고 있다.

이제 전 세계는 하나의 지구촌으로 바뀌어 가고 있다. 앞으로 미래의 사회는 국가나 민족주의로 발전하기보다는 거대한 도시 중심의 사회로 바뀌어 가리라고 예측하는 사람이 많다.

거대한 도시 중심의 공동체가 여러 개 융합되어 지구촌을 형성하게 되리라는 것이다. 그렇지만 세상이 아무리 변해도 지구상에 존재하는 인간들은 모두 다 다른 개성과 의미와 소명을 가지고 태어났다. 그래서 생각이 다르고 감정이 다르고 각자의 걸어가는 길이 다르다. 그리고 사상과 이념과 철학과 종교가 다 다르다.

그래서 아무리 융합의 기술이 발전해도 서로 부딪치고, 상처주고, 깨지고, 부서지는 일은 계속 반복해서 일어날 수밖에 없다.

필자는 이런 우리 인간의 다른 생각과 감정, 사상과 이념, 철학, 종교를 함께 평화롭게 융합하는 기술 중의 하나가 바로 웃음이라고 감히 주장한다. 웃음은 인종 간, 문화 간, 종교 간의 장벽을 무너뜨리는 강한 무기이다. 웃음은 각자 다른 개성을 가진 인간 사이의 관계를 평화의 끈으로 묶어준다. 웃음은 서로 부딪치고 깨지고 상처 입은 마음들을 회복시켜 화해와 상생의 길로 안내한다.

비빔밥의 각기 다른 반찬들이 혼합되어 새로운 맛을 창조하는 것처럼 웃음은 각기 다른 인간의 개성을 아울러 새로운 세상을 창조해갈 수 있게 한다. 인간사회에 마음과 마음을 어우르는 가장 절묘한 융합기술은 웃음이다.

달라이 라마는 말한다. "세계 평화를 원하는가? 그러면 지금 당장 옆에 있는 사람에게 미소를 보내라."

황금의 물

나이 지긋해 보이는 신사가 작은 약국 앞에 마차를 세우고 내려서 그 약국 후문으로 살며시 들어갔다. 그리고는 그곳에서 한 젊은이와 은밀하게 한 시간 이상이나 이야기를 나누었다. 이야기를 마친 신사는 마차로 돌아와 낡은 주전자와 약을 휘젓는데 쓰는 커다란 막대를 가지고 다시 들어갔다.

젊은이는 주전자를 조사해 본 다음 안주머니에서 돈뭉치를 꺼내 신사에게 건네주었다. 500달러가 되는 그 돈은 그 젊은이의 전 재산이었다.

신사는 다시 어떤 공식이 적힌 메모지를 젊은이에게 주었다. 그 메모에 적힌 공식은 주전자에 있는 물건을 끓이는데 필요한 것이었다. 신사는 500달러에 주전자와 메모를 판 것에 만족했고 젊은이도 가진 돈을 다 털었으나 큰 기회를 잡은 것에 흡족해 했다. 젊은이는 이 주전자와 막대기와 메모에 자신의 상상력을 집어넣어 혼합물을 만들어냈다.

이 주전자의 알맹이는 지금 전 세계의 수십만 명에게 일자리를 주고,

계속 막대한 급여를 지불하고 있다. 또 그 주전자 알맹이는 막대한 설탕을 필요로 하기 때문에 사탕수수 재배, 설탕정제, 판매에 종사하는 수많은 사람들에게 많은 이익을 제공해 주고 있다.

또 연간 수억 개의 유리병을 소비함으로써 유리공업에 종사하는 사람들을 먹여 살리고 현재는 PET병을 생산하는 수많은 이들에게 일자리를 주고 있다. 그리고 많은 점원, 디자이너, 카피라이터, 광고업자 등에게 일자리를 주고 이 주전자 알맹이를 아름답게 상품화한 예술가에게는 명예나 부를 안겨주었다.

이 낡은 주전자 덕분에 미국의 작은 도시가 최고의 상업도시로 발전하였고, 직접, 간접적으로 이 도시 사람들에게 큰 혜택을 안겨 주고 있다. 이 주전자에서 솟아나오는 황금 같은 물로 남부 최대의 대학이 건립되었고 성공을 꿈꾸는 수천 명의 젊은이가 그곳에서 공부하고 있다.

이 엄청난 부를 안겨준 그 낡은 주전자의 비밀은 바로 코카콜라이다. 자본주의의 꽃이라고도 한다. 제조법을 개발한 노신사는 존 펨버튼이고 거기에 상상력을 더해 비밀의 혼합물을 만든 젊은이는 아서 캔들러이다. 그의 제조 방법은 아직까지도 비밀에 붙여져 있고 120년 동안 은행 금고에 보관되어 있는데 어느 은행인지도 밝혀져 있지 않다. 그래서 정확한 제조법과 성분을 알고 있는 사람은 두세 명에 불과하다고 한다.

지금까지 생산된 코카콜라 병을 늘어놓으면 지구와 달을 1,060번 왕복할 수 있는 길이이고, 4차선 고속도로에 빽빽하게 쌓으면 지구를 83바퀴 도는 거리라고 한다. 세계에서 콜라를 가장 많이 마시는 나라는 아이슬란드로 국민 1인당 1년에 366잔을 마시고 미국은 1년에 240잔, 한국은 33잔 정도 마신다고 한다.

코카콜라는 존 펨버튼이라는 이가 두통약으로 개발했지만 아서 캔들러에 의해 두통을 없애주는 청량음료로 탈바꿈해 전 세계를 석권하게 된 것이다. 아서 캔들러의 상상력은 긍정적 마음자세PMA에서 나온 것이다. 긍정의 마음은 우리 삶에 많은 변화를 가져오며 플러스적 요소로 작용한다.

웃음은 놀라운 상상력을 샘솟게 하는 샘물과 같다. 웃음은 창조력을 무한히 높여준다. 아인슈타인의 창조력도 그 원천이 웃음이었다고 자신이 술회했다.

이땅의 젊은이들에게 웃음을 되찾게 하여 새창조, 강한 한국을 건설했으면 한다.

23

신포도 심리와 단 레몬 심리

이솝우화 중에 여우와 신포도 이야기가 있다. 산속 사냥꾼의 집에는 포도나무가 여러 그루 있는데 포도송이가 어찌나 탐스럽게 열렸는지 보는 사람마다 군침을 흘릴 정도였다.

어느 날 산속에 살던 여우가 포도밭에 들어왔다. 먹음직한 포도를 따먹으려 했으나 너무 높아 따먹을 수가 없었다. 하루 종일 굶은 상태라 배에서는 꼬르륵 소리가 들려왔고 눈앞에 맛있는 포도를 보고 침만 질질 흘릴 수밖에 없었다. 여우는 젖먹던 힘을 다해 힘껏 도약해서 포도를 따려고 했으나 번번이 실패하고 말았다. 결국 여우는 지쳐서 쓰러졌다.

여우는 지나가는 바람소리를 들으며 바람에 하나만 떨어지기를 간절히 바랬다. 하지만 포도는 좀처럼 떨어질 기미가 보이지 않았다. 포도를 한참 쳐다보던 여우는 이렇게 말했다.

"저 포도는 신포도가 틀림없어. 덜 익었기 때문에 설령 딴다하더라도 너무 시어서 입맛만 버릴 거야. 너무 맛이 없어 토하지나 않으면 다행이지. 공짜로 준다고 해도 사양하겠어."

여우는 이렇게 포도 따먹기를 단념하고 주머니에서 작은 레몬을 하나 꺼냈다. 그리고 또 이렇게 중얼거렸다.

"세상에서 가장 맛있고 단 과일은 이 레몬이지. 포도는 바보들이나 먹는 거라고."

여우는 배고픈 것을 참고 돌아갔다.

여기서 '신포도 심리'와 '단 레몬 심리'의 용어들이 나왔다. 신포도 심리는 자신이 갈망하던 것을 얻지 못했을 때 오는 좌절감과 그로 인한 심리적 불안을 해소하기 위해 억지로라도 그럴 듯한 이유를 찾아내는 것을 말한다. 억지로라도 합리적인 이유를 찾아내어 자아를 위로하고 긴장감과 스트레스를 완화하며 불안과 부정적 심리상태에서 벗어나 자아가 상처를 받지 않도록 하는 것이다.

예를 들면 자신이 원하는 회사 입사시험에 떨어졌을 때 그 회사는 퇴근시간이 너무 늦고, 들어가서 경쟁이 심해 승진하기도 쉽지 않고, 근무여건도 별로 좋지 않다는 등의 이유로 안 가길 잘했다고 자아위로를 하는 것과 같다.

단 레몬 심리는 잘 익은 포도를 먹을 수 없자 시디신 레몬을 세상에서 가장 달다고 억지로 인식하는 것처럼 차선의 대상을 미화하는 것이다.

예를 들면 A회사 입사시험에 떨어져 B회사에 입사한 신입사원이 B회사는 중소기업이라서 두각을 나타내기 쉽고, 자기 사업을 할 기회도 많고, 더 빨리 승진할 수 있기 때문에 A회사보다 B회사 입사하길 잘했다고 자신을 위안하는 것과 같다.

이 신포도 심리와 단 레몬 심리는 좌절이 눈앞에 닥쳤을 때 겪게 되는 상실감과 우울감에서 벗어나게 해주고, 가망이 없는 목표를 놓아 버릴 수 있도록 도와주며, 그렇게 함으로서 건강한 심리상태를 유지하고, 어느 정도 자존심을 지키게 해주기 때문에 마음을 다스리는데 상당히 긍정적인 작용을 하는 것은 사실이다.

그러나 문제에 부딪히거나 좌절의 사건이 닥칠 때마다 이런 심리가 작용한다면, 현실을 직시하지 못하고 문제 해결을 회피하며, 부정적인 심리가 타성으로 굳어져 더 큰 좌절과 실패를 초래하게 될 것이다.

그래서 신포도 심리나 단 레몬 심리보다는 단 1%의 확률만 있더라도 끝까지 도전하고 열정적으로 노력해서 문제를 해결하고 좌절을 극복해서 닥친 현실을 개선해 나가는 습관의 인생관이 필요하다. 웃음이 우리 인생에 매우 좋다는 것은 수많은 정보 매체를 통해 잘 알려져 있고, 유명인의 삶이나 명언을 통해서도 그 유익함을 모르는 사람은 별로 없다.

나의 강의를 들은 사람들은 이제부터 웃겠다고 마음속으로 작정한다. 그러나 막상 집이나 직장에서 실천하기는 쉽지 않다. 하루 이틀 노력하다가는 잊어버리거나 또는 특별한 효과를 못 느끼기 때문에 중단한다.

이때 신포도 심리나 단 레몬 심리가 작동한다.

"그래 난 잘 웃지 않는 사람이야. 본래 천성이 그런 사람이라고. 웃는다고 뭐 특별히 달라질 것이 있는 줄 알아? 괜히 다른 사람들한테 미쳤다고 손가락질이나 받지."

"맞아. 웃음 말고도 건강해지거나 행복해질 수 있는 방법은 수백 가지나 있어. 건강을 위해선 웃는 것보다 달리기나 걷기가 최고지. 그리고 내가 행복해지는 데는 골프나 테니스 그리고 맛있는 음식이 최고지. 웃는 것은 나에게 맞지 않아."

이 신포도 심리와 단 레몬 심리를 이겨내고 다시 웃음에 도전해서 꾸준히 웃기는 쉽지 않다. 강의 한 번 듣고 꾸준히 웃음 운동을 하는 사람은 1%도 안 될 것이다.

그러나 하하웃음행복센터에 열심히 출석하고 강한 열망으로 도전하는 사람들은 이 신포도 심리나 단 레몬 심리를 극복하고 내면의 치유뿐 아니라 육체적 건강과 새로운 행복의 삶을 경험하게 된다. 생에 가로막혀 있던 장벽들이 안개 걷히듯 하나하나 걷히고 삶의 근본 문제들이 해결된다. 그리고 웃음의 능력을 체험하고 경탄하게 된다. 그래서 웃음을 나눠주기 위해 열심히 봉사하는 사람으로 바뀌게 된다. 삶의 의식 레벨이 급속히 향상되고 삶의 의미가 달라지게 된다.

웃음의 방해꾼은 신포도 심리와 단 레몬 심리이다.

Part 4
치유

| 체험담 |

20여 년을 홀로 사신 친정아버지께서 갑자기 세상을 떠나시며 슬픔과 비통함이 마음에서 떠나지 않았다. 6남매나 되는 자녀들이 있었음에도 누구하나 임종을 지키지 못했다는 회한과 죄책감은 나를 우울증에 빠지게 했다. 매일 눈물로 세월을 보냈고 차라리 이것이 꿈이었으면 좋겠다고 생각했지만 현실은 감당하기 힘들었다. 무엇인가 탈출구를 찾아야 했다. 누군가 웃음치료를 권했고 막연하나마 간호학원에서 웃음치료를 할 것이라는 생각에 경기도 일대의 모든 간호학원에 전화를 했지만 모두 안 한다고 했다. 마지막으로 의정부 지역의 제일간호학원에 전화를 하니 원장님이 웃음치료를 하신다는 것이다. 내가 사는 성남에서 의정부까지는 전철로 두 시간이 넘는 거리다. 하지만 슬픔과 괴로움을 잊기 위해 다니기로 결심했다. 센터에서 웃음치유를 받고 돌아가면 일주일 내내 행복하고 활력소가 된다. 지금 내게는 세상에서 가장 즐겁고 행복하고 희망이 있는 곳이 바로 하하웃음행복센터이다. 확실히 웃음은 부작용 없는 만병통치약이었고 원장님 웃음소리가 항상 귓전에서 사라지지 않는다. 웃으니 생각지도 못했던 다른 세상이 열리는 군요. 원장님, 너무너무 감사하고 존경하고 사랑합니다. –이 O 자(여, 55세) –

원래 잘 웃는 편이었지만 사람에 대한 배신, 분노로 인해 심한 스트레스에 시달리게 되었다. 이로 인해 우울증, 허리통증, 위장병, 불면증 등등의 질병에 시달리며 힘든 나날을 보내고 있었다. 이대로 살 수는 없었고 무엇인가 돌파구가 있어야 한다고 생각했다.

어느 날 퇴근을 하는 버스 속에서 하하웃음행복센터 간판을 보고 너무 반가워서 버스에서 내려 무조건 찾아갔다. 웃음교실이 열리는 월요일까지 새로운 기대와 설렘으로 기다렸다. 그런데 첫날은 쉽게 웃을 수가 없었다. 그 주간 원장님의 강의내용을 계속해서 생각하며 또 원장님이 쓰신 책 『웃음에 희망을 걸다』를 열심히 읽으며 깨달았다. 내가 나를 사랑하지 않고 열등감에 빠져 나 자신을 학대하고 있다는 것을….

두 번째 웃음교실에 참석해서부터는 정말 원 없이 웃을 수 있었다. 열심히 웃다보니 역시 웃음은 나에게 보약이 되었다. 위장병도 매우 좋아졌고 우울감도 점점 사라지는 것을 느낄 수 있었다. 허리통증도 웃으면 잊어버리고 지낼 수 있었지만 웃지 않으면 금방 신호가 온다. 웃어달라고… 오래된 불면증은 아직 다 낫지 않았지만 점점 좋아지고 있고 계속해서 열심히 노력하면 나을 수 있다는 희망을 가지고 살아간다. 원장님은 자신을 사랑하는 법을 가르쳐 주셨고 웃음이라는 당첨된 복권처럼 큰 행운을 주셨다. 그것도 무료로. 또 많은 분들이 따뜻하게 감싸주셔서 너무너무 행복합니다. 사랑합니다. 감사합니다.

– 강 O 영(여, 54세) –

웃음과 마약

신문이나 방송에 종종 끊이지 않고 등장하는 것 중의 하나가 마약 중독에 관한 기사이다. 연예인뿐 아니라 원어민 강사 또는 사회의 각계각층에서 마약은 꽤 많이 사용되는 듯하다.

말기 암의 통증으로 힘들어 하는 이들이나 수술 후 통증감소, 무통분만 등 일시적 고통으로부터 벗어나기 위해 마약은 매우 필요한 약이다.

그러나 마약은 일시적으로 세상의 고통, 근심을 잊게 해주지만 쾌락에 탐닉하게 하여 환상, 망상, 파괴 등 정신적으로 많은 문제를 일으키며 결국 인생을 파멸로 이끌어간다. 한번 마약에 중독되면 그것으로부터 벗어나기는 매우 어렵다.

사람들은 수천 년 전부터 피로감을 없애주고 황홀한 도취감을 느끼게 해주는 물질들을 사용해 왔다. 예를 들면 알코올이 주성분인 각종 술과 양귀비로부터 채취한 아편을 정제해서 만든 모르핀 등이 그런 것들이다. 이들은 행복감을 가져다준다고 하여 애용되었고 수천 년의 역사가 흐르는 동안 인간의 생활 속에 뿌리 깊게 전해져 내려왔다.

술도 넓은 의미에서 보면 마약류의 한 부류에 속한다. 20세기에 들어서면서 모르핀에서 헤로인이 합성되었다. 이 헤로인은 의존성이나 중독성이 없다고 선전하였으나 임상에서 심한 중독성이 있는 것으로 판명되어 마약으로 분류했다. 이미 잉카제국에서는 코카에서 추출되는 코카인이 피로감을 잊고 행복하게 해주는 약물로 많이 애용했다고 한다.

마약 중에 진통효과가 가장 강력하고 효과가 빠른 진통제는 모르핀이다. 모르핀은 아픔을 느끼는 뇌세포 속으로 들어가서 아픔을 멎게 한다. 우리의 뇌 속에는 모르핀을 받아들이는 그릇이 있기 때문이다. 이 그릇을 수용체라고 부른다. 모르핀의 수용체는 열쇠구멍처럼 모르핀이라는 열쇠에만 꼭 들어맞고 다른 물질은 받아들이지 못한다.

이렇게 모르핀만 받아들일 수 있는 수용체가 있다면 이미 우리 뇌 속에 모르핀과 꼭 같은 열쇠들이 이미 존재하고 있다는 것을 뜻한다. 이런 가정하에서 시작된 것이 뇌내 마약의 연구이다. 이런 연구를 통해 모르핀처럼 강력 진통효과를 발휘하는 엔도르핀이나 엔케팔렌 등의 호르몬을 발견한 것이다.

연구 결과 엔도르핀의 수용체는 뇌 속뿐만 아니라 온몸에 분포되어 있는 것으로 밝혀졌다. 우리가 몸에 상처를 입으면 초기에는 몹시 아프지만 시간이 지나면서 아픔이 경감된다. 이는 시상하부에서 생산되는 엔도르핀이 상처 부위의 엔도르핀 수용체와 결합해서 진통효과를 발휘하기 때문이다.

최근 연구 결과에 의하면 엔도르핀이나 엔케팔렌의 진통효과는 모르핀의 200~300배 정도 강하다고 한다.

강력 진통제들은 대부분 마약으로 중독성이 있으나 우리 몸속에서 만들어지는 천연진통제 엔도르핀이나 엔케팔렌은 의존성이나 중독성이 없는 것으로 밝혀졌다.

이런 물질을 인공적으로 합성할 수만 있다면 꿈의 진통제가 될 수 있겠지만 인간이 인공적으로 만들 수는 없다. 엔도르핀은 진통효과뿐만 아니라 황홀감도 준다.

예를 들어 마라톤을 할 때 10km를 지나면서 언제부터인가 기분이 좋아지고 황홀한 도취상태에 이르는 시간이 한동안 지속된다. 이를 러너스 하이Runner's High라고 하며 이는 고통을 없애기 위해 뇌에서 엔도르핀이 방출되어 온몸으로 순환하기 때문이다.

섹스의 쾌감도 엔도르핀의 분비에 따른 것으로 생각된다. 지속적으로 많은 엔도르핀의 생산을 위해서는 마라톤이나 등산 등 고통을 수반하는 운동이 좋으나 단시간에 효과적으로 엔도르핀을 생성하기 위해서는 웃는 것이 좋다.

15초만 웃으면 뇌 속에서 5분 정도 지속될 수 있는 양의 엔도르핀이 생성된다. 그래서 10분간 웃으면 2시간 정도의 심한 통증으로부터 벗어날 수 있게 된다.

필자는 5시간을 웃어서 만성두통이나 견통을 사라지게 한 후 이 글을 쓰고 있는 시간까지 7년이나 지속적으로 웃어 만성적인 통증을 느끼지 않으며 지내고 있다.

하하웃음행복센터에도 1년간 진통제 없이 살지 못했던 암 환우는 웃음 훈련을 시작한 지 한 달 후부터 진통제로부터 해방되어 2년 가까이 진통제 없이 생활하고 있다.

통증을 없애는 것은 물론 삶의 방향이 완전히 달라져 새로운 희망과 긍정적인 인생을 살게 되는 예를 하하웃음행복센터에 나오는 이들에게서 경험하는 것은 매우 흔한 예이다.

열심히 웃기만 한다면 많은 이들이 마약의 유혹으로부터 벗어날 수 있을 뿐 아니라 자신의 인생을 확실히 긍정과 희망의 삶으로 변화시킬 수 있을 것이다.

아름다운 인생을 만들어 가는 삶의 예술 중 하나는 웃는 삶이다.

2 무기력 우울증

철판 위에 양을 한 마리 올려놓고 온도를 서서히 올리는 실험을 하였다. 온도가 올라갈수록 양은 우는 소리를 내며 발을 드는 동작을 되풀이했다. 온도가 더 올라가자 펄쩍펄쩍 뛰기까지 했다.

이때 옆에 있는 스위치를 건드리자 불이 꺼지고 온도가 내려가 양은 편안해졌다. 이같이 불을 붙여 온도를 올리는 실험을 몇 번 더 시행했으나 양은 펄쩍펄쩍 뛰지 않게 되었다.

뜨거워질 때쯤이면 스위치를 끄는 학습을 반복했다. 그러나 이런 학습을 여러 번 거친 뒤 이번에는 스위치를 건드려도 불이 꺼지지 않도록 만들었다. 철판 위의 양은 당황하기 시작하였다. 아무리 스위치를 건드려도 철판은 계속 뜨거워졌기 때문이다.

이 실험은 양이 견딜 수 있는 정도까지만 온도를 올리므로 양은 죽지 않았지만 매우 불쾌감을 느끼는 환경이었다. 한참이나 스위치를 건드려 보던 양은 포기하고 드러누워 버렸다. 살아 있지만 축 처진 무기력한 모

습으로 주저앉아 버리고 만 것이다. 이렇게 체념하고 무기력하게 주저앉은 상태를 '무기력helplessness 우울증' 상태라고 한다.

국내 굴지의 D그룹 전 회장의 자살 소식은 무기력 우울증에 대해 다시 한 번 생각하게 한다. 수많은 사람들을 휘하에 두고 리더십을 발휘해야 하는 CEO들은 대개 존경받고 대접받는데 익숙해 있다. 그러다가 갑자기 비판을 받는 처지로 바뀌게 되면 상실감이 훨씬 더 커지게 된다. 거기다가 끈끈한 연대로 문제를 함께 해결해 가야 할 가족들로부터의 냉대와 계속된 사업의 부진은 그를 심한 무기력 우울증으로 몰고 갔을 것이다. 나름대로 이것저것 스위치를 누르듯 비상조치들을 취해 봤으나 점점 더 커져가는 회사 부채는 그를 절망의 상태로 빠뜨렸을 것이다. 과거와 엄청나게 달라진 현재 자신의 모습을 인정하지 못하고 무기력 우울증을 견디다 못해 극단적 선택을 한 것이라 생각된다.

실제로 좋은 학교 나오고 많은 것을 가져본 사회 지도층 인사들은 이 무기력 우울증을 더 잘 견디지 못하고 빨리 좌절한다고 한다. 그리고 CEO가 받는 정신적 압박은 일반사원들보다 훨씬 더 크다. 무기력 우울증에 빠지면 불면증에 시달리게 되고 식욕을 잘 느끼지 못하게 된다. 매사에 흥미가 없어지게 되며 해야 된다는 의욕도 없어진다.

세상에서 인간이 행복하기 위한 구성요건인 자는 맛, 먹는 맛, 노는 맛, 사는 맛들을 잃어버리게 된다. 그리고 비관적 생각과 우울한 감정에서 빠져나오지 못하고 자신들이 세상에서 가장 불행한 사람이라고 간주하게 된다.

무기력 우울증은 분명한 질병으로서 항 우울제 등의 약물치료와 상담이 필요하지만 많은 이들이 자신은 치료받을 대상으로 생각하지 않는데 더 큰 문제가 있다. 그래서 치료 시기도 놓치고 깊이 악화된 후에야 병원을 찾게 된다.

현대 사회는 점점 더 복잡해지고 노령화 사회가 되어 노인들의 '무기력 우울증' 은 급속히 늘어나고 있다. 노인뿐 아니라 소아 청소년들의 무기력 우울증도 급속히 늘고 있다. 놔두면 쉽게 회복될 수 있는 가벼운 정신증상 정도로 잘못 생각하기 때문에 적절한 치료 시기를 놓치게 된다. 무기력 우울증 증세에 있는 이들 중 10~15%는 자살을 기도한다고 한다. 1차 진료를 받은 환자나 신체적 질병을 앓고 있는 환자의 약 30%는 이 무기력 우울증을 경험한다.

이 무기력 우울증을 치유하는 일은 생명을 구하는 작업이다. 억지로라도 웃어야 한다. 웃으면 인간 상호관계의 고립에서 벗어날 수 있다. 웃게 되면 자신 내부로만 향해 있던 시선을 다른 곳으로 서서히 돌릴 수 있다. 웃게 되면 주관적으로 사건에 대해서만 몰입하는 데서 객관성을 부여할 수 있다. 웃게 되면 큰 바위 만큼이나 무거운 무기력 우울증으로부터 점점 벗어날 수 있다.

육체적으로나 심리적으로 생기를 회복할 수 있다. 그런데 대부분은 웃을 수가 없다고 한다. 우울의 정도가 심해 도저히 웃을 수 없는 사람은 울지도 못한다.

이런 사람은 먼저 약물과 상담으로 치료를 하면서 차차 웃는 것을 병행하면 좋다. 여기까지 가기 전에 웃음으로 무기력 우울증 예방약을 부지런히 먹어두자.

독과 약이 되는 식물

1940년대 호주 서부에 있는 목장들이 큰 곤란에 빠졌다. 평소 건강하던 양들이 임신이 안 되거나 유산되는 사태가 속출한 것이다. 낙농전문가들이 모여 원인을 찾으려고 애를 쓰는 동안 양들은 이제 대가 끊길 정도의 위기로 발전했고 목장주들은 어찌 할 바를 몰라 쩔쩔맸다.

그런 와중에 드디어 전문가들이 그 원인을 밝혀냈다. 그 범인은 바로 토끼풀이었다. 이 토끼풀이 양들의 임신을 방해한다는 이야기는 이러했다. 토끼풀은 원래 유럽의 다습한 기후에 길들여져 있었는데 호주로 건너온 후에는 건조한 기후에 적응해야 했다. 그래서 강수량이 매우 부족하고 과다한 일조량이 있는 해에는 자신들이 살아남기 위해 '포로모노네틴' 이라는 강한 피토에스트로겐을 생산한다.

이 피토에스트로겐은 피임약의 주성분으로 토끼풀을 먹는 동물들이 임신을 못하게 함으로서 개체수를 줄어들게 만든다. 그래서 자신들이 살아남기 위한 확률을 매우 높이게 되는 것이다.

즉 '포로모노네틴' 은 토끼풀들의 비밀병기이며 자신을 위한 방어기제인 것이다. 후에 '칼 드제라시' 는 이런 식물들의 피임 물질을 추출하여 사람들의 피임약을 개발하였다.

1951년 고구마에서 생산되는 피토에스트로겐의 일종인 '디소게닌' 을 이용해 최초로 경구피임약을 만들어 상용하게 된 것이다.

청양고추는 매운 맛을 자랑한다. 하바네로 고추는 매운 정도가 너무 심해 입이 타고 중독되는 느낌을 준다. 다 '캡사이신capsaicin' 이라는 성분의 물질이 함유되어 있기 때문이다.

이 매운 맛은 포유동물만이 느낄 수 있다. 그래서 하바네로 고추를 가장 위협할 수 있는 쥐 등의 설치류는 이 매운 맛을 견딜 수 없게 한다.

포유류가 고추를 먹으면 고추의 작은 씨앗까지 소화시켜 자신의 자손을 널리 퍼트릴 수가 없고 개체번식에 위협을 받게 되므로 포유류만 느낄 수 있는 이런 물질을 준비하고 있는 것이다.

반면 조류들은 고추를 먹어도 씨앗이 소화되지 않고 또 새들은 캡사이신에도 매운 맛을 느끼지 않아서 공중을 통해 널리 씨앗을 퍼뜨릴 수 있게 한다.

그러나 고추의 매운 맛인 캡사이신을 사람이 적당히 섭취할 때 스트레스를 줄여주고 기분이 좋아지는 엔도르핀 분비를 촉진시킨다고 한다.

또 신진대사율을 25%나 높여주고, 관절염이나 수술 후의 통증을 완화시키는데 도움이 된다고 한다. 우리가 많이 먹는 셀러리는 자신이 상처를 입으면 소랄렌psoralen이라는 독물을 만들어 자신을 방어한다.

상처 났을 때 평소보다 무려 100배나 많은 소랄렌을 생산해서 벌레가 갉아먹거나 병균 침입에 대항하게 된다.

이런 소랄렌 때문에 셀러리 농장에서 일하는 농부들은 피부에 많은 문제가 생긴다. 그래서 피부암으로 발전하기도 한다. 그렇지만 이런 소랄렌도 건선이 있는 사람에게는 크게 도움이 된다고 한다.

버드나무 껍질은 모여드는 벌레들을 퇴치하는 독성의 화학물질을 분비한다. 이 화학물질을 이용해서 인간은 아스피린이라는 만병통치약에 가까운 약을 만들어냈다. 혈액을 희석해 혈압을 낮추고 해열 진통에 매우 좋은 약이지만 위장장애를 일으키는 단점이 있다.

마늘에 함유되어 있는 알리신도 자신을 보호하기 위한 독성물질이다. 그렇지만 알리신은 인간의 혈액에 녹아들어 혈소판이 서로 달라붙지 않게 하여 혈전이 생기지 못하게 함으로서 심장병 예방에 큰 도움이 되는 것으로 알려졌다.

식물들은 자신들을 보호하기 위해 독성물질을 만들어내고 사람들은 매년 5,000내지 1만 가지의 식물성 독성물질을 먹는다고 한다. 반면 사람들은 식물에서 60%이상의 약을 얻는다고 한다. 이것이 식물의 이중성이다. 독이 되기도 하고 약이 되기도 하는 것이다.

웃음도 부작용을 일으킬 수 있는 부정적 요소가 몇 가지 있다.

어떤 젊은이가 공원 벤치에 앉아 있는데 행복한 웃음소리가 들렸다. 젊은이는 웃음이 나오는 집으로 침입해서 옥탑방에서 행복하게 웃는 가족들을 모두 살해했다. 물론 젊은이의 정신상태는 심한 우울증으로 정상이 아니었다.

거의 드문 예이지만 극도로 우울증이 심한 환자에게 웃음은 폭력을 유발할 수 있다.

감기나 인플루엔자 바이러스에 감염된 이들은 소리내어 크게 웃는 것을 자제함이 좋다. 바이러스의 전파 때문이다.

배나 등을 절개하고 외과적 수술을 한 경우도 봉합된 상처가 확실히 아물 때까지 크게 웃는 것을 자제해야 한다.

혈압이 매우 높은 고혈압 환자들은 크게 웃는 것을 자제해야 한다. 일시적 혈압 상승으로 인한 부작용 때문이다.

그러나 이런 특별한 몇몇의 경우들을 제외한다면 크게 웃는 것이 모두 약으로 작용한다. 만병통치약으로 그것도 부작용이 없는 만병통치약으로 작용하는 것이다.

웃음약은 식물이 자신을 보호하듯 인간들이 자신을 보호할 수 있도록 신이 내려준 특효약인 것이다.

면역력을 강하게 하는 방법

영국의 내과의사인 제너Edward Jenner는 이상한 점을 하나 발견하였다. 우유 짜는 사람들은 모두 우두cowpox를 앓게 되는데 우두를 한 번 앓고 난 사람은 당시 무시무시했던 천연두smallpox에 걸리지 않는다는 것이었다.

그는 정상인에게도 우두농양을 접종한 후 천연두 균을 주입하여도 천연두가 발생하지 않을 것이라는 확신을 관찰 결과 얻을 수 있었다.

그래서 자신의 아들을 실험대상으로 택했다. 그때 그의 아들 나이는 불과 8세였다. 이런 위험한 실험에 대해 많은 이들이 조롱과 비난을 퍼부었으나 제너는 실험을 강행하여 자신의 확신을 증명하였다.

우두농양을 접종한 자신의 아들에게 천연두 균을 주입하여도 천연두가 발생하지 않는다는 것을 몸소 일반인들에게 확인시켜 줌으로 현대 의학의 백신 접종 개념을 확립시켰다. 인위적으로 적응성 면역력을 갖게 한 것이다.

이것은 면역학뿐 아니라 현대 의학 발전에 아주 중요하고도 용기 있는 실험이었다.

면역免疫 immunity이란 전염성 질환인 역疫을 면免하게 해준다는 단어적 뜻이 있다. 내 몸을 유지하고 있는 성분 이외의 물질이 내 몸속에 들어왔을 때 이로 인해 야기될 수 있는 질환을 근원적으로 차단해서 자신을 보호하기 위한 작용이 면역이다.

이 세상에는 질병을 유발하는 수십만 내지 수백만 종의 병원체들이 존재하고 있지만 인간의 면역체계는 이들과 대항해서 그 임무를 훌륭히 감당하고 있다.

아직도 많은 사망자를 내고 있는 후천성면역결핍증AIDS이나 신종 조류독감AI, 중증급성호흡기증후군SARS 등에 대해선 예방 백신이나 치료 백신의 개발이 좀 더 필요하지만 얼마 안 가서 가시적인 좋은 성과들이 있을 것이다.

우리에게 있는 선천적 면역체계와 적응성 면역체계가 강할수록 질병에 걸리지 않게 되지만 이런 면역체계의 면역력이 저하될수록 우리는 여러 가지 질병에 걸리게 된다.

현대 질병의 특징은 외부의 병균이나 바이러스의 침투보다는 스트레스에 의한 면역력 저하로 질병이 많아진다. 즉 현대 질병의 90% 이상은 과도한 스트레스에 의한 것이라고 할 수 있다.

오스트레일리아의 한 연구팀은 배우자를 잃은 26명의 혈액을 조사했다. 그 결과 그들의 체내에선 NK세포를 비롯한 면역 담당 세포들의 이질적 세포에 대한 공격력이 현저히 떨어져 있음을 발견했다. 확실히 오랫동안 같이 살던 배우자가 죽거나 극심한 스트레스를 받는 사건을 겪은

이들은 암이나 당뇨병이나 뇌혈관 질환, 심근경색 등에 걸리는 경우가 많다는 것을 알 수 있다. 스트레스에 의한 면역력 저하가 그 원인인 것이다.

또한 40세가 지나서 해외노선을 정기적으로 운항하는 조종사들은 수명이 매우 짧다고 한다. 시차라는 스트레스 때문인데 어린이나 젊은이들에겐 크게 영향을 주지 않지만 중년 이후에는 몸의 저항성을 크게 떨어뜨리는 요인이 된다.

1960년대 로버트 구드라는 의사는 최면술을 걸면 면역계에 어떤 영향을 미치는가 확인해 보기로 했다. 그는 최면상태에 있는 사람의 양팔에 알레르기 환자의 혈청을 주입한 후 다시 알레르겐을 주사했다.

이론상 양팔은 똑같은 알레르기 반응이 일어나 똑같이 붉게 부풀어 올라야 한다. 그런데 그는 피험자에게 다음과 같은 암시를 걸었다.

"당신 한 쪽 팔에는 반응이 일어난다. 그러나 다른 쪽은 일어나지 않는다."

결과는 최면을 걸은 대로 일어났다. 마음이 면역계에 강한 영향을 미치는 것이다. 마음을 강하게 먹으면 면역계도 강하게 할 수 있다. 마음가짐의 여하에 따라 면역 기능은 강하게도 약하게도 할 수 있는 것이다.

화를 잘 내는 사람, 타인과 감정적인 충돌이 잦은 사람, 원기가 약한 사람들은 질병에 잘 걸리거나 증상이 악화되기 쉽다.

일본의 한 의사가 19명의 암 환자를 데리고 오사카의 웃음극장에 갔다. 가기 전 혈액을 채취해서 NK세포의 수를 측정했다. 극장에서 3시간 동안 만담과 콩트로 마음껏 웃은 후 다시 혈액 검사를 했다. 결과는 암과 싸우는 NK세포가 최대 6배까지 증가하고 80%나 활동성이 증가하였다.

웃음으로 암을 치료할 수 있음을 보여주는 실험이었다.

웃는다는 것은 면역력 향상에 가장 효율적인 방법이다. 항상 웃으면서 "나의 NK세포는 점점 강해진다!", "암에게 나는 절대로 지지 않아!" 외치며 강한 신념으로 무장하면 암도 멀리 달아날 것이다. 암병동마다 웃음 방을 설치해서 마음껏 웃도록 유도해 봄이 어떨까? 효과 정말 좋을 것이다.

매일매일 하루 10분씩만 웃는 일에 투자하면 면역력은 강하게 된다. 그래서 질병을 이기는 힘이 강화된다. 혹시 암 환우라면 "고쳐주셔서 고맙습니다"라고 하루 종일 되뇌이며 웃자.

케이시 굿맨이라는 유방암 환자는 그렇게 외치면서 두 달 반만에 완치되는 기적이 나타났다.

나에게도 그런 기적은 일어난다.

화내는 것 길들이기

화를 잘 내는 소년이 있었다. 어느 날 소년의 아버지는 아들에게 못이 잔뜩 든 주머니를 주면서 이렇게 말했다.

"네가 화를 낼 때마다 이 못으로 나무 울타리에 못을 박아라."

첫날부터 소년은 30개의 못을 박았다. 그러나 몇 주가 지나는 동안 소년은 화를 참는 법을 터득해 갔고 못을 박는 횟수도 눈에 띄게 줄어들었다. 소년은 마침내 결심을 했다. 담장에 못을 박으러 가는 것보다 화를 참는 게 낫다고 생각하고 화를 참는 결심을 하게 된 것이다.

어느 날 화를 한 번도 내지 않아 못을 박지 않아도 되었다. 소년은 흥분해서 이 사실을 아버지에게 알렸다. 아버지는 새로운 주문을 했다.

"이제 화를 내지 않은 날에는 못을 하나씩 뽑도록 해라."

시간이 꽤 흘러 소년은 못을 다 뽑았다고 아버지께 이야기를 했다. 아버지는 소년의 손을 잡고 울타리로 갔다. 아버지가 이야기했다.

"잘했구나, 그런데 울타리에 난 구멍들이 보이느냐?"

"보입니다."

"울타리는 예전에 있던 멀쩡한 울타리가 아니다. 화가 났을 때 네가 했던 말들은 바로 이 울타리의 구멍과 같은 흉터를 남기는 거란다. 화를 낸 후 아무리 미안하다고 사과해도 상처는 여전히 남는 것이란다."

어느 마을에 선량하게 살던 사람이 동네 사람들의 오해로 인해 모함을 받았다. 선량한 사람은 나쁜 소문이 계속 번지자 큰 피해를 입게 되었다. 그래서 모함을 한 사람을 찾아내 사실을 이야기했다. 그러자 모함을 한 사람은 잘못을 시인하고 용서를 빌었다.

선량한 사람은 "그렇다면 나하고 같이 할 일이 하나 있네"라고 말한 후 함께 오리털 베개를 가지고 산 위로 올라갔다.

"여기서 베갯속 오리털을 하나씩 날리게."

산 위에서 부는 바람에 베갯속 오리털을 모두 날렸을 때 선량한 사람이 계속 말했다.

"이젠 날아간 오리털을 모두 찾아오게."

"아니, 거센 바람에 날아간 오리털을 어디서 다시 찾을 수 있겠나?"

"바람에 날아간 오리털을 다시 찾을 수 없는 것처럼 이미 나간 말을 찾을 수도 없다네, 그러니 다시는 모함하지 말게."

문명이 발달하고 사회가 복잡해질수록 사람들은 화를 잘 참지 못하고 별일 아닌 데도 자주 화를 낸다. 그리고 경쟁은 날로 심해지고 남을 이기고 올라서기 위해 험담과 모함이 점점 더 많아지는 세상을 살고 있다. 이런 일들은 자신의 발전이나 성공을 위해서도 바람직하지 않은 데도 많은 이들이 이렇게 해야 자신의 주가가 올라가는 줄 아는 착각 속에 살고 있다. 그래서 현대 사회에서 진실로 온유하고 부드럽고 정직한 사람들을 찾아보기가 힘들어졌다. 이런 사람들은 처세술에 문제가 있다고 생각하기 때문이다. 화를 내든 험담을 하든 부정적인 것들은 마음에 상처를 남기고 다시 원상태로의 회복은 불가능하다. 그래서 너와 나 사이의 믿음을 파괴하고 불신의 사회를 만들어 간다. 화를 내기 전에, 또 험담을 하기 전에 마음에 남을 상처와 회복이 불가능함을 깊이 생각해야 한다.

고트만 비율Gottman's Ratio이라는 것이 있다. 이를 5:1의 비율의 법칙이라고도 한다. 즉 한 번의 부정적인 반응을 상쇄하기 위해서는 5배 이상의 긍정적인 반응이 필요하다는 것이다. 그러나 화를 내거나 험담을 하는 경우에는 5배가 아니라 다섯 배의 다섯 배를 긍정적으로 노력해도 완전히 회복되지 않을 것이다.

우리가 평소에 웃는 연습을 많이 해서 습관화하면 화를 내는 일이나 다른 이를 험담하는 일이 눈에 띄게 줄어든다. 그만큼 평소의 감정과 생각을 긍정적으로 관리하고 유지하고 있기 때문이다.

필자는 웃음을 본격적으로 삶에 도입하기 전에는 화내는 일이 무척 많았다. 그러나 웃음을 매일매일 연습하다보니 만사가 여유로워지고 화내는 습관이 사라졌다. 50년 이상의 좋지 않은 습관이 웃음으로 사라져 버린 것이다. 웃음이 긍정에 미치는 효과는 이처럼 탁월하다.

"나는 왜 자주 욱 하고 화를 잘 낼까?" 하고 고민하는 분들은 의식적으로 하루 10분 정도씩 3주 동안 웃어보라. 인생이 바뀌기 시작할 것이다. 남에게 관대해지며 험담하는 일도 사라지게 될 것이다.

웃음은 나뿐 아니라 이웃을 위해서 또 세상을 위해서 내가 연습하고 습관화해야 될 중요한 덕목이다. 마음에 상처를 입거나 입히는 일이 적어지도록 평소에 웃는 습관을 체질화하자.

파동치료

미국 샌프란시스코의 한 종합병원 내과 의사인 버드는 심장병 환자를 대상으로 실험을 하였다. 즉, 환자가 입원하는 순서에 따라 400명을 200명씩 두 그룹으로 나누었다.

A·B그룹 모두 동일한 의사들에 의해 동일한 방법으로 치료하였다. 그러나 A그룹은 미국 전역에 살고 있는 신앙심이 돈독한 여러 사람에게 부탁하여 빨리 치유되어 퇴원할 수 있도록 기도를 부탁하였고, B그룹은 그렇게 하지 않고 치료만 하였다. A그룹에 속한 환자들은 자신들을 위해 누군가가 기도하고 있다는 사실을 알지 못하였다. 6개월이 지난 후 두 그룹을 비교한 결과 항생제 투여량이 B그룹에 비해 A그룹이 1/5에 불과하였고, 폐렴합병증도 1/3에 불과했다. 그리고 A그룹에는 기도 삽관수술과 사망자도 없었다.

기독교인의 입장에서는 중보기도에 의한 하나님의 신유의 은총이라고 이야기하겠으나 에너지 의학에서는 마인드 에너지에 의한 질병의 파동치료라고 한다. 즉, 마음의 파동이 물리적 에너지처럼 육체를 떠나서 시공간을 이동해 환자에게까지 전파된 것이다.

미국의 하트매스Heart Math연구소에서는 사람의 심박동에 의한 파동의 변이를 분석하였다. 즉 분노할 때는 마음이 불규칙적인 파동을 보이나 사랑의 감정을 가질 때는 안정된 파동을 보였다. 이 불규칙적인 파동은 암 환자에게서 많이 나타나는 형태이나 안정된 파동은 무병장수하는 사람들에게서 많이 볼 수 있었다. 그래서 연구소에서는 암 환자들에게 사랑의 감정을 갖도록 연습시켰는데 불규칙한 파형이 안정된 파동으로 교정되지 않으면 치료가 되지 않음을 알 수 있었다. 사랑하는 마음의 파동이 자신의 암을 치료하는 것이다. 또 하트매스연구소는 사랑의 감정을 갖는 사람들은 스트레스 호르몬이 감소하고, 혈압이 떨어지고, 면역력이 증가하고, 노화가 방지되는 것을 확인하였다.

파동치료의 하나로 명상을 하는 방법이 있다. 마음을 비우든 집중하든 하나로 모아 뇌파를 동조시키는 방법이다. 명상을 하면 스트레스 호르몬인 코티졸cortisol이 감소되고, 수축기혈압과 이완기혈압이 떨어지며, 동맥의 혈관 직경이 넓어지고, 뇌세포 숫자도 증가한다고 한다.

이미지를 활용하는 방법도 파동치료의 범주에 속할 수 있다. 미국의 종양학자 칼 사이몬튼은 거의 절망적인 후두암 환자에게 이렇게 상상하라고 하였다. 즉 치료할 때 방사선은 수백만 톤의 에너지를 가진 탄환으로 상상하며 암세포들을 모조리 박살 내는 모습을 그리라는 것이었다. 그 결과 2개월 만에 암의 모든 징후가 사라졌다고 한다.

이미지 요법의 다른 예로 암세포를 엉성한 먹잇감으로 이미지화하고 암세포를 잡아먹는 NK세포(자연살해세포)를 강한 악어로 이미지화해서 암세포를 발견한 악어가 마구 먹이를 잡아먹는 장면을 상상하며, 또한 먹잇감이 점점 줄어들어 없어지는 장면을 상상하게 하였다.

또 환자가 병원에 가서 MRI를 찍었는데 의사가 완치되었다고 이야기 해주는 장면과 날아갈 듯 좋아서 집으로 돌아오는 장면, 다시 새로운 각오로 일터에 나가는 장면을 이미지화하라고 하였다. 그 결과 아무것도 하지 않은 환자에 비해 수명이 2배로 연장되었으며 암의 환부가 완전히 소멸된 경우가 22%나 되었다고 한다. 그리고 50%의 환자가 삶의 질이 현저히 향상되었다고 한다.

웃는다는 것도 파동치료의 한 종류로 볼 수 있다. 마음과 뇌의 파동이 공명하기 때문이다. 미국의 듀크병원 암센터, 메릴랜드 대학병원 소아암 병동, 뉴욕 슬로앤 케터링 암센터 등에서 유머와 웃음요법이 사용되고 있다. 유머와 웃음은 스트레스 감소, 통증 감소, 면역력 증강, 혈액순환 개선, 조직 내 산소 증가, 혈당상승 감소, 혈압 감소, 뇌세포 활성화 등등 인체에 매우 좋은 영향을 준다.

일본에서 실험한 결과에 의하면 18명에게 웃게 한 뒤 NK세포를 조사하였더니 13명이 NK세포 활성도가 3~4배나 증가하고 NK세포 숫자도 증가하였다.

파동치료는 인간을 물질과 에너지 장과 마음이 삼위일체로 되어 있는 존재로 보는 것이며, 미래 에너지 의학의 발전과 함께 중요한 치료의 한 부분으로 자리 잡게 될 것이다. 역시 이곳에도 웃음은 중요한 인자로 또 중요한 방법으로 자리매김하게 될 것이다.

열심히 웃으면 내 몸의 변화를 스스로 안다. 에너지 의학, 파동치료 등의 단어들을 몰라도 웃는 사람은 치료의 효과를 느끼고 행복해진다.

7 스트레스와 심혈관 질환

로버트 사폴스키는 아프리카 초원에서 얼룩말을 대상으로 스트레스가 생리적인 면에 미치는 작용을 오랜 기간 연구해서 『왜 얼룩말은 위궤양에 걸리지 않는가?』라는 책을 썼다.

그는 정기적으로 진정제를 장전한 총을 쏜 뒤 얼룩말의 혈액을 채취해서 연구를 하였다. 얼룩말의 하루는 거의 권태로움 가운데 잠깐씩 몇몇 순간들만 몹시 불안함을 느낀다는 것이다.

즉 하루 종일 무리 속에서 어울려 풀을 뜯어 먹으면서 서서히 움직일 때는 한가하고 여유로운 일상을 보내다가 사자나 표범 등 사나운 동물과 조우하는 몇몇 순간만 불안한 긴장 속에 지난다는 것이다.

얼룩말도 생리적으로 사람과 비슷한 반응을 보여 사나운 동물과 조우할 때는 심장박동이 매우 빨라지고 아드레날린과 코티졸이 온몸에 퍼져 기민한 동작으로 달아날 수 있다는 것이다. 하지만 얼룩말이 일단 다시 안전한 상태에 이르면 생리적인 스트레스 반응이 곧 사라지고 평소의 상태로 바로 되돌아간다는 것이다. 매우 빠른 회복력을 보인다.

그러나 인간은 얼룩말처럼 빠른 회복력이 불가능하다. 그것은 인간이 미래를 예측하고 상상하며 과거를 기억하는 독특한 능력을 가지고 있기 때문이라고 한다. 그래서 심한 스트레스를 받는 상황에 있었던 사람들은 종종 정상적인 상태로 되돌아가는데 심각한 어려움을 겪게 된다. 스트레스나 외상을 주는 사건이 지나간 후에도 평상시의 안정된 상태로 돌아가지 못하고 계속해서 생리적으로 괴로움을 겪는 것이다. 외상 후 스트레스 장애가 바로 이로 인한 대표적인 질병이다.

스트레스는 사람들의 심장박동수를 높이고 따라서 뇌졸중과 심장 질환의 위험을 증가시키며, 극단적인 정서적 사건은 직접 심장마비를 일으켜 사망에 이르게도 한다. 분노, 우울, 격분, 비난, 불안, 두려움 등의 정서적 감정이 많은 사람이 그렇지 않은 사람보다 심장마비나 고혈압에 걸릴 가능성이 몇 배나 높다. 스트레스가 많은 일을 하거나 결혼생활에 문제가 있는 사람들이 실제로 심장마비나 동맥경화로 고통 받을 확률이 매우 높아진다.

우리 몸속에는 피브리노겐이라는 물질이 있다. 상처를 입었을 때 혈액이 응고되기 위해 반드시 필요한 물질이다. 그런데 이 피브리노겐이 너무 증가하면 심장병 발병확률이 높아진다. 행복한 사람들은 이 피브리노겐 수치가 매우 낮다고 한다.

한 실험에서 불행한 사람이 스트레스 요인에 반응할 때는 행복한 사람보다 열두 배까지 피브리노겐이 증가했다. 그래서 불행한 사람이 스트레스를 받을 때 심장병이나 뇌졸중의 발생률이 높아진다는 것이다.

또한 불행한 사람이 스트레스를 받으면 노르아드레날린이라는 스트레스 호르몬이 급격히 증가해서 심장의 흥분상태를 유도해 불규칙하고 빠른 심박현상을 나타낸다.

또한 코티졸 호르몬이 체내에 급증해서 고혈압, 당뇨병 등 각종 질환의 원인이 되기도 한다. 이런 호르몬들은 행복할 때 적게 분비되고 알맞게 조절되므로 우리의 감정은 호르몬을 통해 건강에 중요한 영향을 미친다고 볼 수 있다. 그래서 행복과 심장은 밀접한 생리적 반응을 나타내는 것이다.

신체의 스트레스 반응이 상처나 부상에서 회복되는데 큰 방해가 된다는 실험결과도 있다. 즉 만성 질환이나 장애가 있는 배우자 또는 자녀를 돌보는 등 스트레스를 받는 상황에 처한 사람들은 확실히 상처 회복이 늦다는 것이다. 또 중간고사 준비를 하고 있는 학생들이 방학 중에 있는 학생들보다 상처 회복 속도가 느렸다.

사람뿐 아니라 스트레스에 노출된 쥐들도 상처 회복이 매우 느렸으나 스트레스 호르몬을 차단하는 주사를 맞히고 나면 스트레스를 받지 않은 쥐와 다름없이 빠르게 회복되었다는 것이다.

현대 사회가 점점 더 복잡해짐에 따라 우리의 삶도 점점 더 복잡해져서 더 많고 만성적인 스트레스에 노출되어 살고 있다. 이는 세월이 지나갈수록 점점 더 심해져 갈 것이다. 그래서 웃음이 더욱더 중요한 삶의 수단이 될 것이다. 웃음의 심리적, 사회적 가치뿐만 아니라 과학적, 의학적, 가치가 점점 더 밝혀질 것이다.

웃음은 우리 삶을 행복과 긍정과 희망으로 이끌어간다. 웃음은 스트레스 킬러이다. 웃음은 부작용 없는 심혈관 치료약이다.

건강한 심혈관을 위하여 지금부터 매일 10분씩만 웃자.

스트레스 관리

이스라엘 어느 도시의 일일 평균 사망자 수는 평균 70~80명 정도로 거의 일정했다. 가장 많이 기록된 날은 100명 남짓 정도로 1990년 2월 초 어느 날이었다. 그런데 1991년 1월 중순쯤 어느 날, 사망자는 150명 육박하는 숫자로 평소의 두 배 정도로 나타났다.

이 날이 무슨 날이었을까?

무엇 때문에 사망자 수가 평소의 두 배 정도 되었을까?

이때는 제1차 이라크 전쟁 기간이다. 미국은 전쟁개시 일주일도 안 되어 파죽지세로 이라크의 많은 지역을 점령해 나갔다. 전투력을 상실한 이라크군은 전 세계를 향해서 이렇게 방송했다. 이라크에 남아 있는 모든 스커드 미사일을 이스라엘의 한 지역을 향해 집중 발사하겠다는 것이고 그날이 바로 1991년 1월 중순쯤의 어느 날이었다. 그리고 그날 스커드 미사일은 모두 발사되었다.

그러나 그 목표지역에 떨어진 미사일은 단 한 기도 없었고, 대부분 수십 킬로미터 못 미쳐 떨어지고 말았다. 즉 그날 사망자 수가 두 배로 늘어난 이유는 스커드 미사일의 피해가 아니었다. 정확한 원인은 밝혀지지 않았으나 대부분 지레 겁을 먹고 그 걱정과 스트레스 때문일 것이라는 데에는 큰 이견이 없는 듯하다.

오늘 미사일이 떨어지면 힘들게 모아 온 재산, 주식, 집은 어떻게 되고, 폐허가 되면 어떻게 먹고 살까? 사랑하는 가족들이 죽으면 어떻게 살아가나? …… 계속 이런 걱정을 해오다가 그날이 오자 자신이 먼저 죽는 것이다.

이렇게 스트레스는 그 자체가 몸과 마음에 아주 큰 영향을 미쳐 심지어 사망에도 이르게 할 뿐 아니라 각종 질병의 주요 원인이 된다. 심장병의 75%가 스트레스 때문이라고 하며, 비만, 당뇨, 각종 암, 고혈압, 고지혈증 등의 생활습관병이 스트레스 질환이다. 또 편두통, 근육통, 긴장성 두통, 위·십이지장의 궤양, 견통, 천식, 입술이나 손 떨림, 변비, 설사, 잦은 배뇨, 침마름, 눈 피로, 손·발· 얼굴의 심한 땀, 숨 가쁨, 오한, 속쓰림, 이명, 피부염, 감기, 요통, 성욕감퇴, 갑상선 질환, 말더듬, 우울증 등등 이루 말할 수 없는 수많은 증상의 질병이 스트레스 때문에 생길 수 있다.

스트레스는 우리에게 불안한 마음과 우울한 기분을 주어 무력감, 죄책감을 주고 대인관계의 공포감까지 유발시키며 심하게는 자살에 이르게 하는 결과로 나타나기도 한다. 그래서 스트레스는 우리를 파괴시키는 주범이다.

인류문명이 발달할수록 스트레스는 점점 심하게 우리에게 다가온다. 어떤 이들은 이 스트레스를 풀기 위해 술을 마신다든지 흡연을 하기도

하며 오락이나 게임, 도박, 약물을 탐닉하기도 한다. 이런 것들은 잠시 동안은 스트레스를 해소시킬지 몰라도 강한 중독이 우리를 이끌어 훨씬 더 심각한 문제를 야기시키며 이 또한 다른 형태의 지독한 스트레스로 우리에게 다가올 것이다.

다음과 같은 행동이나 증상들이 있으면 지금 내가 받고 있는 스트레스가 무엇인지 생각해보고 바로 조절해야 한다. 즉 사소한 일에 흥분을 잘 한다거나, 손가락 장난, 성냥 부러뜨리기, 작은 일에 과민반응, 휴지 찢기, 손가락 물어뜯기, 수면장애, 친구 만나기가 꺼려짐, 모임에 가기가 싫어짐, 피로, 갑자기 체중감소 또는 증가, 급속한 기억력 퇴보, 집중력 감퇴, 갑작스런 식욕변화, 두려움, 공포감, 의사결정의 곤란, 부쩍 많아진 의심, 작은 실수의 증가, 지나치게 심각하기, 평소보다 지나친 완벽주의, 옷차림에 관한 무관심 또는 지나친 관심으로 입을 옷을 못 선택, 새로운 정보 습득의 곤란, 갑자기 인생이 무의미하다고 느껴짐, 대인관계 좌절을 느낌, 눈치 보기 등이다.

우리가 스트레스를 완전히 해소한다든지 없애는 것은 사실상 불가능에 가깝다. 왜냐하면 살아 있다는 자체가 늘 스트레스에 노출되어 있기 때문이다. 그래서 우리는 작은 스트레스를 잘 견디는 훈련을 해서 큰 스트레스도 너끈히 이겨낼 수 있는 사람이 되어야 한다.

스트레스는 해소하는 것이 아니라 관리해야 한다. 우리는 태어나는 순간부터 엄청난 스트레스를 이기고 태어났고, 지구상의 엄청난 기압의 스트레스를 견디며 살고 있다. 그래서 우리는 뼈와 살이 튼튼하다.

우주공간에서 1년만 살다오면 우리 살과 뼈는 약해질 대로 약해져 걸을 수가 없을 것이다. 필자도 디스크 수술로 인해 오른쪽 다리를 2주간 사용하지 못했더니 걸을 수 없을 정도로 오른쪽 다리의 근육이 약해졌다. 그래서 아프지만 부단히 스트레스를 오른쪽 다리에 주어(운동) 6개월이 지난 지금은 아직 완전하지는 않지만 그래도 거의 회복이 되었다.

스트레스는 우리에게 필수적 요소이지만 어떻게 관리하는가가 중요하다. 스트레스를 받으면 먼저 우리가 지각으로 느끼고 뇌신경을 변화시켜 스트레스 호르몬을 생산하고 면역체계를 약화 또는 파괴시킨다. 그런데 우리가 억지로라도 계속 웃으면 뇌신경이 긍정적인 면으로 바뀌어 스트레스 호르몬 생산을 대폭 줄여준다.

즉 감정→ 신경→ 내분비→ 면역 반응에서 악순환의 고리를 끊고 선순환의 기능을 발휘하게 할 수 있다. 이것이 바로 우리가 웃어야 하는 이유이다. 그래서 스트레스는 웃음으로 관리하는 것이 탁월한 효과를 발휘한다.

웃고 웃자, 또 웃자, 자꾸 웃자, 웃을 수 없는 상황이라고 해도 억지로라도 웃어야 한다. 스트레스의 관리를 위해서.

통증은 하늘이 내려준 선물

폴 브랜드 박사는 영국의 성형외과 의사였다. 그는 마비된 손의 기능을 회복시키는데 탁월한 의술을 가진 사람이었다. 1947년 청년 때부터 브랜드 박사는 인도에 있는 벨로어의과대학 성형외과에서 일했다. 이곳에서 브랜드 박사는 몇천 명이나 되는 한센병 환자의 손과 팔을 움직일 수 있게 했다. 그의 중요한 업적은 한센병의 원인이 손가락을 움직이는 중요한 신경이 마비되어 통증을 느끼지 못하게 만드는 질병이라는 것을 발견한 것이다.

한센병의 특징은 손가락, 발가락이 떨어져 나가거나 코가 쪼그라들어 코가 없이지는 양상을 나타내고 있었다. 이것들의 원인이 한센병균의 작용 때문일 것이라고 믿어 왔었다. 한센병균이 신경의 말단을 죽이는 것은 과학적으로 사실이다.

그러나 떨어져 나간 살의 조직이나 정상적인 살의 조직을 살펴볼 때 차이가 없음을 브랜드 박사는 확인했다.

어느 날 브랜드 박사가 큰 자물쇠가 녹슬어 키를 꽂고도 돌리지 못하고 애를 쓸 때 한센병이 걸린 열두 살 소년이 자기가 해보겠다고 나섰다. 그 소년은 아주 쉽게 열쇠를 돌려 자물쇠를 열었다. 브랜드 박사는 깜짝 놀랐다.

박사가 소년의 엄지와 검지를 조사해보니 열쇠가 살을 파고들어 뼈가 훤히 들여다보일 정도였다. 뼈가 드러나도록 살이 파여도 소년은 아무런 감각을 느끼지 못했던 것이다.

브랜드 박사는 이 사건으로 머릿속에 있던 의문이 풀리기 시작했다. 건강한 사람은 힘의 한계를 벗어난 압력을 주면 통증을 느끼므로 자신의 힘을 다 사용하지 않으나, 한센병 환자는 압력을 중지해야 할 사인을 보내주는 통증의 기능이 없기 때문에 뼈나 살이 떨어져 나갈 정도의 상처를 입어도 잘 모르고 지나간다는 것이었다.

박사는 그때부터 한센병 환자들의 일상 활동 중 여러 가지 도구를 사용하는 일이나, 압력이 필요한 동작들을 세밀히 관찰한 끝에 자신의 판단이 옳다는 것을 확인했다. 그래서 적절한 압력 이상을 가하지 않도록 방법을 고안해 환자들에게 가르쳐 주었고, 그들의 손을 지킬 수 있는 특수한 장갑을 고안해 착용하도록 했다.

그리고 매일 매일 검사를 하였다. 그러자 새로운 상처가 엄청나게 줄어들고, 신체의 일부를 잃는 일도 기적적으로 줄어들었다. 그런데도 불구하고 계속해서 손가락이나 발가락을 잃는 환자가 발생되었다. 환자들의 생활을 계속 관찰하던 박사는 쥐의 소행임을 알게 되었다.

환자가 잠든 사이 쥐가 물어뜯어도 감각이 없는 환자는 반응을 보이지 않자 쥐들은 안심하고 물어뜯어 간 것이다.

박사는 쥐 퇴치 계획을 세우고 환자의 집과 침상 주변에 망으로 담을 치는 등 방어조치를 취한 결과, 손가락이나 발가락을 잃는 건 수가 크게 줄었다. 손발이 떨어져 나가는 것을 밝힐 수 있었으나, 코가 문드러지는 원인은 좀 더 연구가 필요했다.

브랜드 박사는 마침내 한센병균이 코 내부의 섬세한 막을 심하게 수축시킨다는 결론을 내렸다. 그래서 결합연골이 내부로 말려들어 가는 것을 발견했다. 코가 외상으로 손상을 입는 것이 아니라 코가 얼굴 내부로 말려들어 가는 것이다. 그래서 코를 꺼내 원래 위치로 되돌려 놓는 외과적 수술로 복원을 가능하게 하였다. 이 코의 수술 복원법은 지금도 전 세계 많은 병원에서 활용하여 좋은 결과를 나타내고 있다. 한센병은 그리 심한 전염성 질환은 아니다.

실제로 한센병은 건강한 사람에게 옮기는 것이 거의 없다. 결핵에 걸린 사람 등 신체적으로 허약한 이들에게 전염이 조금 있을 뿐이다.

기본적으로 한센병은 불결과 빈곤, 영양부족의 산물로서 결과적으로는 근절될 수 있는 질병이며, 환자들은 치료하기에 따라 얼마든지 증상을 완화할 수 있고, 또 완전히 회복되어 사회에 복귀할 수도 있다.

브랜드 박사는 한센병 환자들을 돌보며 "통증은 하늘이 내려준 선물"이라고 강조하고 있다. 우리에게 통증은 매우 중요한 경보 조직이며 우리 몸을 안전하게 보호해 주는 장치이다. 사람들은 통증 덕택에 자신의 신체를 온전히 보전할 수 있다. 통증 신호가 모든 질병의 원인을 밝혀 주지는 않지만 최소한 경보 역할은 틀림없이 할 수 있는 것이다. 거기에 대응하여 방위수단을 세울 수 있다.

필자는 척추 디스크 절제를 두 번이나 했다. 심한 다리 통증 때문이다.

통증이 없었다면 다리가 마비되어 사용할 수 없게 되었을지도 모른다. 아내가 가슴에 통증을 느낀다. 진단 결과 부정맥이고 부정맥 방지 약을 복용하고 나서 몇 년째 정상이다.

통증을 느끼지 못했다면 매우 심각한 사고나 질병을 감지하지 못했을 것이다. 그래서 통증은 하늘이 내려준 선물임에 전적으로 동의한다.

웃으면 엔도르핀이 생성되어 통증을 약화시키거나 잠재워준다. 웃음은 경보음을 알아듣고 경보장치의 소리를 잠시 꺼 놓거나 약하게 줄이는 행위이다. 결코 하늘이 내려준 선물을 없애는 행위가 아니다.

고쳐주셔서 감사합니다.

나의 수술기

금년 들어 무리를 한 탓일까? 허리부분에 심상치 않은 감을 느끼더니 드디어 오른발이 저리고 걸을 때마다 오른쪽 다리가 당긴다. 6년 전 척추허리디스크 때와 증상이 같다. 그리고 점점 더 심해지기 시작했다.

입원해서 MRI를 찍었더니 지난번 수술했던 4,5번이 또 터져 나왔고 5,1번이 새로 터져 나와 신경다발을 누르고 있었다. 이번에는 재발수술이고 또 두 군데나 잘라 긁어내야 했기 때문에 마음속에 불안감이 밀려왔다. 불안을 쫓아버리는 방법을 써야 했다. 웃는 것이다.

"다 잘될 거야. 하하하하하……."

웃는 데도 다리 통증이 밀려온다. 웃다보면 불안감은 저 뒤로 숨어 버린다. 입원생활은 여러 가지 힘든 생활의 연속이다. 옆 침대 환자의 신음소리와 불평 소리를 밤새도록 들어야 했고, MRI검사, X-ray검사, 심장초음파 검사, 신장초음파 검사, 혈액응고 검사 등 검사는 왜 그리 많은지 환자의 힘을 쪽 뺀다.

게다가 수시로 찔러대는 주사바늘에 서너 개 수액을 주렁주렁 매달고, 수시로 혈관을 찔러 피를 뽑아 가는 데는 두 손 다 들고 만다.

한 번에 좀 많이 뽑아 각 검사별로 나누어 쓰면 좋겠는데 병원 각 부서는 자기들 필요와 계획에 따라서만 움직이는 것 같다. 환자의 안정, 숙면도 중요한 권리일 텐데도 말이다. 아픈 다리 때문에 짜증은 못 내고 이럴 때마다 또 웃었다.

"이것 또한 지나가리라. 하하하하하……."

마취과에서 브레이크를 건다. 수술 며칠 연기하라고……. 아스피린을 복용해 지혈에 문제가 발생할지도 모른다는 이유였다. 혈액응고 테스트에서 정상적으로 응고되는 데도 말이다. 어렵게 수술 일자를 잡아 수술실로 들어가면서도 웃었다.

"나는 안전하고 행복하다. 하하하하하……."

"이것 또한 지나가리라. 하하하하하……."

기도하고 난 후 차분한 마음으로 수술에 임했다. 한 시간에서 한 시간 반 걸리겠다는 수술은 4시간 30분 넘게 진행되었다.

회복실에서 눈뜨며 제일 먼저 몇 시냐고 물었다. 1시라고 한다. 그러면 수술실에 들어간 지 5시간이 지났는데 왜 그렇게 오래 걸렸느냐고 물었다.

올라가서 담당 선생님한테 물어 보라고 한다. 속으로 "혹시 뭐가 잘못되었나?" 하는 불안감이 스쳐지나간다.

그러나 곧 이렇게 생각할 수 있고, 말을 할 수도 있고, 알아들을 수 있으니 우선 감사하다는 마음이 든다. 그리고 발가락을 움직여 보니 움직여졌다. 그래서 또 웃었다.

"고쳐주셔서 고맙습니다. 하하하하하……."

"나는 안전하고 행복하다. 하하하하하……."

수술 받다 미쳤나? 라고 생각해도 좋다. 나를 수술한 의사 선생님에 대한 신뢰가 내 마음을 편안하게 해준다. 회복실에서 올라오자마자 다시 한 번 오른발 발가락을 움직여 보았다. 역시 움직인다.

"나는 안전하다 행복하다. 하하하하하……."

터진 디스크로 인해 신경에 유착이 심해 그 가는 신경 한올 한올마다 유착된 것을 떼어내느라 수술시간이 그렇게 길어진 것이란다.

한 시간 반이면 충분히 수술할 수 있을 줄 알았는데 4시간 반이나 정성을 다해 수술해준 의사 선생님은 얼마나 고생했겠으며 밖에서 온갖 추측과 상상을 다하고 기다리던 아내와 딸은 얼마나 초초했을까?

이들을 위해서도 우선 웃음으로 보답하고자 했다.

"잘됐군. 잘됐어. 나는 점점 더 좋아지고 있다. 하하하하하……."

웃음에는 희망이 있고 희망에는 치유 능력이 있다. 이젠 회복하는 일밖에 남지 않았다. 마음이 개운하고 홀가분하다. 감사하다. 그래서 또 웃었다. "하쿠나 마타타, 하하하, 문제없어 잘될 거야. 하하하하하……."

옆 침대에 있는 이는 척추가 녹아내리고 있다고 했다. 통증으로 움직이지도 못하고 원인도 잘 모른다고 한다. 감염에 의한 것이라고 추측되고, 조직검사를 위한 수술부터 해야 한다고 했다.

그 환자에 비하면 나는 너무나 명쾌하고 간단한 환자인 것이다. 질병을 대하는 환자들은 두 가지 타입으로 나누어진다.

하나는 질병을 이겨내고 다시 정상적인 본래의 모습으로 돌아갈 수 있다고 믿는 사람들과 다른 하나는 오래 고생하다가 결국에는 죽을지도 모른다고 포기 해버리는 사람들로 나누어진다는 것이다.

두 생각의 차이는 결국 생사의 갈림길이 될 수도 있다. 옆 침대에 있는 환자가 후자에서 전자로 바뀌길 바라며 기도했다.

그분도 "고쳐주셔서 고맙습니다"라고 말하며 웃었으면 좋겠다. 입원해서 퇴원하기까지 또 한 번 나를 성숙시키는 좋은 기회였다. 책도 세 권이나 읽고 삶에 대한 생각도 많이 정리되었던 유익한 시간이었다.

질병 뒤에 숨은 축복의 보화를 또 한 번 발견하였다.

역시 인생은 해석이요, 행복은 선택인 것이다.

웃음과 공황장애

L씨는 열심히 노력해서 중소기업을 일으켜 사장이 되었다. 그런대로 리더십을 잘 발휘해 직원들도 믿고 따르는 건실한 기업을 이루었다.

어느 날 업무문제로 업무부장과 이야기를 하는데 이상한 감정을 느끼게 되었다. 그의 눈빛이 자신을 경멸하는 눈빛으로 느껴진 것이다. 보통 있을 수 있는 업무상 대화였는 데도 말이다. 그날부터 L씨는 직원들 모두의 눈빛에서 그런 감정을 느끼기 시작했고 출근하면 사장실에 틀어박혀 나오지 않았다. 모든 업무를 서류로만 처리했고 외부 손님들이 와도 아프다는 핑계로 총무부장에게 일임시켰다.

그런데 문제는 더 커졌다. 집에서 사춘기에 있는 딸아이가 무섭게 생각되고 얼마 후에는 아내까지 무서워 낯을 피했다. 아내 눈도 똑바로 쳐다볼 수 없게 된 것이다. 병원에 가서 여러 가지 검사 후 '공황장애' 라는 판정을 받았다. 약을 먹으면서도 쉽게 호전되지 않았다. 이대로 살다가는 자신은 완전히 폐인이 될 것이고 가정과 회사에 큰 짐이 되리라는 생각 때문에 스트레스는 날로 가중되어갔다. 그래서 결심했다. 이 스트레스로부터 먼저 벗어나야 한다는 결심이었다. L씨는 웃기부터 시작했다. 공허한 웃음이었다. 그렇더라도 열심히 웃었다. 이 길만이 살 길이라고 생각하며 웃었다. 거울을 보고 하루 종일 허허허허허…….

그리고 공황장애 다섯 달 만에 용기를 내서 웃음스쿨을 찾았다. 그의 웃음은 정신나간 사람처럼 필사적이었다. 거기에서 만난 많은 사람들을 배려와 사랑의 마음으로 보기 시작했고, 웃음과 다정한 눈빛도 보낼 수 있게 되었다. 웃음 훈련에 적극적이었던 그는 한 달 만에 집안에서의 상처에서 회복되었고 회사로 복귀해 정상적인 업무가 가능하게 되었다. 종종 안부 묻는 전화에 한동안 말없이 흐흐흐흐… 웃음으로 대신한다. 자신이 건재하다는 신호이다.

M은 정신과 의원 사무장이었다. 입원 환자가 30~40명 되는 병실들을 혼자 잘 관리하고 환자들도 사무장을 무서워하면서도 잘 따랐다. 5년 후 근처에 큰 정신병원이 2곳이나 개설되자 입원 환자가 줄어 의원 운영이 어려워지게 되었다. 입원실을 폐쇄하였고 곧 의원도 문을 닫았다.

M은 그 장소를 임대해 3층은 석궁장, 4층은 탁구장을 운영하며 생계를 이어갔다. 한동안은 생계유지를 할 만큼은 되었으나 생활이 조금씩 어려워지자 3층 석궁장을 폐쇄하였다. 4층 탁구장만 부인이 운영하도록 하고, 주거지도 4층 탁구장 옆으로 옮겼다. 그리고 M은 택시회사에 취직해 택시를 몰기 시작했다. 씩씩하게 사는 모습이 건강해보였다.

10년쯤 지났을까 M의 모습이 보이지 않았다. 그 후 6개월쯤 되었을까? 그의 부인과 함께 나의 사무실을 찾아왔다. 얼굴이 핼쑥해 핏기가 없어 보였고 나와 시선을 맞추지 못했다. 찾아온 이유는 자기가 아직 팔지 못한 차가 있는데 곧 팔릴 때까지 우리 학원 주차장에 두자는 것이었다. 그냥 대라고 해도 미안하다며 주차비를 굳이 주고 갔다.

M의 병명도 공황장애라고 했다. 40대 말에 불현듯 찾아온 것이다. 탁구장에만 늘 있는데 손님이 오면 자기 아내를 불러주고 자기는 방에 틀어박혀 나오지도 않는다고 했다. 책이 나오기 훨씬 전이라 웃음에 관한 프린트 유인물을 주고 열심히 웃으라고 했다.

그 후로 5년간 나타나지 않는 걸 보면 아직도 공황장애에서 벗어나지 못하고 있는 것이 아닌가 하여 안타까운 마음이다. 지금 우리 웃음행복스쿨에 나온다면 충분히 극복할 수도 있을 텐데…….

공황장애panic disorder는 불안장애의 일종으로 여러 번 공황발작이 일어난다. 한 달 이상 행동적 특징이 나타나며 또 다른 공황발작에 대한 두려움을 유발하기도 한다. 많은 경우에는 광장공포증을 유발하지만 공황장애 자체가 광장공포증은 아니다.

공황장애를 가진 사람들 중 약 70%가 발작 전 심한 불안장애를 유발한다. 첫 공황발작은 대인관계의 갈등, 질병, 이별, 파산과 같은 스트레스 상황에서 갑자기 나타난다. 특히 가까운 대인관계에서의 마찰이 매우 밀접하게 관련된다. 합병증으로 30~70%가 심한 우울증을 경험한다고 한다. 그리고 회피적이고 의존적으로 성격이 변하고 연극적 상황이 많아져 자신의 삶을 살지 못한다.

웃음으로 공황장애를 극복한 L씨는 공황장애가 자신을 착하고, 순수하고, 인생을 아름답게 볼 줄 아는 새로운 사람으로 태어나게 하는 밑거름이 되었다고 했다. 웃음으로 공황장애를 극복할 수 있다. L처럼 필사적으로 웃으면 된다. 웃음은 불안과 절망에서 희망의 길로 안내한다.

치매와 웃음치료

웃음행복센터 회원 13명과 함께 성빈센치오의 집에 다녀왔다. 항상 봉사를 하고 오면 마음에 새로운 에너지가 넘쳐나고 기쁨이 솟구치는 것을 더 느낀다.

그곳에는 노인성 질환 환우들이 50여 명 있는데 대부분은 치매 환자들이다. 거동할 수 없는 환우들을 빼고 약 30여 명이 웃음치료에 참여하였다. 이중 삼분의 일은 거의 웃지 못하고, 삼분의 일은 약간씩 따라하며 웃고, 삼분의 일은 적극적으로 따라하며 즐겁게 웃는다. 끝나고 갈 때 옆으로 와서 손을 꼭 잡고 오늘 너무 많이 웃어서 기쁘다며 꼭 다시 오라고 부탁하는 분들도 여러 분 있다. 이분들에게 너무 고마운 마음을 느낀다. 그래서 매달 한 번씩 가기로 약속을 했다.

치매는 어떤 원인으로든 정상 생활이 불가능할 만큼 뇌세포가 파괴되어 기억력과 지적 기능이 현저히 떨어지는 증상이다. 주로 인지 기능이 결핍되어 장단기억, 언어표현, 생각과 판단, 성격 등에서 혼란을 일으키는 질병이다. 그래서 혼자서 일상생활이나 사회활동을 할 수 없게 된다. 이 치매는 그 원인에 따라 크게 세 가지로 구분할 수 있다.

첫째는 가역성 치매라고 불리는 치매로 치료가 가능한 치매를 말한다. 뇌종양, 신경계 이상 질환, 호르몬 이상, 알코올이나 약물남용으로 인한 중독 등으로 인해 수반되는 치매 증세를 말한다.

둘째는 뇌혈관성 치매로서 가벼운 뇌졸중이 반복해서 일어나 뇌세포가 여러 군데 경색되어 일어나는 것이다. 이 뇌혈관성 치매를 예방하기 위해서는 혈압, 콜레스테롤, 스트레스 등을 평소에 잘 관리하는 것이 중요하다.

셋째로 흔히 알츠하이머병이라고 부르는 노인성 치매를 들 수 있다. 1906년에 독일의 정신과 의사 알로이드 알츠하이머가 처음으로 의학계에 보고하여 알츠하이머병이라는 이름을 붙이게 되었다.

우리나라 치매 환자의 약 60%는 이 병으로 추정되고 있으며, 늙어가면서 생기기 때문에 퇴행성 치매라고도 한다.

이 질환은 뇌에서 베타아밀로이드라는 아미노산의 이상이 생겨 독성물질로 변화되고, 이것이 신경세포를 죽이고 신경세포벽을 파괴하기 때문에 발생하는 질환이다.

한국 보건사회 연구원의 자료에 의하면 2010년에 약 43만 명, 2020년엔 62만 명의 치매 환자가 생길 것으로 추정하고 있다. 이들에게 웃음치료는 자존감의 저하, 감정 표현의 제한 등으로 일어나는 우울함과 생활의 침체에서 벗어나도록 도와주는 것이다. 그래서 삶을 긍정적으로 정리하며 삶의 질을 높여 주는 것이다. 그리고 삶의 마지막 단계에서도 참여할 수 있으므로 웰다잉well dying을 준비시킬 수 있게 한다.

함께 간 13명의 웃음식구들이 손바닥을 마주치고 어깨를 살살 주물러 주고 함께 눈빛을 교환하며 웃어 줄 때 그들의 굳어 있던 얼굴이 펴지는 것을 볼 수 있었다.

단번에 그들의 인지능력이나 사회성이 눈에 띄게 좋아질 수는 없지만 계속 웃는 가운데 작은 변화가 생길 것이다. 그리고 그들을 보살펴 주는 요양보호사들도 오랜만에 실컷 웃어서 마음에 쌓인 스트레스를 모두 날려 버릴 것이다. 그래서 더욱 더 사랑과 배려의 마음을 가질 수 있게 될 것이다. 웃음은 부작용 없는 만병통치약임을 다시 한 번 생각하며 웃음약을 많이 주고 오려고 노력을 하였다.

6개월 전에 봉사갔을 때 왔던 선생님이 또 왔다며 반갑게 와서 악수를 청하는 환자 한 분이 계속 마음에 잔잔한 감동으로 남는다.

우리가 매일 웃으면 뇌세포에 산소 공급량이 두 배로 늘어나서 뇌세포를 활성화하며 치매 예방을 할 수 있다. 그리고 치매의 진행 속도를 늦출 수 있다.

지금 당장 나의 뇌를 사랑하는 마음으로 치매를 예방하기 위해 1분간 웃어보자.

히포콘드리아

나폴레온 힐은 개인의 성공에 대한 동기부여 분야에서 위대한 업적을 남기며 전 세계적으로 성공철학의 거장이 되었다. 그는 다음과 같은 실험을 그의 강연장에서 몇 번 실시하였다. 즉 강연장에 네 명의 조수들을 몰래 청중과 함께 있게 하고 강연을 의뢰한 단체의 허락을 얻어 청중 중 한 명을 희생자로 삼았다. 그리고 그의 조수들이 각본대로 그 한 사람에게 접근해 대화를 나누면서 질문을 던졌다.

첫 번째 조수는 "어디 불편한 곳이라도 있습니까? 편찮아 보이시네요!"라고 말했고, 조금 후 두 번째 조수는 그에게 급히 달려가 놀랐다는 듯이 "괜찮으십니까? 저쪽에서 보니까 금방이라도 쓰러질 것처럼 보였습니다. 물이라도 갖다드릴까요?"라고 물었다.

잠시 후 세 번째 조수가 다가와서 "도와드릴까요? 금방이라도 쓰러질 것처럼 보입니다"라고 말하며 주변 사람들을 바라보면서 "좀 도와주시겠습니까? 이분이 누울 자리를 마련해야겠습니다. 몸이 불편하신 것 같습니다"라고 했다.

조금 후 네 번째 조수가 급히 그에게 다가와 손을 꼭 잡아주면서 이렇게 외쳤다.

"빨리 의사를 불러주십시오! 잘못하면 이분에게 큰 일이 벌어지겠습니다."

이런 실험에 희생자가 된 이들은 모두 어지럼증을 호소하며 눕기도 하고, 그 자리에서 혼절하기도 하고, 병원 응급실에 실려가 며칠 동안 병원에 입원하기도 하는 소동이 일어났다. 그리고 모두 각본에 의한 실험이라는 사실을 안 후에야 상상의 병을 털고 일어날 수 있었다.

이런 상상으로 앓는 육체적 질병을 '히포콘드리아' 라고 한다. 이런 병은 실제적인 어떤 질병보다 치료하기 어렵다고 한다. 히포콘드리아는 실제로 위통, 두통, 근육통, 신경통, 발진 등과 같은 질병의 징후를 뚜렷하게 보여준다.

많은 이들이 건강 염려증이나 육체적 고통, 질병에 대한 두려움 때문에 이런 증상이 실제로 나타나고, 이런 증상 때문에 또 다시 두려움이 생기는 악순환이 되풀이되기도 한다. 내가 병자라는 생각이 잠재의식 속에 들어오면 그 생각은 즉시 확신으로 변해서 나를 진짜 환자로 만들어 버리는 것이다.

질병과 육체적 고통에 대한 두려움은 선천적으로 유전되어 온 두려움으로 약간의 자극에도 바로 겉으로 드러나는 것을 위 실험은 알려준다.

두려움은 정도 차이가 있을 뿐 누구나 다 갖고 있다.

두려움을 느끼는 것은 인간의 본능이다.

두려움은 질병과 고통을 불러오는 것뿐만 아니라 삶에서 실패와 자존감의 상처를 불러오는 주된 원인이기도 하다.

두려움을 극복하기 위해서는 먼저 두려움을 인정해야 한다.

두려움을 부정하는 것은 두려움에게 더 큰 힘을 주는 것과 같다.

두려움을 인정하는 사람은 결코 겁쟁이가 아니다.

진정으로 용기 있는 사람은 두려움에도 불구하고 희망과 꿈을 향해 행동하며 나아가는 사람이다.

두려움을 있는 그대로 인정하자.

두려움이 몰려올 때마다 내가 나를 향해 이렇게 말해보자

"너 얼마나 힘드니?", "괜찮아."

"나도 네가 두려운 거 알아.", "괜찮아."

"다 잘될 거야.", "다 나을 거야.", "괜찮아, 괜찮아."

두려움을 인정하고 희망으로 생각을 곧 바꿔야 한다.

이렇게 희망으로 생각을 바꿀 때 웃으면서 하면 더 강력한 효과를 나타낸다. 다시 웃으며 나에게 말해보자

"괜찮아", "다 나을 거야", "다 잘될 거야", "너는 안전하고 행복해."

웃음은 두려움에서 희망으로 나아가는 강력한 도구이다.

유방암과 웃음치료

어느 병원에서 "여성에게 있어서 유방이 지니는 가장 큰 의미가 무엇인가?"라는 설문조사를 하였다.

신생아에게 젖을 먹이는 생리적 기능으로의 수유가 가장 중요하다고 대답한 환자는 14.5%에 불과했다. 여성으로서 신체 이미지를 표현하는 미적 기능으로 가장 중요한 부분이라고 대답한 환자가 45.2%나 되어 가장 많았다. 이처럼 유방은 양육을 위한 생리적 기능인 수유보다 여성으로서 자아를 나타내는데 훨씬 더 큰 의미와 중요성을 지니고 있음을 알 수 있다.

그래서 유방절제술을 받은 환자는 신체 변화로 인한 자아 이미지가 변함으로 정체성의 혼란을 겪고, 자아존중감이 손상되며, 부부관계나 가족과의 관계가 예민하게 변화되고, 암의 재발과 전이에 대한 공포로 인해 삶의 질에 많은 영향을 받는다.

한국 여성들 중 암 발생률 부동의 1위 자리를 지키고 있던 유방암은 1

위 자리를 갑상선암에게 내주긴 했지만 여전히 신체적 통증과 심리적 불안으로 인해 한국 여성 모두에게 매우 중요한 건강문제로 대두되고 있는 질병임에 틀림없다.

수술 후 1년 정도는 20~40% 환자들이 심한 우울을 경험한다고 한다. 폴린스키Polinskey에 의하면 수술 후 8년 이상 된 유방암 환자 중 64%가 불안도가 매우 높았으며, 45%는 유방암 때문에 우울감과 신체적 불편감을 겪고 있는 것으로 보고되었다.

여성의 상징성이 없어진다는 상실감 때문에 다른 어떤 암보다 여성들에게는 더욱 심각하게 와 닿으며 겉으로 드러나는 부위를 상실하기 때문에 여성의 상징인 자궁이 없어지는 것보다 상실감을 더 크게 느낀다.

여성성의 상실로 인한 심리적 부담감은 본인뿐만 아니라 가족관계에까지 많은 영향을 주고 있어 심각한 문제를 야기하기도 한다.

이런 우울감과 불안감 그리고 손상된 자존감 등, 스트레스로 인한 요인은 암의 의료적 치료를 더욱 어렵게 하며 이로 인한 부작용도 혼합되어 나타나기도 한다.

암을 치료하는데 가장 큰 난관은 바로 자기 자신에게 있고, 가장 큰 힘도 자기 자신에게서 나오는 것을 명심해야 한다.

웃음치료는 크게 두 가지 면에서 치료 효과를 설명할 수 있다.

첫째는 신체적 치유이다. 웃음은 좋은 호르몬에 의해 통증을 잡아줌은 물론 우리의 2차, 3차 면역세포들의 활동성을 높여 예방과 치유에 좋은 결과를 나타낸다. 특히 의료적 치료와 병행하여 자신의 병을 스스로 치유하는 역동적 효과를 나타낸다.

둘째는 심리적 치유이다. 스트레스 호르몬을 중화시키고, 또 생산량도 대폭 감소시켜주며, 자율신경 중 부교감신경을 교감신경보다 우위로 작용하게 하여 마음의 평안과 안정을 가져다주기 때문이다.

매일 10분씩 웃는 것만으로도 우울감과 불안감에 탁월한 치유 효과가 있다. 긍정과 희망으로의 심리적 변화는 유방암을 물리칠 수 있는 교두보를 확보하는 것과 마찬가지이다. 그래서 많은 이들이 웃음으로 각종 암을 이겨내는 예를 보고 있다. 늘 웃게 되면 여성의 상실로 인한 손상된 자존감을 회복할 수 있고, 불안과 우울의 날들을 이겨낼 수 있다.

케이시 굿맨은 유방암 2기 진단을 받았는데, 매일 같이 또 하루 종일 "고쳐주셔서 고맙습니다. 호호호호"를 외치고 다닌 결과, 그래서 그녀의 믿음과 감사와 기쁨의 마음에 충실하게 산 결과, 2개월 만에 악성종양이 없어지는 놀라운 경험을 우리에게 들려주고 있다. 물론 수술이나 항암, 방사선치료를 하지 않았다. 조사해보면 웃음으로 유방암을 잘 관리하고 있는 이들이 꽤 많다.

필자의 하하웃음행복교실에도 유방암 환자가 제일 많다. 미친 사람처럼 웃고, 울고 하는 데서 치유가 시작된다. 자신의 삶을 사랑하고, 감사하고, 긍정과 희망을 믿는 마음에서 치유는 시작된다.

몸을 치료하기 위해서는 먼저 마음을 다스리고 희망과 의지를 북돋아주는 심신요법이 중요하며, 이를 위해 웃음치료는 의학적 치료의 치유 효과를 향상시키고, 삶의 질을 높이는데 중요한 역할을 담당한다.

15 생명을 구하는 포옹

1995년 미국 메사추세츠 메모리얼 병원에서 쌍둥이가 태어났다. 두 아이는 모두 1kg이 안 되어 각각 다른 인큐베이터 속에 넣어졌다. 그런데 한 아이는 점점 건강해져 갔고 한 아이는 건강이 점점 나빠져 갔다. 생후 1개월쯤 되었을 때 건강이 좋지 않은 아이는 심장의 이상으로 맥박이 가늘게 뛰고, 호흡도 매우 불규칙하여 거의 절망적인 상태에 이르게 되었다.

의사는 이 아이가 곧 사망하게 될 것이라고 진단했다. 시시각각으로 죽음의 시간이 다가오고 있었다. 이때 미숙아들을 담당하고 있던 간호사가 한 가지 제안을 했다. 즉 쌍둥이를 한 인큐베이터 속에 넣자는 제안이었다. 생명이 잉태된 후 조산될 때까지 30주 가까이나 줄곧 엄마 뱃속에서 붙어 있었으므로 서로가 의지가 될지도 모른다는 생각에서였다.

그러나 병원 규칙은 한 인큐베이터에 한 명씩 있어야 한다는 규칙이 있었다. 곧 회의가 소집되고 병원 규칙에도 불구하고 한 인큐베이터 속에 같이 넣어 주기로 결의했다. 그리고 아픈 아이를 건강한 아이 인큐베이터 속으로 옮겼다. 그 순간 감동적인 일이 벌어졌다.

건강한 아이가 손을 뻗어서 아픈 아이 어깨를 포옹하며 안아주는 것이었다. 그리고 불규칙했던 아픈 아이의 심장이 안정을 찾기 시작했고 혈압, 체온, 맥박이 점점 정상으로 회복되는 기적적인 일이 벌어진 것이다. TPR을 재던 간호사가 잘못 잰 줄 알고 몇 번이나 다시 측정한 후에 이런 기적을 확인하게 된 것이다. 의료진들은 이런 경이로운 기적을 경험하며 생명의 신비함에 경탄했다.

이후 이 신생아들이 서로 안아주는 사진은 '생명을 구하는 포옹' 이란 제목으로 언론에 보도되어 전 세계인에게 감동을 주었다.

건강했던 아이 이름은 카이리, 아팠던 아이 이름은 브리엘로 이름 지어졌으며 2011년 현재 16세 소녀로 건강하게 자라고 있다. 꺼져가는 생명을 순수한 사랑으로 안아줄 때 그 생명은 살아나고 건강해진다. 사랑은 기적을 일으킨다.

호주의 청년 후안맨은 프리허그라는 캠페인을 처음 시작해 화제를 모았던 인물이다. 그는 삶에 지치고 외로움과 절망감에 빠진 이들을 안아주는 것으로 치유해보겠다는 당돌한 생각으로 이 운동을 시작하였다. 호주 경찰은 이 청년을 정신 이상이나 전염성 질병을 가진 사람일 수 있다는 이유로 이 운동을 금지시켰다. 오해가 풀리고 본격적으로 프리허그 운동을 시작했지만 많은 이들이 경계의 눈초리를 보내며 쉽게 호응하지 않았다.

그러나 2년이 넘게 꾸준히 시드니 거리에서 이 캠페인을 벌인 결과 이제는 많은 동참자들이 나타났고, 그의 피켓을 대신 받아들고, 또는 자신이 만든 피켓과 프리허그 옷을 입고 함께하는 이들이 늘어나기 시작했다. 이 운동은 UCC사이트인 유튜브WWW.Youtube.com에 3분 39초짜리 동영상이 올라오면서 폭발적인 운동으로 전개되었다.

원래 이 프리허그는 헌터Jason G. Hunter 씨에 의해 2001년 최초로 시작되었다. 그는 그의 어머니 죽음으로 비탄에 빠져 있었으나 친지의 포옹으로 마음을 다시 잡고 인간에 대한 사랑과 소망, 생명에 대한 소중함을 전하게 위해 시작하였다고 한다.

우리나라에도 프리허그 운동본부가 생겨났다. 삶에 지친 이들에겐 백마디 말보다 진심으로 안아주는 것이 훨씬 더 위로가 된다. 따뜻한 미소로 활짝 웃는 웃음으로 안아주는 것은 치유의 시작이다. 생명을 구하는 포옹이다.

카이리가 브리엘을 안아주어 생명을 구했던 것처럼…….

웃음운동과 함께 포옹운동도 하면 좋겠지만 아직 공감대가 형성되기까진 이른감이 있다. 공감할 수 있는 모임에서 자주 포옹운동을 하여 주변으로 확대해 나갔으면 좋겠다.

16 다이돌핀

경기도 포천에 '장군집' 이라는 식당이 있다. 음식으로 유명한 것이 아니라 아이들 때문에 유명해진 것이다.

주인 부부는 친아들 2명 외에 34명의 아들, 딸들을 더 키우고 있다. 젊었을 때 채소장사를 했는데 7년 동안 아동보육시설에 채소를 기부해 오면서 이들은 아이들을 사랑으로 대해주고 아이들은 이들을 따랐다.

보육시설이 문을 닫게 되면서 아이들은 모두 뿔뿔이 헤어졌다. 그러나 채소 아저씨를 따랐던 아이들이 하나, 둘, 찾아오고 또 받아주다 보니 어느새 30명이 넘는 아이들을 기르게 되었다.

경제적으로 매우 어려워 아이들의 책값, 교복 값, 건강보험료 등이 밀리는 일이 많았지만 모두 사랑으로 똘똘 뭉쳐 이겨 나갔다. 이들의 사정이 신문에 기사로 나간 후 이 집은 난리가 났다.

도지사를 비롯하여 지역 국회의원, 기업인들, 일반 시민들의 방문과 격려가 봇물을 이루기 시작했다.

임대 기간이 얼마 안 남은 장군집의 부지 문제를 해결해 주려고 서로 도왔고, 밀린 공과금, 교육비 등을 모두 후원해 주겠다는 기업도 나타났다. 장군집은 보육시설이 아니라 대가족 식구 같은 분위기로 모범적인 공동체를 이루어가고 있다.

이들 부부야말로 이 시대에 필요한 진짜 큰 사랑을 실천해가고 있는 것이다. 짜증나는 일만 연일 보도되는 이 시대에 한줄기 시원하면서 훈훈한 미소를 우리 마음속에서 불러일으키는 모습이다. 사람은 사랑과 배려하는 마음을 가질 때, 또 실천할 때 마음으로부터 따듯한 웃음을 번지게 한다.

우리 뇌에는 뇌하수체에 POMC라는 단백질이 있는데, 우리가 화를 내거나 스트레스로 긴장을 하게 되면 이 단백질이 시상하부에서 코티졸 분비촉진 호르몬CRF을 분비하여 자율신경을 자극시킨다. 그러면 혈압, 혈당, 맥박이 갑자기 증가하고, 심장과 근육 등을 긴장시켜, 산소 소비를 갑자기 증가시킨다.

이때 부신피질에서는 아드레날린, 노르아드레날린 등의 스트레스 호르몬이 폭발적으로 증가하며, 암이나 각종 질환, 노화를 유발, 촉진시키는 역할을 하게 된다.

그러나 우리가 웃으며 기뻐하고 즐거워할 때 POMC 단백질은 엔도르핀의 생성을 촉진시킨다. 이 엔도르핀은 체내에서 만들어진 모르핀 즉 생체 모르핀이라 부르며, 영어로 'endogenous morphine'이라 하는데 줄여서 'endorphin'으로 부른다.

이 엔도르핀은 스트레스 호르몬을 줄여주며 항암, 항염, 진통, 면역체계 강화 등 인간의 건강을 회복, 치유하는 역할을 한다. 그런데 이 엔도르핀보다 훨씬 강력한 '다이돌핀' 이라는 것이 있다.

이것은 마음속으로 깊이 감동할 때 생긴다고 한다. 무려 엔도르핀의 3,000~4,000배 강력한 호르몬이다. 그래서 유머나 조크처럼 재미있어 웃는 웃음보다 감동의 웃음은 훨씬 더 강력한 치유의 능력이 있다(혹자는 다이돌핀을 다이놀핀이라고 한다).

장군집의 부부처럼 우리를 감동시켜 훈훈한 웃음을 주는 일들이 많았으면 좋겠다. 많은 이들의 뇌 속 시상하부에서 다이돌핀이 생성될 수 있도록 말이다.

감동의 웃음은 우리 사회를 살리는 강력한 만병통치약이다. 감탄하고, 감동하고, 감사하는 삶은 이 세상에서 무엇보다 중요한 삶의 습관이다.

나누는 마음 놀라운 효과

의사들이 이젠 더 이상 돌봐줄 수 없는 말기 암 환자들에겐 약도 소용없고 수술이나 방사선치료도 소용없다. 그들은 임종을 기다리며 마음의 준비를 하고 품위 있게 생을 마감할 수 있도록 그리고 정신적, 영적 평안을 가질 수 있도록 최선을 다해야 한다.

스탠퍼드대학에서 이런 말기 유방암 여성 환자들을 한 곳에 모아 서로 의지하며 대화할 수 있는 모임을 만들었다. 가족이나 친구들도 환자 앞에서는 암에 대한 이야기를 꺼내는 것을 금기시하며 눈치를 보기 때문에 정작 암 환자들은 자신의 솔직한 느낌과 속마음을 속 시원히 털어놓을 기회가 매우 적어진다.

그러나 말기 암 환자들의 모임은 서로 거리낌이 없었다. 자신들의 마음과 감정을 속 시원히 서로 털어놓으며 이런 가혹한 현실에 대해 서로 부둥켜안고 울었다.

세상의 불공평함에 대해서도 분노의 감정을 숨기지 않고 털어놓고,

이런 서로의 마음을 이해하며 서로 돌봐주고 감정적으로 정신적으로 아낌없이 서로 지원해 주었다. 그들은 서로 마음의 문을 열고 완전히 공감대를 형성하며 감정이입의 교류적 삶을 살게 되었다. 그런데 놀랍게도 이 모임에 속한 사람들에게 강력한 의학적 효과가 나타났다.

이 모임에 속하지 않은 말기 암 여성들은 평균 19개월 정도 수명을 더 살고 임종했음에 반해 이 모임에 속한 말기 암 여성들은 평균 37개월을 더 살았다. 약 2배 정도 수명이 연장된 것이다. 자신이 누구인지 알고 그러한 자신의 모습에 공감하고 깊이 이해하는 사람들이 함께할 때 강력한 치료의 능력이 나타나게 된다.

달라이라마의 말대로 인간의 가장 깊은 욕망중 하나는 자신을 알리고 이해받는 것이며, 위의 모임은 이를 진정으로 나타낸 결과로 생명이 2배나 연장된 것이었다.

때때로 우리는 사랑하는 배우자를 잃고 깊은 상실감에 빠진 사람들을 볼 수 있다. 어떤 이들은 이혼의 아픔을 겪기도 한다. 또 실패와 좌절의 인생역경을 고통 속에 경험하기도 한다. 마음의 상처와 고통 있는 이들은 서로를 공감하게 되며, 이 마음을 주고받고, 나눌 수 있는 것이 서로간에 줄 수 있는 귀한 치유의 능력이 되기도 한다.

2005년 봄, 머피 재클린이라는 10세 소녀는 자신에게 용기를 주는 카드와 문자 메시지를 보내준 노스웨스튼대학 여자 라크로스(라켓을 사용하는 하키 비슷한 운동) 선수들과 만났다.

이 자리에서 자신이 악성 뇌종양인 암 때문에 화학, 방사선치료를 받아가며 고통 가운데 투병생활을 하는 어려움을 진솔하게 이야기하였다.

어린 소녀의 처절한 투병 모습은 선수들에게 진하고 눈물겨운 감동을 전해주었다. 그리고 선수들의 삶의 목표를 바꿔 놓았다.

그 후로부터 선수들은 재클린의 회복을 위해 새로운 결심으로 연습에 임했고, 바로 그해 전국대회 우승의 금자탑을 이룩했다. 이날 관중석에서 응원하던 재클린을 얼싸안고 모두는 승리의 기쁨을 마음껏 누렸다. 그리고 연속해서 4번 우승하였고 그때마다 재클린은 함께 늘 변함없이 응원했고 승리의 기쁨을 함께 만끽했다. 사망률이 매우 높은 소아 뇌종양이었지만 든든한 언니들과 함께하며 암은 기적적으로 치유되어갔다.

재클린의 아버지는 "노스웨스튼대학 선수들은 바로 천사였으며 재클린에게 새 생명을 주었다"고 이야기했다. 재클린은 2009년 현재 고교 라크로스 대표팀 선수로 활약할 만큼 건강을 회복하였다. 이들은 기적을 만들어냈던 것이다. 이들이 만들어낸 기적은 또 다른 기적들을 만들어 가고 있다.

즉 이들을 시발점으로 소아 뇌종양 환자들과 대학 라크로스팀 간의 결연 운동이 일어나기 시작했고 이미 100여 명의 소아암 환자들이 결연을 맺었다. 그리고 300여 대학 라크로스팀이 사랑을 나누어 줄 어린 환자들을 기다리고 있다. 희망의 물결이 기적처럼 퍼져가고, 순수한 사랑의 응원이 치유의 능력이 되고 있는 것이다.

사랑과 이해 그리고 누군가 옆에서 응원의 손길이 있을 때 기적은 일어난다. 마음으로부터 보내는 따듯한 웃음의 응원이 환자들에게 필요하다.

눈물치료

K대 병원에서 환자와 직원들 대상으로 웃음 강의를 하고 있었다. 한참 웃음실습을 하고 웃음과 건강에 대해 말하고 있을 때 어느 여자 환자가 고개를 푹 숙이고 어깨를 들썩이며 울고 있었다. 전에 향로봉 고지에서 군부대원을 대상으로 웃음 강의를 할 때도 한 병사가 울었다. 웃음전문가 영성과정에서 강의할 때에도 세 분이나 우는 모습이 보였다. 웃다가 우는 모습은 강연 중에 종종 발견된다. 웃음전문가 양성과정에서도 전혀 웃음이 없이 표정이 굳어 있던 이들이 희로애락 시간에 마음껏 울고 난 후 편한 웃음을 찾을 수 있게 된 사람들이 있다. 인도에서는 울음요가가 있는데 먼저 실컷 웃은 후 울음으로 유도한다.

보통 우리는 기쁠 때 웃고 슬플 때 운다고 생각한다. 그러나 꼭 그렇지도 않고 오히려 반대일 경우도 있다. 즉 너무 기뻐서 울을 수도 있고 슬픈 데도 웃어버릴 수 있다는 것이다.

웃음과 울음은 그 뿌리가 같고 동질의 감정 표현이며 매우 유사한 효과를 나타낸다고 할 수 있다. 웃음의 반대는 울음이 아니라 분노인 것이다. 기쁠 때 나오는 눈물이나 슬플 때 나오는 눈물은 짠 정도가 비슷한데 분노의 눈물이 훨씬 더 짜다고 한다. 분노할 때는 자율신경 중 교감신경이 흥분되어 더 많은 나트륨이 녹아 나오기 때문이다.

웃음치료가 있듯이 울음치료도 있다. 많이 울고 크게 우는 환자들이 회복과 치유가 빠르다고 한다. 울게 되면 수많은 상처로 굳고 메마른 마음이 치유되며 면역력을 높여주기 때문이다. 그리고 눈물 속엔 카테콜아민이라는 스트레스 호르몬이 녹아 함께 배출된다.

다이애나 이펙트Diana Effect란 것이 있다. 몇 년 전 영국 다이애나 왕세자비가 불의의 교통사고로 유명을 달리했을 때 영국의 수많은 국민들이 그녀의 영전에 꽃을 바쳤고, 그녀의 장례식을 보며 대다수 영국인들이 눈물을 흘렸다. 그런데 그 후 영국의 심리상담소로 상담하러 오는 사람이 반으로 줄었고 병원의 입원 환자도 줄었다고 한다. 다이애나의 죽음으로 그들이 울면서 정서적 안정을 찾고 스트레스를 많이 해소하는 계기가 되었던 것이다. 감정이 이입된 눈물은 나를 치료하고 건강하게 만드는 것이다.

미국 생화학자 빌 프레이는 눈물의 화학적 구성에 대해 오랫동안 연구했다. 그에 의하면 눈물은 98.5%가 물이며, 나머지는 염분, 칼륨, 알부민, 글로불린 등의 단백질과 락토페린이나 리소자임 같은 항균 효소가 들어 있다고 한다. 그는 눈물을 생화학적 기준에서 3종류로 분류했다.

첫째는 눈동자를 세척해주며 윤활유 같은 역할을 하는 '지속적 눈물'이다. 이 눈물은 눈을 깜빡일 때마다 눈 전체에 골고루 퍼지는 액체이며 바이러스의 접근을 차단하는 항생물질을 포함하고 있다.

둘째는 자극적인 물질 즉 양파나 가스 등으로 눈이 손상을 입을 염려가 있을 때 분비되어 자극적 물질을 희석시켜 눈을 보호하는 '자극반응 눈물' 이다.

셋째는 인간만이 표현할 수 있는 '감정적 눈물' 이다. 이는 스트레스로 생긴 독성물질들을 용해시켜 밖으로 배출시키는 눈물이다.

이 감정적 눈물 때문에 치유가 일어난다. 미해결된 자아, 속 응어리를 풀어내는 데는 눈물치료가 효과적이라고 생각된다. 그리고 그 후 자존감을 갖게 하고 지속적인 회복과 치유에는 웃음치료가 효과적이라고 생각한다. 그러나 그 내면은 같다. 왜냐하면 울음과 웃음의 내면은 감사와 용서와 사랑이기 때문이다.

웃음을 생활화 한 후 나에게는 이상한 변화가 생겼다. 그것은 라디오를 듣거나 TV를 보거나 책을 읽거나 음악연주회에서 음악을 듣거나 영화를 보거나 작은 감동에도 눈물이 아주 쉽게 나온다. 처음에는 감추려고 몇 번 노력했으나 그대로 흘러내리게 내버려 두는 것이 솔직하고 편하게 되었다. 나의 감정을 애써 감출 필요가 없다고 생각이 바뀌었다.

전에는 눈물이 없이 살았던 것 같다. 그래야 사나이가 사는 삶인 줄 알았다. 어릴 때 싸우다가 눈물을 흘리면 지는 것으로 알았기 때문에 눈물은 흘리지 말아야 한다고 생각했다. 그만큼 강퍅한 인생을 살았던 것이다. 어떤 때는 아내에게 들켜 놀림의 대상이 되지만 "그래, 울었다. 내가…" 하고 편하게 인정한다.

웃음과 울음은 한 집안 식구임을 웃음 경험을 통해 확실히 인식하게 되었다.